Jennie Appel

URKRAFT DES MONDES
Naturrituale für ein Leben voller Hingabe

Alle Rituale, Zeremonien und Übungen wurden sorgfältig erprobt. Seit jeher dienten solche Praktiken dazu, den Kontakt zu den ureigenen Rhythmen wiederherzustellen. Sie ersetzen jedoch keine ärztliche/psychotherapeutische/heilpraktische Beratung, und solltest du dich in einer solchen Begleitung befinden und ggf. Medikamente einnehmen, bitte ich dich um eine vorherige Abklärung in diesem Zusammenhang, um eventuelle Kontraindikationen auszuschließen.

Sollte diese Publikation Links und Webseiten Dritter enthalten, so übernehmen wir für deren Inhalte keine Haftung, da wir uns diese nicht zu eigen machen, sondern lediglich auf deren Stand zum Zeitpunkt der Erstveröffentlichung verweisen.

Wie hat dir das Buch gefallen?
Teile gerne deine Meinung mit uns!

https://www.kamphausen.media/urkraft-des-mondes/t-9783958835788

© 2022 Aurum in Kamphausen Media GmbH, Bielefeld, info@kamphausen.media, www.kamphausen.media
Lektorat: Susanne Klein, Hamburg, www.kleinebrise.net
Gesamtgestaltung und Satz: Tina Agard Grafik und Buchdesign, Esslingen am Neckar, www.tina-agard.de
Coverfoto: © Patrizia Stabile
Fotos im Buch: Jennie Appel & Dirk Grosser, privat / S. 103, 124 unten, 160 oben + unten, 215 Mitte © Patrizia Stabile / S. 138 © Julia Knöchel / Papier © istockphoto: jessicahyde / S. 196 oben © istockphoto: TKphotography64 / S. 196 Mitte © istockphoto: Rike_ Restliche Illustrationen aus Canva.
Druck & Verarbeitung: Westermann Druck Zwickau GmbH
ISBN Print: 978-3-95883-578-8
ISBN eBook: 978-3-95883-579-5

2. Auflage 2022
Bibliografische Information der Deutschen Nationalbibliothek:
Die Deutsche Nationalbibliothek verzeichnet diese Publikation in der Deutschen Nationalbibliografie; detaillierte bibliografische Daten sind im Internet über http://dnb.de abrufbar.

Jennie Appel

URKRAFT
DES MONDES

Naturrituale für ein Leben voller Hingabe

AURUM

Für Lilly
meine geliebte erste Hündin,
mit der ich ganz Wolfsfrau werden durfte

und für Dirk
der mich immer bestärkt, all das zu leben

INHALT

MONDPHASEN UND GEZEITEN DER SEELE   21

VORWORT

Während ich als Astrologin versuche, die Sprache der Sterne zu entschlüsseln, sprechen die *Spirits* zu Jennie ganz direkt und ziemlich klar. Ein Blick in ihr Horoskop, und Astrologiekundigen wird offenbar, warum das so ist: Sie besitzt eine unfassbar starke Intuition und visionäre Kraft, gepaart mit extremer Sensibilität und dem Auftrag, ein Kanal für göttliches Wissen, für Heilwissen zu sein und damit die Welt zu transformieren. In ihren vergangenen Leben, so die astrologische Hypothese, war sie vermutlich „die alte Weise", die – tief verbunden mit Mutter Erde – um deren Zyklen und Rhythmen wusste und sie mit großer Verantwortung und Bedacht zum Wohle aller einsetzte.

Immer wieder haben wir in unseren Gesprächen festgestellt, dass Jennie genau die Botschaften, die ich durch die Analyse der kosmischen Qualität herausgearbeitet, aber noch nicht veröffentlicht hatte, selbst schon klar und deutlich erhalten hatte. Für mich ist Jennie einfach unfassbar *in tune with the stars* – dem Himmel über uns, der Weisheit der Erde unter unseren Füßen und deren feiner Energien, die alles durchziehen.

Mir war bei unserer Begegnung sofort klar, dass ich sehr gerne mit Jennie zusammenarbeiten würde. Umso mehr freue ich mich jetzt, ein Vorwort zu diesem großartigen Buch mit so viel wertvollem Wissen schreiben zu dürfen.

In der jahrtausendealten Astrologie symbolisiert der Mond unsere Gefühle, unsere Seele, unser Unbewusstes und unsere tiefsten Bedürfnisse, aber auch alte emotionale Prägungen und frühe Bindungserfahrungen. Aus astrologischer Perspektive ist ein starker Kontakt zu deinem Mond – deinem Herzen und deiner Psyche – unglaublich wichtig. Hier findest du den Schlüssel zu dem, was dich nährt, was dir Geborgenheit schenkt. Die Arbeit mit dem Mond ist allerdings auch deshalb so wichtig, weil wir dadurch angeregt werden, alte, frühkindliche Schmerzthemen und emotionale Muster, die uns immer noch blockieren, Schritt für Schritt – im Einklang mit den kosmischen Zyklen der Natur – aufzuarbeiten und zu heilen. Der Mond ist zudem der Himmelskörper, der die Verbindung zwischen der Materie (der Erde) und dem Geist (der Sonne) herstellt, denn der Mond ist der Teil in uns, der mit Mutter Erde, dem Instinkthaften und den Rhythmen der Natur, verbunden ist. Daher kann uns die Arbeit mit dem Mond so gut dabei unterstützen, unsere tiefsten Herzenswünsche zu manifestieren und Selbstverwirklichung zu ermöglichen. Denn unsere Gefühle sind der Motor unseres Handelns, sie bringen uns dazu, die Veränderungen anzugehen, die wir uns schon lange wünschen, und unsere Absichten wirklich jeden Tag kraftvoll zu realisieren.

Ein erster wichtiger Schritt in diesem Prozess kann es sein, sich selbst und seine Gewohnheiten, Schemata, Seelenbedürfnisse und Gefühle durch Fragen zu reflektieren. Auch wenn ich selbst großer Fan von Bewusstwerdung durch intensives Nachdenken, Reflektieren, Reden und Verstehen bin, weiß ich, dass man sich doch manches Mal in seinen Gedanken zu verhaken droht. Hier ist die Arbeit mit den von Jennie erschaffenen Ritualen eine magische, wie praktische Anleitung, um aus den Gedankenkreisen auszubrechen und wieder mehr ins Erleben, Erfahren und Erfühlen zu kommen. So können sich dir plötzlich ganz neue Eingebungen, Ideen und Lösungen aufzeigen – schließlich haben wir dadurch die tiefe Weisheit von Mutter Erde an unsere Seite geholt. Wie schnell vergessen wir in unserem Alltag die Kraft und den Zauber, den uns die Natur jederzeit zur Unterstützung bereithält, auch wirklich auszuschöpfen. Stattdessen schneiden wir uns selbst von unserem Körper und der sinnlichen Erfahrung des Lebens ab und sind nur noch im Kopf unterwegs. „Urkraft des Mondes" ist da ein wahrer Schatz, der uns eine große Vielfalt an Inspirationen und ganz konkrete Anleitungen für Rituale an die Hand gibt, wie wir mit dem Mond und den kosmischen Energien des Jahreskreises arbeiten können. So kommen wir aus dem Verstand ins Herz und in unseren Körper. Das ist übrigens auch aus psychologischer Sicht ein entscheidender Schritt, um zu heilen: Wenn wir von starken Gefühlen überschwemmt werden, ist die Arbeit mit ganzheitlichen Ritualen, bei denen wir bewusst atmen, riechen, tanzen, schmecken oder etwas ganz Praktisches mit viel Achtsamkeit tun, um unseren Emotionen Ausdruck zu verleihen, eine wundervolle Möglichkeit, uns zu erden und alte Verwundungen Schritt für Schritt zu integrieren oder sogar in weise, innere Begleiter zu verwandeln.

Beseelte Rituale können uns außerdem dabei helfen, unsere innere Stimme wieder klarer zu hören und unsere Intentionen noch mehr in uns zu verwurzeln. Zum einen holen wir dadurch Energien mit an Bord, die größer sind als wir selbst, und zum anderen verbinden wir dadurch auch unsere Absichten mit einer konkreten physischen Erfahrung beziehungsweise mit einem lebendigen Symbol von Mutter Gaia. All dies unterstützt uns darin, unsere Ideen wirklich runter auf die Erde zu holen.

Jennie hat mit ihrem Buch die Lücke geschlossen, die für mich immer so stark spürbar war: Sie hat für jeden Monat des Jahres umfassende Mondrituale erschaffen, mit denen wir uns auf die jeweilige Zeitqualität einschwingen und uns wieder stärker mit den kosmischen Rhythmen der Natur verbinden können. Das Arbeiten mit ihrer Ritualpraxis kann dir ganz spielerisch und doch tiefgreifend dabei helfen, die Kraft des Mondes – deine Gefühle – dafür zu nutzen, deine Seelenbedürfnisse zu spüren, deine Absichten zu verwirklichen und dich mit deiner Zauberkraft und deinem einzigartigen Seelenrhythmus zurückzuverbinden.

Luisa Carla Hartmann
Diplom-Psychologin und Astrologin
Berlin, Januar 2022

EINLEITUNG

Es war an einem Abend, als die Wolken wie lange Schleier über den Himmel wehten und hier und dort in orange-gelb-roten Flammen aufzugehen schienen, während es an anderen Stellen zartrosa und heimelig wirkte …

Zart und wild und verwunschen zugleich. Was in all dem bin ich?

So wanderte ich der langsam hereinbrechenden Nacht entgegen und fand meinen Platz zwischen Holunderbüschen und knorrigen Süntelbuchen, die schwarz zu glänzen schienen, inmitten der immergrünen Wiese mit ihren violetten Blüten und Moosteppichen. Um mich ganz zu finden, legte ich mich mit nacktem Bauch auf diesen uralten Untergrund aus Flechten, Moosen und Pflanzen, die immerzu vor Lebenskraft strotzen, und vergrub auch mein Gesicht darin. Ich wollte tief mit der Erde und mir selbst verbunden sein und mich wieder ganz und gar spüren. So lag ich eine ganze Weile.

Langsam wurde es heller in mir und auch um mich herum, denn der Mond ging auf und berührte alles mit seinem silbrigen Licht. Auch die Blätter glänzten silbrig und das Moos schien ein Muster zu tragen. Auf meinem Hinterkopf spürte ich ein sanftes Streicheln. Als ich den Kopf etwas anhob, blickte sie mich zwischen den Zweigen der Süntelbuchen an, dem verwunschenen Tor, das diese Bäume mit ihrem wilden Wuchs bildeten. Ihr rundes Gesicht strahlte mich liebevoll an.

„Du hast Zuflucht bei deiner Mutter gesucht und vergessen, dass ich einmal eins mit ihr war. Ich war leibhaftig Teil der Mutter Erde und bin daher auch Teil von dir. Doch etwas hat dazu geführt, dass ich mich entfernte, um besser nach dir sehen zu können. Seither wache ich nachts an deinem Bett und helfe dir, deine Träume zu verweben. Ich bin da und halte dich, wenn du unruhig oder traurig bist. Wie alle Großmütter nehme ich mir die Zeit, um dich zu wiegen, dir ein Schlaflied zu singen, dir in der Dunkelheit Mut und Zuversicht zu schenken, dir sanft übers Haar zu streicheln, wenn du döst oder dir resigniert die Decke über den Kopf ziehen magst. Ich habe die Kraft, Ozeane zu bewegen, und so bewege ich dich mit Leichtig-keit. Großvater Sonne steht jeden Morgen auf, ist tatkräftig am Werk, egal wie die Stimmungen des Wetters sind, und hört nie auf zu strahlen, bis er abends schlafen geht. Ich bin darin beständig, immer für dich da zu sein – was es auch sei, das dich bewegt. Doch in allem anderen bin ich flexibel, vielschichtig und voller Talente und

mag dir gern aus all dieser Fülle die Wandelkraft schenken. Mancher mag denken, ich habe Launen und seltsame Phasen, doch ich bin ganz einfach all das – alles zu seiner eigenen Zeit. Nur so können wir die komplizierten Muster des Lebens weben und all unsere Träume mit hineinknüpfen. All das Weben ist ein Tanz der Wandlung. Mal lässt du den Faden locker, mal knüpfst du ihn fest, mal flechtest du Stränge zusammen, mal löst du Verstrickungen wieder auf. Nun sag, in welcher Kraft bist du heute? Welche Träume werden wir heute Nacht ins Leben weben?"

Ich hatte in den Armen von Mutter Erde Zuflucht vor dem Lärm der Welt gesucht und mich dankbar an sie gekuschelt. Dabei habe ich in die Arme von Großmutter Mond gefunden, die mich wiegte wie ein Neugeborenes und mir dabei all die alten Geschichten erzählte – von der Beständigkeit des Großvaters, der all die Launen akzeptierte, die sie auslebte, und dabei auch noch jederzeit warmherzig strahlte. Sie drückte mich an sich und erinnerte mich dabei an die Bärengöttin, die Urmutter, die alles weiß über das wilde, nackte, pure, sinnliche, rohe Leben. Einst war es die Bärenmutter gewesen, die mit ihrer vollen Urkraft in alle Frauen schlüpfte, um sie von innen heraus an alles zu erinnern, was wirklich nährend ist. Und schließlich erzählte sie mir auch von der Großen Mutter und all ihren Kindern, die sich verrannt hatten in den irdischen Labyrinthen aus Verpflichtungen, unerfüllten Wünschen, fremden Zielen und Konstrukten – statt ihre eigenen Gänge zu bauen, ihre eigenen Muster zu weben, ihre eigenen Träume zum Leben zu erwecken.

Großmutter Mond wiegte mich hin und her und versicherte mir, dass jedes Hin und Her meines Weges genauso wichtig für mich sei wie ihr Wiegen, das mich entspannte, tröstete und ermutigte. Sie zeigte mir, dass ich mich selbst liebevoll wiegen kann, wenn ich all mein Hin und Her umarme, und dass ich mich wohlfühlen kann in dieser Pendelbewegung, wenn ich alles als Teil meines Weges und Wesens akzeptiere.

Während sie mich wiegte und zu mir sprach, begann ein Summen in meinem Herzen und erfüllte mich bis in den Gebärmutterraum. Dieses Summen bekam eine ureigene Schwingung und bewegte sich in meinem Inneren, wurde Melodie, drängte nach oben in meine Kehle und schließlich hinaus. Ich öffnete meinen Mund und sang aus voller Kehle, vollem Herzen und der Tiefe meiner Gebärmutter das Lied meiner Seele.

Ich sang mich durch die Bewegungen meiner Seele, und während des Singens verstand mein ganzer Körper zutiefst und verankerte diese Weisheit in sich. Das Lied meiner Seele hat viele Strophen. Manche ähneln einem summenden Singsang, der beruhigend dahinplätschert, andere gleichen einem entspannenden Wiegenlied, doch es gibt auch jene Klänge, die archaisch tönen, und solche, die wie Hymnen voller Emphase sind …

Großmutter Mond wandte sich lächelnd an mich: „Nun weißt du es. Ich werde immer an deiner Seite sein und mit dir genau den Teil deines Liedes singen, der sich gerade jetzt in dir regt. Das ist meine Aufgabe. Und wenn es gebraucht wird, bringe ich die ganze Familie zusammen, damit sie alle dich unterstützen. Denn das tun wir Großmütter, wir halten alles zusammen." Sie umarmte mich noch einmal mit ihrem samtenen Licht und verschwand dann hinter dem Holunder.

Sie hatte sich mir als die Stammesmutter zu erkennen gegeben, die sie wahrhaftig ist. Sie hält die Fäden in der Hand und strickt mit ihnen weise. Sie hat ihre Abmachungen mit Großvater Sonne und ergänzt seine tatkräftige Beständigkeit mit ihrer Wandelkraft. Sie ist für ihre Kinder da, allen voran Mutter Erde – von der wir nicht wüssten, wie sie aussieht und ob oder wie Leben und Vegetation auf ihr möglich ist, wenn die Großmutter nicht wäre. Und in den herausforderndsten Zeiten kann sie Zuflucht bieten und immer mit genau der Energie unterstützen, die ihre Enkel gerade benötigen: entspannendes Wiegenlied und begeistertes Cheerleading, gutes Zureden, um mutig zu wachsen, und sanftes Trösten, um loszulassen. In ihr ist alles lebendig. Und mit ihr in tiefster Verbundenheit zu leben – in einer Verbundenheit, die weit über Bücher und Mondwissen oder passende Konsumgüter der heutigen Zeit hinausgeht –, bedeutet, dass auch ich in dieser tiefen Verbundenheit mit all diesem Lebendigen bin. Jede Phase wird mich dann zur richtigen Zeit erreichen, und bis dahin werde ich lernen, die Wellen zu surfen …

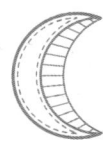

Ich bin keine Astrologin, die mit umfassendem Wissen zu den Tierkreiszeichen, Häusern und Planeten beeindrucken könnte, ich bin auch keine Astronomin oder gar Archäoastronomin oder (Astro-)Physikerin, die dir ihr geballtes Expertenwissen über die Gestirne weiterreicht. Warum schreibe ich also dieses Buch über die Urkraft des Mondes?

Seit vielen Jahren gehe ich den Weg der Erfahrungsmedizin, wie ich ein schamanisch und naturspirituell geprägtes Leben nenne. In meiner Jugend habe ich all mein Taschengeld in Bücher über altes Wissen gesteckt und mich dann immer weiter mit mythologischen wie psychologischen Themen beschäftigt, die mich faszinieren. Im Laufe der Zeit habe ich an unzähligen Seminaren und Ausbildungen in diesem Kontext teilgenommen. Ich habe gelesen, gelernt, vertieft, gelitten, geweint, gelacht, alleinige Visionssuchen an beängstigenden Orten bzw. in herausfordernden Umständen unternommen, heilige Kreise genossen und transformierende Initiationen … doch wirklich aufgegangen sind all diese Samen erst, als ich sie in den fruchtbaren Nährboden meines täglichen Lebens pflanzte, sie wahrhaft wässerte, versorgte und auch das „Unkraut" jätete, das in all dem immer wieder auch seinen Weg in mein Lebensbeet fand. Mitunter habe ich auch meine Pflanze sorgsam ausgegraben und an einen anderen Standort gebracht. Es kostete unendlich viel Mut und war mit der Sorge verbunden, sie würde dort eingehen (wonach es eine lange Zeit auch aussah). Doch mit der immer innigeren Hinwendung zur Urweisheit der Natur streckten sich die Wurzeln tiefer ins Erdreich und die Äste tanzten mit dem Wind im Himmel, während der Stamm beständig wuchs. Die Äste fanden ihre Wege zum Licht, die Rinde wurde widerstandsfähiger gegen Witterungseinflüsse und die Säfte pulsierten lebendig im Inneren. Aus den Wunden bildeten sich Baumperlen und ließen mich immer mehr den Reichtum meines Lebens erkennen.

Ich kann meine Entwicklung und damit auch meinen Zugang zum Thema des Buches am besten mit diesem Naturgleichnis beschreiben, obwohl wohl die wenigsten von uns als Selbstversorger einen Garten hegen oder in der Landwirtschaft tätig sind. Doch die Natur um mich herum und in mir, alle Natur, ist für mich die größte und großartigste Lehrerin und ich verbringe viel Zeit mit ihr. Deshalb ist sie es auch, die meine Wortbilder malt. Wie oben beschrieben, habe ich einige Jahre des Lernens verbracht, dann habe ich dem Drängen meiner Freundinnen nachgegeben, kleine Kreise mit ihnen im Privaten abgehalten und irgendwann offene Kreise angeboten. Ich habe meinen Lehrer*innen assistiert, unzählige Einzelsitzungen gegeben (vor über fünf Jahren habe ich bei 5.000 aufgehört zu zählen) und mich langsam und stetig entfaltet. So habe ich mir die Zeit gegeben, in meine Aufgabe hineinzuwachsen. Erst nach sieben Jahren des Wirkens in dieser Phase begann ich Wissen weiterzugeben und mich so in die verantwortungsvolle Aufgabe des Lehrens hineinzuentfalten. Meine Kurse entstanden aus der jeweiligen Zeitqualität heraus für genau das, was gerade gebraucht war, und viele dieser Kurse gab ich deshalb nur ein einziges Mal (auch wenn das Konzept nach wie vor steht und wundervoll ist). In all dem gab ich äußeren Umständen keine Macht über mich und widerstand dem Druck, der in der Gesellschaft und im Außen herrschte. So gab ich mir immer die Zeit und den Raum, um zu wachsen und zu integrieren, was ich gelernt hatte, und um dies dann zu vertiefen und weiterzugeben, wenn es einen wirklichen Ruf gab. Manchmal hieß dies auch, komplett in die Stille und Innenschau zu gehen, wenn ich zum Beispiel trauerte oder Visionen empfing. Dann war meine Praxis über Wochen geschlossen, und keine Anfrage und kein Geld der Welt hätten dies ändern können, weil ich wusste, dass ich für die Arbeit in dieser Phase gar nicht in meiner Kraft gewesen wäre. Und das schreibe ich ganz bewusst, denn ich hätte in diesen Zeiten durchaus Geld für Miete und so weiter gebrauchen können, wie alle anderen auch. Doch letztlich ist Geld nichts als bedrucktes Papier mit einem Wert, den wir ihm einst gegeben haben, oder zeigt sich gar nur in Zahlen auf einem nicht gegenständlichen Konto. Aufgrund meines schamanischen Weltbilds ziehe ich die Kraft nicht aus bedrucktem Papier, sondern werde vielmehr mit Lebenskraft beschenkt, wenn ich mir zum Beispiel erlaube, nachts im warmen Sommerregen zu tanzen oder tagelang an einem Fluss zu wandern, der zum Meer fließt; wenn ich unter dem Sternenhimmel liege und die Sterne bitte, mich an mein eigenes Funkeln zu erinnern, oder mit Gleichgesinnten um ein Feuer sitze und heiliges Kreiswissen austausche. Pure Lebenskraft liegt in so vielem, dass es den Rahmen sprengen würde, alles aufzuzählen (und es wäre ohnehin für dich etwas anderes als für mich), doch vor allem liegt sie darin, dass ich mich als Enkelin von Großmutter Mond an meine Zyklen erinnere und sie wahrhaft lebe. Denn gerade uns Frauen laden die Phasen des Mondes zu einem Einklang mit der Natur, einem Einklang mit uns selbst ein.

Urkraft des Mondes entfaltet sich aus meiner Sicht individuell in uns allen und ganz besonders dann, wenn wir alle bekannten Systeme fallen lassen und stattdessen ganz direkt diese Verbindung erspüren. Wenn wir uns Zeit, Raum und Hingabe an den Mond erlauben und uns darauf einlassen, dass er die Meere in uns bewegt, bringt er uns direkt zur Quelle – zu der Quelle, die voller Intuition, Inspiration und Leidenschaft in uns selbst sprudelt.

All das teile ich mit dir aus einem Beweggrund: Ich möchte dich mit diesem Buch von ganzem Herzen ermutigen, deinen ureigenen Rhythmus zu finden und dann von ihm getragen durchs Leben zu tanzen!

Denn ich wünsche dir, dass du zu deinem Urwissen zurückfindest und ihm vertraust, sodass es dich auch trägt, wenn alles theoretische Wissen fehlen oder alle (elektronischen) Hilfsmittel wegfallen würden. Ganzheitliche Erfahrungen in der Natur und tief in dir selbst und ein Leben ganz in deinen Rhythmen können dich zu deiner Körper- und Ahnenweisheit zurückführen, die dich auch leiten, wenn der elektrische Strom ausfallen und Astro-Apps oder Webseiten verschwinden würden, die dir sagen, wann was in welchem Zeichen oder Planeten im Quadrat steht. Ich wünsche dir eine urweibliche, intuitive Wahrnehmung dessen, was ist, ohne dass du dafür (komplizierte) Berechnungen anstellen musst. Und schließlich wünsche ich dir auch den Mut und die Möglichkeiten, dein Leben danach auszurichten, Änderungen vorzunehmen und verwurzelt zu erblühen.

„Genau wie der Mond durchläuft auch das Leben Phasen – von unseren dunkelsten Momenten bis wir wieder hell erstrahlen. Wir lernen, sowohl die Dunkelheit als auch das Licht zu umarmen – wir tanzen durch jeden Zyklus zu den Rhythmen des Lebens."

TARA ISIS GERRIS

Während wir als Menschheit begannen, uns immer strukturierter zu organisieren, damit auch Zeit effektiver und produktiver nutzen zu wollen und dies im Sinne von „weiter, höher, schneller" bis heute voranzutreiben, vergaßen viele von uns gleichsam die Zyklen, die uns über Jahrtausende dienlich waren. Ich glaube zutiefst daran, dass wir uns nicht in einer Weise verändern sollten, um in eine (erkrankte) Gesellschaft zu passen, die „eben nun einmal so ist" und dieses und jenes erfordert, denn dann gehen wir über unsere gesunden Grenzen hinweg. Wir benötigen dann all unsere Energie, um das zu bewältigen, was gefordert wird, und dies ist eben nicht (oder nicht immer) im Einklang mit den Träumen, die wir im Herzen tragen. Auch unsere Familien und andere Beziehungen können im Kleinen besser wachsen und gedeihen, wenn wir unsere Bedürfnisse aussprechen, unsere Träume ins Leben weben und anderen helfen, dies ebenso zu tun.

Sorge also auch du gut für dich, indem du deinen Zyklus lebst, egal wie seltsam dies anderen erscheinen mag. Sei gemeinsam mit anderen kreativ und finde Wege, auf denen alle Beteiligten ihre Zeiten und Räume nützen und füllen dürfen. So wirst du und werden wir alle zufriedener sein und Zeiten der Muße nicht nur im Urlaub erleben.[1] Ich selbst habe dies in finanziell herausfordernden Studienzeiten, in sicherer Anstellung im öffentlichen Dienst, mit kleinen Kindern und auch mit Teenies, mit Klient*innen und Freund*innen, in meiner mittlerweile zwölfjährigen beruflichen Selbstständigkeit und nicht zuletzt auch in meiner Liebesbeziehung geübt und übe immer weiter, wenn es einmal hakt. Wir alle sind Meisterinnen, die üben (dürfen).

So lautet also die Antwort auf die Frage, warum ich dieses Buch schreibe: Weil all die Menschen, die ich über die Jahre begleiten durfte und die jeweils in unterschiedlichsten Lebensumständen waren, mir gezeigt haben, dass in absolut jedem Leben die Lebenskraft und Lebensfreude daraus entsprungen sind, dass sie sich erlaubten, ihre Rhythmen zu leben, und ich so oft gebeten wurde, dieses Wissen weiterzugeben. Doch gerade, weil wir oft in eingefahrenen Glaubenssätzen oder Verhaltensmustern, in bequemen oder geforderten Gewohnheiten und Selbst-/Fremdbildern feststecken, braucht es häufig eine Findungsphase, in der wir uns ohne Druck und mit viel Raum und Zeit entfalten können. Daher ermutige ich dich ebenso, dir diese Zeit zu nehmen, sie dir zu gönnen, und wenn du dich für einen rituellen Weg – zum Beispiel deine persönliche Jahres-

---

[1] *Das heißt übrigens nicht, die Vergangenheit komplett wiederzubeleben, sondern es erfordert auch, uns an die Verhältnisse anzupassen, die sich zeigen.*

Initiation mithilfe der Inspirationen in diesem Buch – entscheidest, dein ganzes Herz in dein Wirken hineinzulegen. Du wirst dabei ganz sicher immer mehr zurückbekommen, als du hineingegeben hast. Rituale und Zeremonien bündeln seit jeher Energien und helfen den Menschen, sich auszurichten und in Hingabe an das Numinose, an das Mysteriöse, das große Ganze im Leben gehalten zu sein. Bitte betrachte dabei alle Rituale in diesem Buch als völlig undogmatische Einladungen und ändere sie bei Bedarf direkt und kreativ für dich und deine aktuellen Bedürfnisse ab.

Vielleicht wirst du ein ganzes Jahr (oder sogar mehrere Jahre) mit diesem Buch erleben, und dennoch ist mein großer Wunsch für dich, dass du in deinem Herzen, Leib und ganzem Sein die Türen zu deiner Urkraft weit öffnest, dich auf dich selbst in deiner Urnatur einlässt, auf die Visionen und Botschaften der Spirits (oder wie immer du es nennst), und dadurch auch zu deinen ureigenen Ritualen und Zeremonien findest. Falls du Leiterin von Frauenkreisen oder energetisch/schamanisch Praktizierende bist oder davon losgelöst völlig andere Wirkräume in deinem Leben hast: Was du in dir selbst erspürst, entstehen lässt und „zur Welt bringst", ist das, was nur du in deiner Einzigartigkeit mit den Menschen teilen kannst und worauf die Welt wartet.

Lass uns gemeinsam die Bärengöttin in deinem Leib aufwecken. Wir werden dabei von Großmutter Mond durch all unsere Phasen begleitet, und du kannst dabei ganz zu einem selbstbestimmten, kraftvollen und vor allem lebendigen Dasein zurückfinden.

MONDPHASEN
UND
GEZEITEN DER SEELE

DEM EIGENEN RHYTHMUS LAUSCHEN

„Es war eine Zeit, wo man den Mond nur empfinden wollte,
jetzt will man ihn sehen." — JOHANN WOLFGANG VON GOETHE

Möglicherweise hast du schon vieles zum Mond und seinen Phasen gelesen und weißt auch darum, dass sie eng mit dem weiblichen Menstruationszyklus verbunden sind (und auch etymologisch miteinander verwandt sind). Doch da wir alle absolut einzigartige Wesen sind und diese Buntheit unser aller Leben ausmacht und bereichert, möchte ich dir gleich hier zu Beginn sagen: Nimm keines der bekannten Modelle einfach an. Stülpe sie dir nicht über oder zwänge dich hinein, sondern spüre tief in dir, was für dich stimmig ist.

Deine weibliche Urkraft[2] nährst du, indem du Hingabe kultivierst und dir selbst und deinen Rhythmen (wieder) lauschst. Um einen Einstieg dazu zu finden, kannst du einfach jeden Morgen eine Hand auf dein Herz und eine auf deinen Unterleib legen und spüren, was zum jetzigen Zeitpunkt ansteht.

Unsere Ahnen berechneten nicht auf die Minute genau den Vollmond, wie wir es heute kennen, sondern *lebten mit dem Mond*. So konnte für sie durchaus mehr als eine Nacht lang Vollmond sein. Ich wünsche mir für dich, dass du zu deinem inneren Gespür zurückfindest. Du kannst dann aus dem Fenster sehen oder bei Spaziergängen zum Himmel hinaufschauen und „deinen" Vollmond leben. Das, was du siehst, was du spürst, ist das, worum es geht. Denn alle Mondkalender und Empfehlungen dieser Welt können dir nicht die Aufgabe abnehmen, wirklich in Einklang mit dem großen Rhythmus des Lebens zu kommen, dich wirklich auf das einzulassen, was ist und durch dich wirken mag. Genaue Zeitpläne und Übersichten der einzelnen Phasen führen dich nicht in die Urkraft, sondern beschreiben sie im besten Fall. Für mich ist diese

---

[2] *Auch wenn hier vorrangig die Frauen angesprochen sind, haben selbstverständlich auch Männer bzw. Menschen jeden Geschlechts ihre ganz eigene Beziehung zum Mond und können aus dem hier vorgestellten Wissen Nutzen ziehen. Und hier gilt genauso: Nimm die Anregungen auf, aber lass dir nichts überstülpen und spüre selbst.*

Urkraft des Mondes so wild und frei und damit einfach ein großer „Leitstern", der mich spürbar zu meinem ganz eigenen Rhythmus bringt. Zudem führt dies zurück zu den Linien und an die Feuer der wilden Wolfsfrauen, der freien Frauen, und einer ganz und gar unabhängigen Souveränität und tiefen Eigenwahrnehmung, die ansonsten mitunter droht, verloren zu gehen.

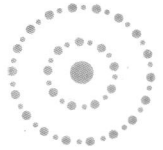

DAS AUGE DER NACHT UND DER WEG ZURÜCK ZUR URKRAFT

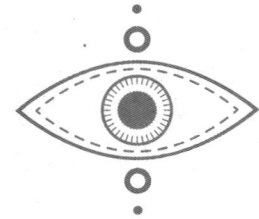

„Im Wald der Monde schwamm ich wild mit den Wölfen und Sternen und küsste die tiefen Wunden der träumenden Nacht." — VICTORIA PETTELLA

Im Altertum gab es noch keine Uhren und Kalender, wie wir sie heute kennen. Man orientierte sich an Sonne und Mond, und ganz sicher beobachteten die Menschen schon in der Steinzeit aufmerksam das Firmament und die dortigen Ereignisse. In der Dordogne, am Abri Castanet, wurde beispielsweise ein ca. 38.000 Jahre alter Adlerknochen gefunden, der mit mehreren Sicheleinkerbungen verziert ist. Man geht davon aus, dass dies eine der ältesten Darstellungen der Mondphasen sein könnte. Ebenfalls in der Dordogne ist auf einem etwa 42 cm hohen und ca. 25.000 Jahre alten Kalksteinrelief eine nackte Frau zu erkennen, die sogenannte Venus von Laussel. Ihre linke Hand liegt auf ihrem Bauch und in der rechten Hand hält sie einen sichelförmigen Gegenstand mit dreizehn Einkerbungen. Sie wird aufgrund ihrer Körperformen als schwanger und der Gegenstand in ihrer Hand als Horn eines Tieres (und damit eines bis heute in vielen Kulturen auf den Mond verweisendes Symbol) interpretiert. Stell auch du dir also gern (analog zu diesem Beispiel) vor, wie du jeden Morgen eine Hand auf deinen Bauch legst und die andere Hand sich mit jener von Großmutter Mond trifft. Hand in Hand mit ihr und verbunden mit deinem intuitiven (Ge-)Bärmutter-Wissen könnte sich dann dein Tag gestalten. Vielleicht magst du diese Geste eine Zeit lang ganz konkret für dich anwenden? Ich kann es dir von ganzem Herzen empfehlen.

Sehr wahrscheinlich erkannten schon Steinzeitfrauen, wie ähnlich sich der Mondzyklus und der Menstruationszyklus sind, und ließen ihre Beobachtungen in magische Fruchtbarkeitsrituale einfließen. Zahlreiche weitere archäologische Funde bezeugen, wie der Mond das Denken, Wirken und damit auch das Überleben der Menschen seit Tausenden von Jahren überall auf der Welt prägt. Auch in Darstellungen des Weltenbaumes in verschiedenen Kulturen findet sich eine Mondsymbolik.[3] Als klarster Beleg für die symbolische Bedeutung der Gestirne gilt die ca. 3.800 Jahre alte Himmelsscheibe von Nebra, dem ältesten erhaltenen Lunisolarkalender nördlich der Alpen. Die Spiralen, Kreise und Sichelformen der Megalithanlage Knowth in Irland führten ebenfalls zu den Mutmaßungen, dass es sich hier um Abbildungen des Mondes handelt. Diese Darstellungen weisen Übereinstimmungen mit sehr viel später erstellten Mondkarten aus anderen Regionen auf, obwohl man vor ca. 5.000 Jahren mit bloßem Auge kaum den Mond und seine Oberflächenstruktur hätte erkennen können. Und auch bei der Amphore von Herzberg wird vermutet, dass es sich dabei um einen bronzezeitlichen Mondkalender handelt – und dies sind nur ausgewählte Beispiele aus unzähligen weltweiten Funden.

Der Zyklus des Mondes hat unser Verständnis von Zeit seit jeher so bestimmt wie nichts sonst. In der Geschichte der Menschheit ist der solare Kalender verhältnismäßig jung, und vermutlich wurde erst durch Ackerbau, Viehzucht und der damit einhergehenden Sesshaftigkeit der Lauf der Sonne für unsere Vorfahren immer wichtiger.[4] Gaius Julius Cäsar führte im Jahre 45 v. Chr. einen hellenistisch-ägyptischen Kalender ein, der auf einem hybriden Modell aus Mond- und Sonnenkalender (lunisolar) fußte und ein Schaltjahr festlegte, um nominales und jahreszeitliches Jahr in Übereinstimmung zu bringen.[5] Das Sonnenjahr hat 365 Tage (in einem Schaltjahr 366 Tage) und das Mondjahr

---

[3] *Und selbst in dem uralten sogenannten „Sonnenrad" (ein Kreis mit einem gleichschenkligen Kreuz darin), welches sich symbolisch auch im nordamerikanisch-indigenen Medizinrad findet, könnte (zugleich) ein vier Phasen zeigendes Mondsymbol verborgen sein.*

[4] *Der islamische Kalender ist hingegen bis heute ein reiner Mondkalender.*

[5] *Diese Festlegung vollzog Cäsar, nachdem er zwei Jahre zuvor (47 v. Chr.) von Astronomen in Ägypten unterwiesen worden war, die einem bis ins 14. Jahrhundert v. Chr. zurückreichenden Sonnenkult folgten.*

354 Tage, ist also elf bzw. zwölf Tage kürzer. Jedes Sonnenjahr beinhaltet entsprechend zwölf bzw. dreizehn Mondzyklen. Bevor er diesen julianischen Kalender einführte, waren insbesondere auf dem eurasischen Kontinent üblicherweise die Jahre (auch) nach dem Mond bestimmt worden. Sogenannte „gebundene Mondkalender" der Germanen wurden nachweislich bis zum 7. Jahrhundert in England und bis zum 11. Jahrhundert in Skandinavien verwendet. Papst Gregor XIII. schaffte schließlich 1582 den „gottlosen" Mondkalender gänzlich ab, um der Sonne (und damit dem Symbol des wiederauferstandenen Christus) und letztlich sich selbst als Namensgeber des neuen Kalenders einen gebührenden Platz in der Welt zu verschaffen, den er bekanntlich bis heute innehat. In großen Teilen Europas haben wir also erst seit nicht einmal 500 Jahren einen Sonnenkalender, den sogenannten gregorianischen Kalender. In Gamla Uppsala, dem einstigen Zentrum des schwedischen Königreiches, verwendete man sogar noch im 17. Jahrhundert einen lunisolaren Kalender. Die Hopi in Nordamerika nutzten einen solchen bis in die 1870er-Jahre, um ihre traditionelle Landwirtschaft unter den erschwerten Bedingungen der Wüste weiterhin zu ermöglichen. So trug der Mond in vielerlei Hinsicht zum (Über-)Leben auf Erden bei.

Der Mond hat als „Auge der Nacht"[6] weltweit in den Menschen starke Empfindungen ausgelöst, und die Mythen und Märchen zeugen davon. Tiere wie Hase, Hund und Krebs, dazu auch Gesichter, der „Mann im Mond", eine Göttin mit Haarpracht – so vieles nahm man bei der Betrachtung des Mondes wahr, und der Fantasie waren kaum Grenzen gesetzt bei den Überlegungen, wie jene Wesen dort wohl hingekommen sind. Häufig findet sich ein direkter Bezug zu Fruchtbarkeit bringendem Segen, und damit lagen die Ahnen gar nicht so falsch, denn es ist fraglich, ob es ohne den Mond überhaupt Leben auf Erden geben würde bzw. wie dieses Leben ohne den Mond aussähe. Er galt als ein Tor in andere Welten, was die kreisrunden Mauerdurchgänge namens „Mondtore" in manchen buddhistischen Klöstern bis heute zeigen, und er bot von Beginn an sakralen Ereignissen eine Kulisse sowie überwältigendes Erleben. In vielen Kulturen ist er anerkannt als magische Schwelle in andere Wirklichkeiten, wurde als Initiationsmoment genutzt, in weiblicher Form als

---

[6] *Begriff des griechischen Tragödiendichters Aischylos*

Fruchtbarkeitsgöttin verehrt, und selbst in der Bibel, im 1. Buch Mose, als „kleines Licht, das die Nacht regiert" bezeichnet. So können auch wir den Mond als unterstützenden Verbündeten voller Dankbarkeit nutzen, da er uns beständig hilft, Schwellen zu übertreten und schamanisch in andere Welten zu reisen und die dort gemachten Erfahrungen in unsere Alltagswelt zu überführen. Auch im rituellen Wirken gehen wir (bis heute) durch solche Tore hindurch und erhalten selbst in Umständen, in denen wir nicht ganz klarsehen können oder uns manches dunkel und verworren erscheint, eine erweiterte Sicht auf uns und die Entfaltung unsers Lebens.

Am 26. Juli 1609 entstand die erste bekannte Mondlandkarte, der einige weitere folgten. Da diese Karten weder den Zweck erfüllten, territoriale Ansprüche geltend zu machen, noch als Reiseführer vor Ort dienlich sein konnten, halfen sie letztlich der Wissenschaft, Aberglauben zu bekämpfen und auch die uralten Mythen zu untergraben. Zumindest eines ist aus dem lunaren Kalender bis heute geblieben: Ein Tag beginnt um Mitternacht, also mitten in der Nacht. Die immens große Rolle, die der Mond über Tausende von Jahren für den Menschen weltweit innehatte, und auch die Kraft, die er als Taktgeber einfließen ließ, wurde durch die Abschaffung dieses Kalenders und den Verlust der dazugehörigen Mythen deutlich geschmälert.

Ich möchte hier keineswegs die Wissenschaft negieren, doch ist mir daran gelegen, im Verlaufe dieses Buches die alten Namen und Energien unserer Monde (Monate) wieder etwas mehr in den Fokus zu setzen und damit bewusst zu machen, wie viel Weisheit, landwirtschaftlicher Nutzen, gesellschaftliches Leben, heilige Initiation und anerkannte Urkraft darin lagen. Auch wenn die Namen und die Zeiteinteilung sich veränderten, so sind wir in unseren Körpern doch noch viel archaischer und tiefer mit den ursprünglichen Rhythmen von Mond und Erde verbunden, als uns oft bewusst ist. Der Mond gibt uns mit seinen sich beständig wiederholenden Bewegungen Sicherheit und Halt im Leben und unterstützt dabei gleichzeitig unsere eigene Bewegung. Durch diese Beständigkeit der immer wiederkehrenden Zyklen, in denen alles enthalten ist, sowie durch die besondere Position, die der Mond im Sonnensystem innehat (und durch die Leben auf Erden möglich wurde), ist er mit seiner Energie ein großartiger Verbündeter, um Leben zu erschaffen und zu kreieren bzw. zu manifestieren. Nicht umsonst werden alle Mondgöttinnen stets mit Fruchtbarkeit und Wachstum assoziiert. Auch wenn große Angst vor der Macht, die Frauen innewohnt, herrschte und einiges an Unterdrückung, Schmerz und Leid geschah und noch immer geschieht, können wir wieder Zugang zu dieser Urkraft in uns finden. Der Takt des Mondes mit seinen vier Phasen und zwei Bewegungen kann sich so wieder mit unserem Herzschlag verbinden und findet damit seinen Einklang mit dem Herzen der Mutter Erde. Eingebunden in die ewigen Zyklen allen Lebens erblühen wir ganz natürlich als die, die wir wirklich sind, und gehen wieder den Weg weiser, wilder Weiblichkeit.

DIE MONDPHASEN

Ein Mondzyklus dauert im Durchschnitt 29,5 Tage und wird von Neumond zu Neumond gezählt, da aus der Dunkelheit (dem Mutterleib, der Erde und der Nacht) das Neue entsteht. Dabei stehen Vollmond (Höhepunkt) und Neumond (Tiefpunkt) jeweils für „Energietore" bzw. Wendepunkte, an denen die Energie von einem Zustand in den anderen wechselt. Obwohl heute bekannt ist, dass der Mond eine Kugel ist und sich nicht seine Gestalt ändert, sondern seine Position zur Sonne – und damit die Seite, die jeweils von der Sonne beleuchtet wird –, sind die alten Bezeichnungen geblieben.

Die Mondphasen können in zwei (Neumond und Vollmond), in vier (Neumond, zunehmender Mond, Vollmond, abnehmender Mond) oder auch in acht Phasen eingeteilt werden. Im letzteren Fall unterteilt man die zunehmenden und abnehmenden Mondphasen noch jeweils in drei weitere Phasen. Unterscheidet man zusätzlich noch zwischen Neumond (Neulicht) und Dunkelmond, zählt man sogar neun Phasen.

Der Einfachheit halber schauen wir uns den Mond hier in vier Phasen an. Bitte spüre dabei, ob für dich eines der anderen Modelle stimmiger/aussagekräftiger und damit für dich hilfreicher ist, und ergänze die folgenden Ausführungen entsprechend für dich.

DAS ERSTE VIERTEL – BEGINN EINES NEUEN ZYKLUS

Das erste Viertel, d. h. der 1. bis 7. Tag der Mondphase, ist die Zeit des Dunkelmonds und des Neumonds. Der Mond steht direkt zwischen Erde und Sonne, die unbeleuchtete Seite ist der Erde zugewandt. Er erinnert mich an die Dunkelheit in der Gebärmutter, in der neues Leben entsteht. Schwärzeste Nacht, ein erster Funke setzt den neuen Zyklus in Gang.

Auf die Nacht des Dunkelmondes (wenn der Mond gar nicht zu sehen ist) folgt die Neumondnacht. Neumond ist dann, wenn man das erste Fünkchen des Mondes (eine ganz zarte Sichel) wieder sieht, daher der Name „Neulicht", und darin liegt auch seine Energie: Intentionen setzen, Neues entzünden, Samen säen (wie zum Beispiel mit den Neumond-Wünschen); während der dunklen Zeit nach innen schauen und mit dem ersten Funken des Mondes neu beginnen, langsam wieder wachsen und sich stärken. Dieser Funke enthält oft auch energetisch neue Inspiration und Visionen und bereitet innerlich Projekte oder „Wiedergeburt"/Neuerfindung vor. Auch wir Menschen können jetzt einen ganz neuen Zyklus beginnen, etwas Neues wagen und weise wünschen, Pläne schmieden, Ziele für uns festlegen (siehe dazu auch den generellen Neumond-Tipp im Januar auf Seite 72).

Dann wächst der Mond nach ca. drei Tagen langsam merklich weiter über die Sichelform zum Halbmond an (die sich füllende, leuchtende Seite liegt rechts), und dabei gibt er auch uns Raum, um uns zu stärken und mit Kraft anzufüllen.

Dieser Phase wird energetisch und symbolisch oft der Winter und die Nacht und dann das Morgengrauen zugeordnet.

DAS ZWEITE VIERTEL – ZEIT DER ZUVERSICHT MIT DEM ZUNEHMENDEN HALBMOND

Vom 8. bis zum 14. Tag nimmt der Halbmond immer weiter zu. Die Energie dieser Mondphase drückt sich aus in: Aufblühen, Wachsen, Entfalten; merklicher Fülle an Kreativität und dem Wunsch nach Austausch mit anderen, Anziehungskraft, Entscheidungen treffen, Tatendrang. Es ist eine gute Zeit, um für unseren Körper zu sorgen (damit auch dieser gut gedeiht oder Heilung findet). Es ist auch eine gute Zeit, um Zuversicht und Selbstbewusstsein zu stärken und Zweifel zu überwinden. Direkt vor dem Vollmond ist die wachstumsfördernde Kraft (bei Pflanzen, Fruchtbarkeit, Wohlstand, Selbstvertrauen etc.) am stärksten.

Dieser Phase werden die Qualitäten des Frühlings und des Tagesbeginns bzw. des Vormittags zugeschrieben.

DAS DRITTE VIERTEL – LEUCHTKRAFT AUF DEM HÖHEPUNKT

Während des dritten Viertels, d. h. vom 15. bis zum 22. Tag der Mondphase, erleben wir die volle Leuchtkraft[7] und damit auch die Mondeinflüsse wie einen Scheinwerfer, der auch die letzten Ecken ausleuchtet. Daher werden hier oft Kraftgegenstände oder Mondwasser geweiht und die „aufladende" Kraft genutzt. Es wird auch orakelt, da nun alles sichtbar wird, denn das „Auge der Nacht" ist ganz geöffnet. Vielleicht fühlst auch du dich in diesen Tagen aufgeladen und aktiv. Oft ist der Vollmond drei Tage vorher und auch drei Tage nachher zu spüren und sehr präsent, obwohl er da noch zu- oder schon wieder abnimmt. Er kann sozusagen ein Leuchtfeuer zünden, das dafür sorgt, dass unser Bewusstsein sich auf alles Gewesene fokussiert und dabei nicht mehr dienliche Energien ausleitet, wodurch ein echtes Loslassen unterstützt wird. Analog zum Neubeginn bei Neumond wird auch hier etwas in Gang gesetzt. Der Vollmond wirkt auch ähnlich wie ein Lagerfeuer, an dem sich nun alle hilfreichen Kräfte, Spirits, Gottheiten versammeln und uns ihre Botschaften mitteilen – sei es in Träumen, Erkenntnissen oder tieferer Verbindung zum Netz allen Seins.

Dann beginnt der Mond wieder abzunehmen und kann uns darin unterstützen, alles auszuspülen, was nach den Erkenntnissen nun losgelassen werden mag. Es ist also auch eine gute Zeit für schamanisches Wirken, Kontemplation und entlastende Reinigung. Diese Phase wird mit dem Sommer und „High Noon", der Mittagszeit, assoziiert.

---

[7] *Reflexionskraft wäre wohl korrekter, denn hier steht der Mond der Sonne direkt gegenüber und sie beleuchtet die der Erde zugewandte Mondoberfläche.*

DAS VIERTE VIERTEL – PHASE DES LOSLASSENS

Das vierte Viertel, d. h. die Zeit vom 23. bis zum 29. Tag, ist die Phase des abnehmenden Halbmonds. Die leuchtende, noch volle Seite des Mondes liegt hier links. Nun nimmt der Mond immer weiter ab und unterstützt damit sowohl weiterhin das Loslassen (von Menschen = Abschiede, von Dingen = Ausmisten, durch Saubermachen und energetische Raumreinigung – körperlich und seelisch von Mustern, Glaubenssätzen und schlechten Angewohnheiten etc.). Und schließlich geht es auch darum, etwas zum Abschluss zu bringen (z. B. ein angefangenes Projekt). Gleichzeitig geschieht eine immer deutlichere Hinwendung nach innen, ein Rückzug vom ständigen Austausch. Es ist also auch eine Phase für mehr Seelenzeit, Einkehr und Besinnung. Die letzte sichtbare Sichel wird auch das „Altlicht" genannt und ist für einen meditativen Rückzug und die darauffolgende Neuausrichtung wunderbar geeignet. Etwa elf Tage nach Vollmond, also ca. drei Tage nach dem Halbmond, beginnt dazu die sogenannte balsamische Phase, die Entspannung, Stressabbau, Selbstfürsorge und Loslassen unterstützt. Diese Phase gilt als Herbst und Nachmittag, der schließlich in die Dämmerung mündet.

(Dann folgt wieder der Dunkelmond, das Neulicht und alles beginnt wieder von vorn mit dem ersten Viertel.)

Wenn du zusätzlich schauen möchtest, ob der Mond gerade steigt oder fällt, also seine Position am Himmel ändert und dadurch der Erde näher kommt oder sich von ihr entfernt,[8] kannst du altes Volkswissen anwenden. Beschreibungen wie „Wenn der Mond auf die Baumkronen des Waldes fällt ..." wurden in alter Zeit als bildhafte Zeitangabe genutzt. Suche dir eine Baumkrone (oder einen anderen Fixpunkt, den du von deinem Zuhause aus gut sehen kannst) und beobachte über mehrere Tage, ob der Mond sich diesem nähert (fallender Mond) oder sich vom Fixpunkt entfernt (steigender Mond). Aufgrund der unterschied-

---

[8] *Perigäum nennt man den Punkt auf der elliptischen Mondbahn, an dem der Mond der Erde am nächsten und so der Mondeinfluss am stärksten ist. Als Apogäum bezeichnet man den am weitesten entfernten Punkt auf dieser Umlaufbahn.*

lichen Gestirnbewegungen kann es einen steigenden und zugleich abnehmenden sowie einen fallenden, zunehmenden Mond geben.

Kurz gefasst: Der eine Begriff beschreibt die Beleuchtung des Mondes und der andere Begriff seine Entfernung von der Erde.

Das Wesentliche, woran wir uns hier immer wieder erinnern sollten, ist: Wenn wir Hand in Hand mit Großmutter Mond leben und uns an ihr und ihren Phasen ausrichten, werden wir von einer besonderen Energie getragen. Sie unterstützt uns bei der Manifestation unserer Wünsche und Ziele genauso wie beim Loslassen alter Muster und dem Auflösen hinderlicher Energien. In dem Zusammenhang finde ich es auch spannend, dass man sagt, es würde ca. 21 bis 28 Tage dauern, bis wir eine neue Gewohnheit verinnerlicht und eine alte losgelassen haben.

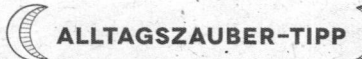

Ich kann es sehr empfehlen, über einen längeren Zeitraum ein persönliches Mond-Tagebuch zu führen und zu beobachten, wie sich die einzelnen Phasen anfühlen – jenseits von vorgegebenen Büchern dazu oder Texten im Internet.

- Was spürst du, wenn der Mond abnimmt?
- Wie viel Energie hast du bei Vollmond?
- Wonach sehnst du dich bei Neumond?
- Was verändert sich in dir, wenn der Mond zunimmt?

Vielleicht wirst du feststellen, dass es dir in machen Zeiten unglaublich leichtfällt, kreativ zu sein und sich zu anderen Zeiten keinerlei Kreativität einstellen will. Vielleicht benötigst du auch mehr Schlaf, Raum für dich, Stille oder mehr Menschenkontakt, Wärme, Berührung zu bestimmten Zeiten.

Und nun kannst du all diese Eindrücke und Empfindungen sogar noch in Bezug setzen zu deiner Mondzeit als Frau. Zu welcher Mondphase geschieht welche Menstruationsphase in dir? Eine Grafik dazu kann unter *https://kamphausen.media/mondrituale/c-124* im DIN-A4-Format heruntergeladen werden.

Wenn du beides bewusst anschaust, wirst du Muster erkennen und kannst damit einen ganz wundervollen Kalender deiner Weiblichkeit und Urkraft erschaffen. Du findest so ganz natürlich zu deinen Rhythmen zurück, weckst verschüttete Talente und Leidenschaften wieder auf und überforderst dich nicht mehr, weil du lernst, besser auf deine Grenzen zu achten und deine Sehnsüchte zu erfüllen, bevor sie kippen – und so vieles mehr.

Die großen Energieportale zu Neumond und Vollmond dürfen für dich anders sein als für die meisten, denn wir alle sind einzigartige Wesen, und so ermutige ich dich immer wieder: Finde deine ganz eigenen Zeiten von Ebbe und Flut in diesem Meer des Lebens, das durch den Mond bewegt wird und in dem auch du innerlich bewegt wirst und genussvoll schwimmen darfst.

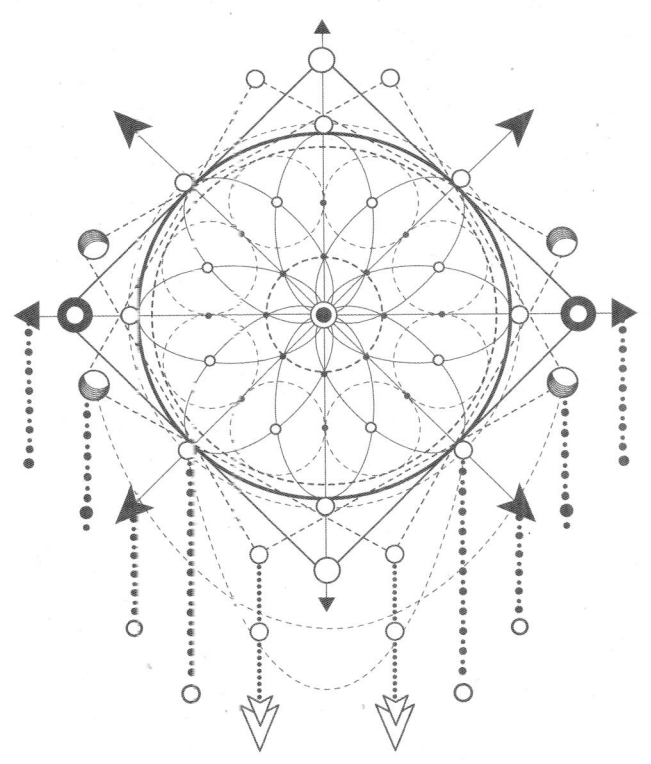

KURZRITUALE
FÜR DIE VIER MONDPHASEN

„Der Mond ist das wandelbarste aller Symbole, und das nicht nur,
weil er das Symbol des Wandels ist." — WILLIAM BUTLER YEATS

Ich werde im Laufe des Buches ganz unterschiedliche Rituale mit dir teilen, die jeweils zur Zeitqualität des einzelnen Monats im Jahreskreis passen. Hier zu Beginn möchte ich dir aber zunächst für jede Mondphase ein kurzes Ritual an die Hand geben, das du auch durchführen kannst, wenn du nur ganz wenig Zeit und Raum hast, und darüber hinaus noch eine Anleitung zur „Medizinwanderung", die du ebenfalls zu jeder Zeit machen kannst, wenn es für dich passend ist. Diese Kurzrituale sind in allen Monaten stimmig, und du kannst so die Kraft von Vollmond oder Neumond leichter in deinen Alltag integrieren und für dich nutzen. Siehe dazu auch die Hinweise im Kapitel „Grundsätzliches zur Ritualvorbereitung und Öffnung des heiligen Raumes".

NEUMOND

„Dieser Zeitpunkt eignet sich wie kein anderer im Mondzyklus für Neuanfänge. Der zutiefst instinktive, seelisch emotionale Impuls (Mond) ist direkt verbunden mit dem geistigen Bewusstsein und dem Wunsch nach Verwirklichung (Sonne). Was für eine Energiekonzentration im Inneren! Hier kann wirklich Neues geboren und erschaffen werden, auch wenn es jetzt noch nicht sichtbar ist." — LUISA CARLA HARTMANN

SETZE EINE NEUMOND-INTENTION

- Entzünde eine Kerze für die dunkelste Nacht des Mondzyklus.
- Öffne deinen heiligen Raum (eine Anleitung hierzu findest du auf der Seiten 63 ff.).
- Stimme dich ganz und gar auf dich ein, gerne mit einer kurzen stiller Meditation.
- Spüre dann nach:
- Gibt es etwas, das du in diesem Mondzyklus beginnen lassen/erschaffer möchtest?
- Was ist bereit in dir, um aus dem Dunkel zur Welt gebracht zu werden?
- Visualisiere gerne das, was auftaucht, in allen Farben und mit der Kraft der unbegrenzten Mögl chkeiten. Schreibe es auf einen Zettel.
- Setze dir dann eine klare Intention (ein bis zwei maximal, verzettele dich nicht) für den kommenden Zyklus. Dies kann wie eine Essenz der vorangegangenen Innenschau sein.
- Wenn du alles aufgeschrieben hast, lege es gern über Nacht auf deinen Altar oder an einen anderen, für dich besonderen Ort.
- Bedanke dich bei dem Feuer, dem Mond und all den anderen hilfreichen Spirits und schließe deinen heiligen Raum.
- Übergib dann deinen Zettel gern am kommenden Tag der Erde und ihre Transformations- und Schöpferkraft mit einer Bitte oder einem Gebet, einem Gesang, vielleicht auch ein paar Blüten oder Samen.
- Bedanke dich vertrauensvoll bei der Erde.

ZUNEHMENDER MOND

NÄHRE DIE INTENTIONS-SAMEN

Die energetischen Samen, die du mit deiner Neumond-Intention gesetzt hast, kannst du nun nähren, wässern und immer weiter keimen und wachsen lassen.

Solltest du keine Intentionen gesetzt oder Neumond-Wünsche formuliert haben, so kreierst du nun mithilfe von Großmutter Mond dein „Mondwasser" voller Energie. Dieses kannst du am kommenden Tag benutzen, um deine Stirn, deinen Herzbereich, deinen Unterleib zu benetzen oder es in deine Aura zu sprenkeln, vielleicht sogar darin zu baden, wenn es dich ruft. Oder du übergibst es zu den folgenden Ritualen in diesem Zyklus als Gabe an Mutter Erde, das Land, auf dem du dein Zuhause gefunden hast, deinen Lieblingswald o. Ä.

Sammle dazu vorab einige frische Blüten/Kräuter, die dir passend erscheinen, und/oder lege dir ätherische Öle zurecht, die du nutzen magst.

- Öffne deinen heiligen Raum.

- Stimme dich ganz und gar auf dich ein. Tue dies gerne mit einer kurzen Bewegungsmeditation, einem Tanz oder einer sanften Yogapraxis. Bewege dabei deine derzeitigen Themen in dir. Vertiefe und erweitere dann deine Intentionen:
  Welche einzelnen Schritte können dir helfen, dein Ziel zu erreichen/deinen Wunsch zu manifestieren?
  Welche Inspirationen, Gedanken, Impulse hast du zu diesem Thema?
  Was möchtest du in deinem Leben gerade magnetisch anziehen?
  Kannst du aus all dem eine Zuversicht spendende Affirmation bilden?
  Kennst du jemanden, den du hierzu um Unterstützung, konstruktive Kritik oder anfeuernde Motivation bitten kannst? Wenn ja, wen und was würdest du dir wünschen?

- Schreibe alles, was aufgetaucht ist, in dein Tagebuch.

- Wenn du alles aufgeschrieben hast, bedanke dich bei dir selbst für die Zeit, die du dir und deinen Herzensanliegen gewidmet hast.

- Fülle nun eine Flasche, Karaffe oder Schale mit frischem Wasser. Füge deine Blüten, Kräuter oder ein paar Tropfen der ätherischen Öle hinzu. Stelle dies bei Sonnenuntergang hinaus ins Mondlicht und lass es sich über Nacht mit den Energien des Mondes aufladen. Falls du deine Intentionen gesetzt und vertieft hast, lege diesen Zettel (die Seite in deinem Tagebuch) darunter, um sie zu nähren, und besprenkle gern den Zettel (oder die Seite) am kommenden Tag mit dem Wasser, oder schenke dein rituelles Mondwasser direkt dem Land, auf dem du lebst, oder einem anderen Ort, der dir dafür passend erscheint.

- Bedanke dich zum Abschluss bei Großmutter Mond und all den anderen hilfreichen Spirits und schließe deinen heiligen Raum.

VOLLMOND

„Jeder ist ein Mond und hat eine dunkle Seite, die er niemandem zeigt."
MARK TWAIN

MONDLICHT-SCHATTENTANZ[9] UND MONDBAD

Tanzen ist eine wundervolle Möglichkeit, (schwere) Energien in Bewegung zu bringen, sich durchzuschütteln und wieder in eine Leichtigkeit bzw. Ganzheit zurückzufinden. Dieses Ritual entfaltet sich am besten im Freien bzw. am Fenster im Schein des vollen Mondes.

Achte dabei gut auf dich und entscheide selbst, wie viel von deinem Schattenselbst du jeweils ans Licht kommen lassen willst bzw. bitte zu Beginn darum, dass nur so viel offenbart wird, wie du tragen und verarbeiten kannst. Dieses Ritual kann sehr kraftvoll sein, aber unsere Schattenkräfte drohen auch manchmal, uns zu überwältigen, und da ist es wichtig, gut zu dosieren. Geh nur so weit, dass es sich noch sicher anfühlt und du in all dem gut geerdet bleibst. Achte selbstverständlich bitte auch deine körperlichen Grenzen, sodass es ein Wirken zu deinem Wohle ist.

- Öffne deinen heiligen Raum.

- Wähle eine Musik, die für dich und deine Seele gerade passend ist. Tanze einige Zeit zu dieser Musik. Verbinde dich dabei ganz und gar mit deiner weiblichen Urkraft. Diese Urkraft taucht für dich vielleicht im Archetyp der Zauberin, Magierin, Hexe, Zaunreiterin, Völva, wilden Wolfsfrau ... auf oder einem anderen für dich stimmigen Seelenbild.

- Wenn du bereit bist, lade deinen Schatten ein, aus dir herauszutreten und mit dir gemeinsam zu tanzen. Spüre, was nun geschieht und wie du

---

[9] *Einen ähnlichen Schattentanz erlebte ich erstmals mit Anfang 20 in einer spirituellen Ausbildung. Er bewegte damals unglaublich viel in mir, weswegen ich ihn als eine recht regelmäßige Praxis immer beibehalten und für mich mit den Jahren angepasst habe.*

dich fühlst. Lass die Emotionen da sein, die sich zeigen wollen, und verkörpere im Tanz (der nicht „schön" sein muss!) die Wut, die vielleicht hochkommt, auch die versteckte Scham, Eitelkeit, Schuldgefühle … – was immer in deinem Schatten enthalten ist und sich heute zeigen mag. Wenn es dir möglich ist und es sich ganz natürlich ergibt, finde in einer innigen Umarmung zu deinem Schattenselbst und nimm dieses liebevoll an. Wann immer du spürst, dass dieser Tanz so rund wie der Vollmond ist, beende ihn auf deine Weise. Stehe dann aufrecht oder setze dich noch eine Weile auf den Boden und bade mit deinem ganzen Wesen im Mondlicht. Lass es ebenfalls wie eine Umarmung sein, die all das Bewegte nun sicher hält und in der du von allen Geschehnissen gereinigt „badest" bzw. dich heilsam wäschst.

- Wann immer du so weit bist, bedanke dich bei Großmutter Mond und schließe deinen heiligen Raum. Halte deine Erlebnisse, Emotionen und Gedanken in deinem Tagebuch fest.

ALLTAGSZAUBER-TIPP

Wenn du in manchen Vollmondnächten den Mond nicht sehen kannst, weil er von Wolken verhangen oder aus deinem Zuhause nicht gut sichtbar ist, verbinde dich energetisch mit dem Mond. Nutze die Kraft deines achtsamen Bewusstseins und vertraue der großen Kraft, die selbst die Meere bewegen kann.

ABNEHMENDER MOND

FEUERRITUAL

Als die Menschen die Macht des Feuers entdeckt hatten, erhellten die Flammen von Lager- und Herdfeuern die dunklen Nächte, um die Menschen zu wärmen. Der Mensch ist das einzige Säugetier, das die Kunst des Feuermachens beherrscht, und so besteht eine uralte und heilige Verbundenheit zu diesem Element, das einst half zu überleben. Feuerzeremonien im großen Kreis und auch im Kleinen zu Hause (mit einer Kerze) bringen diese Magie und tiefe Dankbarkeit stets zum Ausdruck.

Wenn es dir möglich ist, nutze für dieses Ritual gern eine große Feuerschale und offenes Feuer im Freien, aber auch eine Kerze und eine feuerfeste Schale erfüllen den energetischen Zweck. Wenn du das Ritual nicht im Freien ausführst, achte in jedem Fall darauf, die Fenster zu öffnen bzw. ausreichend zu lüften und natürlich nichts leicht Entzündliches in der Nähe zu haben. In meiner Schale ist hierzu immer noch Wasser, sodass das brennende Papier direkt hineinfallen kann. Ich halte es darüber so lange in meiner Hand, bis ich es loslassen muss, weil die Flamme nahe kommt. Währenddessen beobachte ich, wie schnell und auf welche Weise es verbrennt, da dies schon eine weise Botschaft des Feuers bezüglich meines Themas übermittelt.

- Öffne deinen heiligen Raum.

- Entzünde dann dein Feuer und lade alle hilfreichen Kräfte ein, gern auch die ersten Ahnen, die Feuer machen konnten und um die Kraft der wärmenden Flammen wussten. Stimme dich ganz und gar auf dich ein.

- Spüre dann: *Gibt es etwas, das du in diesem Mondzyklus loslassen möchtest?*

- Schreibe das, was dir dazu kommt, auf einen Zettel. Wenn du alles aufgeschrieben hast, übergib es dem Feuer und seiner Transformationskraft mit einer Bitte oder einem Gebet, einem Gesang.

- Bedanke dich bei dem Feuer, dem Mond und all den anderen hilfreichen Spirits und schließe deinen heiligen Raum. Bleibe gern noch am Feuer oder bei deiner Kerze sitzen, solange es dir guttut. Vielleicht magst du auch zum Abschluss ein paar heimische Kräuter als Geschenk ins Feuer werfen bzw. räuchern.

- Vielleicht ist es für dich auch stimmig, in dieser Mondphase mithilfe des Feuers zu erkennen und aufzuschreiben, was du loslassen möchtest – dies jedoch erst zum nächsten Vollmond zu verbrennen. Folge auch da deinem Gespür.

- In der balsamischen Phase, also etwa elf Tage nach Vollmond bzw. drei Tage nach dem Halbmond, tut häufig auch eine Massage, ein reinigendes Bad mit Meersalz oder ein Räucherritual für dein Energiefeld/deine Räumlichkeiten sehr gut, um ganz und gar zu entspannen.

IMMERWÄHRENDES NATURRITUAL –
DIE MEDIZINWANDERUNG

Zusätzlich zu diesen vier Kurzritualen für die vier Mondphasen möchte ich dir ein recht bekanntes grundlegendes Naturritual an die Hand geben, welches dich zu jeder Zeit, in jeder Mondphase und zu jeder Fragestellung, die dich innerlich gerade bewegt, heilsam unterstützen kann.

Eine Medizinwanderung *(Medicine Walk)* ist ein bewusster Aufenthalt in der Natur, der einer zuvor klar festgelegten persönlichen Absicht oder Frage dient. Hierbei lassen wir uns treiben und spüren dabei, wohin es uns zieht. Wir lauschen dem Land und seinen Bewohnern und verweilen an bestimmten Orten, bevor wir weitergehen. Es ist also keine Wanderung im herkömmlichen Sinne. Es gibt kein klares Ankunftsziel im Außen, dafür aber eine Frage im Inneren, die unseren Weg leitet.

Dieses Schwellenritual finden wir im keltischen Schamanismus ebenso wie in *Walkabouts* der Aborigines und als Teil der Visionssuchearbeit der indigenen Völker Nordamerikas. Je klarer die Absicht oder Frage formuliert ist, desto klarer wandern wir diesen sinnlich erfahrbaren Weg der Heilung, Inspiration und Selbsterfahrung und desto klarer können wir auch die Antworten der Natur wahrnehmen.

Das Wort „Medizin" findet hier deshalb seinen Platz, weil alles, was wir dort draußen finden, für uns in irgendeiner Form heilsam sein wird. Wir kommen sowohl mit sämtlichen verfügbaren Ressourcen in unserem Inneren als auch mit den Heilkräften von Mutter Erde in Kontakt, also mit allen gefiederten, kriechenden, krabbelnden und steinernen Verwandten, deren Botschaft sich uns erschließen kann, wenn wir mit wachen Sinnen umherwandern. Du kannst die Medizinwanderung als Einladung in eine neue Welt verstehen, die zugleich eine ganz alte Welt offenbart, welche deiner Seele schon lange vertraut ist.

Zeichen der Natur verstehen

Eine Medizinwanderung ist ein intensiver Erkenntnisprozess, in dem wir unserer Seelenlandschaft ganz nah kommen und Pforten zur Anderswelt öffnen können – dem Teil der Welt, der im Alltag meist unseren Sinnen entzogen ist. Wir lesen und deuten die Zeichen im Außen. Bei allen Hinweisen aus den Welten der Steine, der Pflanzen oder Tiere bleiben wir geerdet und legen so einen Grundstein für tatkräftiges Handeln, um das Erfahrene im Alltag umzusetzen. Traditionell wurde die Medizinwanderung zu verschiedenen Zwecken angewandt, die heute teilweise aktueller denn je erscheinen.

Du kannst dich auf eine Medizinwanderung begeben, wenn du eine Antwort auf eine wichtige Frage suchst oder Klarheit bei einer Entscheidungsfindung benötigt. Auch wenn du einen Lebensabschnitt (Ehe, Elternschaft, Renteneintritt, Umzug und so weiter) gut beginnen oder beschließen möchtest, wenn du eine Krise zu bewältigen hast oder ganz allgemein Sinn suchst, kann diese Übung dir frische Impulse geben und neue Wege aufzeigen. Ebenso hilfreich ist die Wanderung bei fehlender Erdung im Leben oder wenn du einfach eine Oase im lauten Alltag suchst. Für den Zweck dieses Buches möchte ich dir vorschlagen, deine erste Medizinwanderung zu unternehmen, um der Erde und dir selbst wieder nahezukommen, um Zugang zu finden zu deiner ganz eigenen Erfahrung der Welt, möglicherweise mit einer „initiatorischen Frage" wie z. B.: „Wie kann ich meine Verbindung mit der Urkraft des Mondes stärken/bekräftigen?" oder „Was kann mich darin unterstützen, mich wieder voll und ganz meinen Zyklen hinzugeben?" und auch: „Wie lerne ich, wieder Zugang zu mir selbst und der Welt zu bekommen und die Zeichen der Natur für mich zu deuten?".

Nach und nach wird sich dein Verständnis für die Sprache der Natur erweitern, wenn du dich auf die Botschaften einlässt. Bitte bedenke dabei immer: Grundsätzlich gilt für alle Zeichen im Außen, dass nur deine eigene Interpretation für dich die richtige ist. Achte einfach auf das, was du ganz spontan assoziierst, was dir unmittelbar dazu einfällt. Deine Seelenweisheit kommt aus dir.

Du kannst diese Form der Verbindung mit der Natur immer wieder durchführen, sei dies für einen ganzen Tag oder einen halbstündigen Spaziergang, und dabei stets neue Intentionen setzen oder Fragen formulieren, auf die du in der Natur Antworten zu finden hoffst. Die Medizinwanderung ist ein kraftvolles Werkzeug, das ohne allzu großen Aufwand jederzeit möglich ist.

Hier teile ich mit dir eine ausführliche Anleitung für einen längeren Aufenthalt in der Natur, sodass diese dir immer zur Verfügung steht, wenn du einmal vor sehr wichtigen Lebensentscheidungen oder an herausfordernden bzw. einschneidenden Schwellen im Leben stehst. Selbstverständlich kannst du auch einen dir bekannten Weg nutzen und eine kurze Zeitspanne deinem Anliegen widmen – passe es einfach entsprechend nach deinem Gespür für dich an.

Vorbereitung und Materialien

Vielleicht hilft es dir, wenn jemand sich bereit erklärt, dich zu einem verabredeten Zeitpunkt an einem bestimmten Ort wieder abzuholen. So musst du dich auch nicht gedanklich damit auseinandersetzen, wie weit du noch gehen kannst.

Dein Handy solltest du natürlich erst zum Ende der Wanderung einschalten und nur für diesen einen Anruf nutzen. Ansonsten bleibe bitte für Anrufe, SMS oder E-Mails unerreichbar. In diesen Stunden bist nur du allein wichtig.

Nimm dir gern eine Flasche Wasser mit.

DEINE MEDIZINWANDERUNG

- Du verbringst diesen Tag tief verbunden mit deiner Frage, die dich derzeit bewegt und auf die du dir eine Antwort von Mutter Erde und all ihren Wesen wünschst. Mach dir dies bei sämtlichen Zeichen und Begebenheiten, die du im Laufe des Tages wahrnimmst, stets wieder bewusst. Brich am Tag der Wanderung möglichst bei Sonnenaufgang allein in die Natur auf und kehre zum Sonnenuntergang wieder zurück. Unternimm deine erste Wanderung am besten in der Gegend, in der du lebst oder in der du dich gut auskennst. So kannst du ziemlich entspannt auch einmal abseits der Wege durchs Unterholz gehen, ohne von der Angst, dich zu verlaufen, abgelenkt zu werden. Du kannst dich wahrhaft treiben lassen.

- Verbringe diesen Tag gern traditionell fastend und schweigend im heiligen Raum von Mutter Erde. Nimm lediglich ausreichend Wasser zum Trinken mit.

- Vertraue dich ganz den Zeichen der Natur an, zum Beispiel dem Flug der Vögel oder dem Ruf eines Tieres. Du kannst Tierspuren auf dem Waldboden folgen oder dich auch von einem „winkenden" Ast auf einen bestimmten Weg einladen lassen.

- Halte an Plätzen inne, zu denen du dich hingezogen fühlst oder an denen ein Hinweis der Natur dich zum Verweilen einlädt. Vielleicht möchtest du dort meditieren oder still den Blick schweifen lassen. Solch ein Moment wäre auch ein guter Zeitpunkt, die Intention der Medizinwanderung erneut klar zu formulieren.

- Nach einem kurzen Nachspüren oder Lauschen wirst du vermutlich Impulse zum Weitergehen erhalten und kannst deinen Weg fortsetzen.

- Gönne dir diese ablenkungsfreie Zeit der Inspiration, Visionsfindung und Muße – es wird sich für dich in vielerlei Hinsicht lohnen.

Nachbereitung

Nach Hause zurückgekehrt, kannst du den restlichen Abend nutzen, um deine ganz persönliche Geschichte der Medizinreise aufzuschreiben und sie somit aus der Anderswelt in die materielle Welt zu holen. Mache dir den Reichtum deiner Erlebnisse noch einmal deutlich bewusst und ergänze das, was du erfahren hast, um das, was du nun in deinem Leben ändern, anstreben oder ausleben magst. Oft ist es schwer, das Erlebte in Worte zu fassen, weil die Grenzen der Worte enger sind als das grenzenlose Geschenk der Natur. Die Impulsgebung reicht weit über konkret beschreibbare Geschehnisse hinaus. Dennoch ist es wichtig, die Inspiration aus dem spirituellen ins materielle Dasein zu holen. Du kannst auch ein symbolisches Kraftbild malen oder deine Erfahrung auf eine andere kreative Weise darstellen.

[10] *In jeder Frau bleibt die energetische Spur/Signatur der Gebärmutter bestehen, auch wenn sie in die Menopause eintritt, diese hinter sich lässt und ganz aufhört zu bluten und auch wenn die Gebärmutter entfernt werden musste. All das kann schmerzhaft sein und sich anfühlen, als ginge Schöpferkraft und energetische Empfänglichkeit verloren, doch die kraftvolle Weisheit bleibt bestehen, während sich unsere Anbindung verändert.*

DER WEIBLICHE MONDZYKLUS, DIE MENSTRUATION

„Der Mond hält nicht eine Phase für besser als die andere; er leuchtet einfach und ist in jeder Phase gleichermaßen atemberaubend. Warum sollten wir anders sein?"

CRISTEN RODGERS

Als Quelle der weiblichen Energien, Zentrum von Schöpferkraft und Sitz ewiger Weisheit der Zyklen um Entstehen, Werden, Wachsen und Vergehen gilt der Gebärmutterraum der Frau. Unser Schoßzentrum beeinflusst uns mit seinem Energiekreislauf auf allen Ebenen und ist ein wahres Kraftzentrum.[10]

Die erste Menstruation einer Frau setzt häufig rund um das Alter von 12 Jahren ein, wenn die Teenagerzeit beginnt, und begleitet sie dann bis zur Menopause. Die Zykluslänge kann stark variieren (ab ca. 14 bis über 30 Tage), pendelt sich jedoch recht oft in etwa bei 28 Tagen ein und steht damit zeitlich stark im Einklang mit dem Zyklus des Mondes. In dieser Zeit durchläuft der Körper einer Frau zahlreiche Veränderungen, die teils recht unbewusst ablaufen können und die vom Körperlichen abgesehen auch großen Einfluss auf ihre Sinneswahrnehmungen, Emotionen, Konzentrations- und „Leistungs"-Fähigkeit, Schöpferkraft-Energie und auch ihre Schmerzgrenze (auf allen Ebenen) haben.

Auch der weibliche Mondzyklus lässt sich in vier Phasen aufteilen:
- die Menstruation,
- die Präovulationsphase (oder Follikelphase) der noch unreifen Eier bzw. Zellversammlungen in den Eierstöcken,
- die Ovulationsphase, d. h. die Phase des Eisprungs, in der das reife Ei freigesetzt wird. Die Gebärmutter wird hormonell auf die Einnistung des Eis vorbereitet und der Follikel wird in einen Gelbkörper verwandelt.
- Die prämenstruelle Phase (oder luteale Phase), während der die Gebärmutterschleimhaut langsam abgebaut wird und der Gelbkörper bzw. das (unbefruchtete) Ei zerfällt. Diese Phase mündet dann erneut in die Menstruation: ein neuer Zyklus beginnt.

Da die Mondphasen eng mit der Mondzeit der Frau verknüpft sind, reagiert der weibliche Körper stark darauf und synchronisiert sich häufig mit den Zyklen dieses Gestirns. Wir sind alle Individuen, haben also jeweils unsere eigenen Rhythmen, und doch scheinen die allermeisten Frauen entweder zu Neumond oder zu Vollmond zu menstruieren bzw. leicht verkürzt oder verlängert rund um dieses Ereignis.

Miranda Gray, Begründerin der Bewegung „Roter Mond" und Bestsellerautorin, beschreibt in ihrem Buch dazu den „weißen Mondzyklus" und den „roten Mondzyklus" und ordnet diesen Zyklen jeweils etwas andere Begriffe zu. Mein Verständnis von diesen beiden Varianten möchte ich gern mit dir stark zusammengefasst – und um meine Ansichten bzw. Erfahrungen hierzu ergänzt – teilen.

WEISSER MONDZYKLUS

Neumond – Menstruation – Phase der weisen Alten
Zunehmender Mond – Follikelphase – Phase der Jungfrau
Vollmond – Eisprung – Phase der Mutter
Abnehmender Mond – prämenstruelle Phase – Phase der Zauberin

Den energetischen Verlauf können wir uns hierbei so vorstellen, dass am Dreh- und-Angelpunkt, dem Energietor des Neumondes, die bewahrenden Energien wirken. Diese gehen dann über in die Dynamik der Veränderung und des Wachstums, von dort aus zum Energietor des Vollmondes, welches die erhaltenden Energien einer Mutter repräsentiert, und schließlich weiter zur Dynamik der Veränderung und zur Kraft der Zauberin oder Schöpferin, die die Energien kreativ nutzt (zur Erschaffung eines menschlichen Kindes bzw. zur Kreation eines „geistigen/kreativen Kindes", also eines Projektes, einer verwirklichten Idee).

Es heißt, dass Frauen in früheren Zeiten, als es noch kein künstliches Licht gab, zu Neumond bluteten. Sie kamen dann traditionell zusammen, bildeten heilige Kreise und teilten Reinigungsrituale und die Magie weiblicher Urkraft miteinander. Ruhe, Loslassen, tiefe Innenschau und Öffnung für das Göttliche und für Visionen, Lauschen auf die Stimme der Intuition und damit einhergehende Neuausrichtung sind in dieser Phase die vorherrschenden Praktiken, weswegen diese Zeit energetisch oft mit dem Winter assoziiert wird.

In der Follikelphase, in der sich die Zellen sammeln, regen sich die Impulse, sich auch wieder aktiver mit anderen versammeln zu wollen. Frauen packen Neues nun konkret an, haben wieder mehr Energie und Bewegungsdrang, Lust auf neue Erlebnisse oder Begegnungen, leben ihre Kreativität tatkräftig aus und entfalten sich immer mehr – in Einklang damit, dass auch der zunehmende Mond anwächst. Dies erinnert an die Jahreszeit des Frühlings.

Zu Vollmond, also zum Zeitpunkt seiner höchsten Leuchtkraft in der Nacht, ist auch die höchste Fruchtbarkeit gegenwärtig, der Eisprung geschieht, womit dann auch oft das Verlangen nach Verschmelzung einhergeht. Sexuelle Anziehungskraft, Lust und stärkere, wilde Ausdruckskraft liegen in der Luft. Insgesamt wird es geselliger und feuriger, weshalb man diese Phase gern dem Sommer zuordnet.

In der prämenstruellen Phase zum abnehmenden Mond stellt sich dann langsam wieder ein Rückzug und erhöhtes Ruhebedürfnis ein, die Lebenskraft und Aktivität sinken (nach dem Einholen der Ernte oder der innigen Verschmelzung). Dies ist für Frauen eine Phase des Loslassens, in der sie sich wieder eher von Menschen und Unternehmungen zurückziehen und sich im kuscheligen Heim versorgen. Dies gleicht all den Vorbereitungen auf den Winter in der Jahreszeit des Herbstes.

„Die fruchtbaren Kräfte der Frau und des Vollmondes treffen hier zusammen und bilden die besten Bedingungen, um den schöpferischen Energien der Empfängnis Ausdruck zu verleihen. Der weiße Mondzyklus wurde zu dem der ‚guten Mutter‘, der einzige akzeptable Aspekt des Fräuleins in der patriarchalen Gesellschaft.“[11]

MIRANDA GRAY

---

[11] *Aus: Miranda Gray, „Roter Mond – Von der Kraft des weiblichen Zyklus“, Stadelmann Verlag 2015, S. 107.*

ROTER MONDZYKLUS

Vollmond – Menstruation – Phase der weisen Alten
Abnehmender Mond – Follikelphase – Phase der Jungfrau
Neumond – Eisprung – Phase der Mutter
Zunehmender Mond – Prämenstruelle Phase – Phase der Zauberin

Auch in diesem Zyklus durchläuft die Frau alle Phasen der weiblichen archetypischen Kräfte, beginnt jedoch an anderer Stelle diesen zuvor beschriebenen Kreislauf, wodurch sich alles entsprechend verschiebt. Der Eisprung findet in der dunklen Zeit statt, und während das Licht des Mondes zunimmt, entfalten sich auch die schöpferischen, kreativen, magischen Kräfte der Frau zunehmend. Die Phase der Innenschau, der göttlichen Anbindung und Vision findet hier im Licht des Vollmondes statt und zeigt die intensive Hinwendung an die eigene schöpferische Ausdruckskraft, an die Spirits und deren Botschaften sowie die Integration im eigenen Inneren und die Entfaltung des eigenen Selbstausdrucks – anstelle der Zeugung (eines Kindes) und damit dem Erschaffen von etwas Materiellem. Die sexuellen Energien wurden in früheren Zeiten dann eher rituell/magisch genutzt und galten so der Eigenentwicklung statt der Erschaffung von etwas „im Außen".

„Die Männer betrachteten diesen Zyklus als machtvoller und weniger kontrollierbar, und so wurde er zum Zyklus des ‚bösen Weibes', der Verführerin, der weisen Frau oder hässlichen Hexe, die ihre sexuellen Energien zu etwas anderem nutzte als zur Hervorbringung der nächsten Generation." [12] — Miranda Gray

Dies alles erinnert mich daran, dass man über die nordische Göttin Freyja sagte, sie lehre die Frauen (die sie umgebenden Völvas, Stabträgerinnen, Seidkonas[13] und Zaunreiterinnen), in die Umarmung der Nacht hineinzuschmelzen und

---

[12] *Dies., S. 108.*
[13] *Seidr-Kundige‚ Kennerin und Praktizierende der nordischen Magie im Kontext dieses Weltbildes*

dann frei zu fliegen. Auch hier wurden die Rituale als verrucht, wild, sexuell, „teuflisch", wollüstig beschrieben, und die Nacht nimmt eine große Rolle in diesem ganzen Geschehen ein. Womöglich findet sich auch hier schon ein Hinweis auf den „roten Mondzyklus".

GEZEITEN DER SEELE – DEIN MONDZYKLUS

Es gibt wundervolle Anregungen, Kalender und Tagebücher oder Übersichten aus aller Welt für den weiblichen Zyklus, und ich ermutige dich hiermit, dass du deinen ureigenen Zyklus über einen längeren Zeitraum aufzeichnest, ihn damit besser kennenlernst und deine Hingabe an deinen eigenen Körper und an den Mond vertiefst und geschehen lässt. So kannst du im Laufe der Zeit all das Erlebte, Fühlbare, Visionäre, Leidenschaftliche, Sexuelle, Kreative, Zurückgezogene, Stille, innig Verbundene sammeln und in all seinen Farben und Facetten erfahren. Vielleicht wirst du feststellen, dass keine der beiden Zyklusbeschreibungen ganz zu dir passt. Dann könntest du deinen eigenen Zyklus auf der Schwelle dazwischen kreieren, den „Zaunreiterinnen-Zyklus" zum Beispiel. Nutze dafür gern die obigen Beschreibungen als Orientierungsimpulse oder Modelle für deine Beobachtungen und schaue, wann diese „Jahreszeiten" jeweils in dir auftreten und wie genau sie sich bei dir äußern.

Denn – und damit will ich dich nicht verwirren, sondern von Herzen Raum für freie Entfaltung schaffen – möglicherweise ist deine kreativste und strahlendste Zeit ja der bunte Herbst (weil du wie die Herbstzeitlose jetzt erblühst) und analog dazu zeigt sich dann etwas in deinem weiblichen Mondzyklus synchron mit dem des Mondes.

Da der Mond die Kraft hat, ganze Ozeane zu bewegen und Gezeiten zu erschaffen, ist es sehr wahrscheinlich, dass auch wir Menschen, deren Organismus als Säugling zu 80 bis 85 Prozent und als Erwachsene noch immer zu etwa 70 Prozent aus Wasser besteht, unsere Gezeiten erleben – körperlich, geistig, seelisch und energetisch. Und selbstverständlich steht auch die weibliche Mondzeit mit Flüssigkeiten in Verbindung, die bewegt werden. Wir sind daher immer wieder eingeladen, sozusagen symbolisch an diesem Meer zu sitzen und der Brandung zu lauschen, die uns Welle um Welle mit Urkraft und Urwissen versorgt.

Je nachdem, in welcher Lebensphase wir uns gerade befinden und welche persönlichen Themen uns umtreiben, können wir durchaus zwischen dem weißen und roten Mondzyklus wechseln oder einen völlig anderen Zyklus leben, der sich nach unserem persönlichen Wesen, unserer Seele und den Umständen unseres Lebens richtet. Vielleicht bist du bei Nacht geboren und hattest eine wundervolle „sanfte" Geburt – und liebst deshalb bis heute die Nacht und die Dunkelheit, bist dann aktiv wie eine „Nachteule". Oder du bist in der Nacht geboren und es gab bei deiner Geburt starke Komplikationen und brachte dich in eine Trennung (Brutkasten o. Ä.). Dann kann es gut sein, dass du dich nachts insbesondere nach Rückzug und Einkuscheln oder inniger Verbindung sehnst.[14] Ebenso wie dich möglicherweise die Umstände während deiner Geburt und die Tageszeit beeinflussen bzw. deine Seelenenergie widerspiegeln, kann selbstverständlich auch die Jahreszeit eine große Rolle spielen, da die Energien, Farben, Lichtverhältnisse etc. grundverschieden sind und dich ab deinem Eintritt in dieses Erdenleben sicher begleiten. Ich habe bewusst darauf verzichtet, bei den einzelnen Ritualen auf die zwölf Tierkreiszeichen einzugehen, in denen der

---

[14] *Hier kann eine intensive Auseinandersetzung mit der sogenannten Mutterwunde sehr heilsam für deine Seele sein; siehe dazu ab Seite 166 ff., den Zyklus beeinflussend oder nicht.*

Mond jeweils steht, und verzichte auch an dieser Stelle darauf, diese einzeln zu benennen, da dich so viel mehr ausmacht als die Sonne oder der Mond in einem bestimmten Tierkreiszeichen zum Zeitpunkt deiner Geburt.[15]

Für mich steht bei der „Urkraft des Mondes" eine Hinwendung an die weibliche Urkraft, die große Wandelkraft des Mondes und der Frau, die Schöpferinnenkraft, ein Leben in tiefer Verbundenheit mit dem Jahreskreislauf der Natur und der eigenen innewohnenden Natur im Vordergrund – möglichst ursprünglich und archaisch weise. Die Rituale und Monatsbeschreibungen zu den zwölf Monden/Monaten sind eine Einladung an dich, die Hingabe an die zyklische Natur ganzheitlich zu leben. Sie mögen Impulse und Türöffner für dich sein, und es liegt ganz bei dir, wie und auf welche Weise du diese Türen durchschreiten wirst.

[15] *Wenn du die Vielschichtigkeit und Tiefe deines eigenen Horoskops fundiert erlernen magst und dabei zugleich lernen möchtest, wie du damit jederzeit auch anderen hilfreich zur Seite stehen kannst, empfehle ich dir von ganzem Herzen den umfassenden und wunderbar leidenschaftlichen zehnteiligen Astrologiekurs „Fall In Love With Your Stars" von Luisa Carla Hartmann (https://inlovewiththestars.de/online-kurs/).*

RITUALWISSEN

WAS IST EIN RITUAL?

Kurz gefasst ist ein Ritual eine formalisierte, gleichförmig wiederkehrende oder wiederholte Handlung mit dem Charakter des Besonderen, des vom Alltag Abgehobenen, die dem Zweck dient, Körper, Geist und Seele – und damit das Materielle, das Magische und das Göttliche – zur Erreichung eines konkreten Ziels zu aktivieren, diese miteinander zu vereinen und in die gleiche Richtung zu lenken.

Was für mich persönlich daran niemals „gleichförmig" ist, sind die Intention und die Emotionen, mit denen ich ein Ritual begehe, und auch die Art und Weise, wie es sich dann wie von selbst entfaltet und sich „etwas" hinzufügt, das man nicht planen oder vorhersehen kann. Genau dazu braucht es die Hingabe und die Bereitschaft, jederzeit das Ritual flexibel an die Gegebenheiten anzupassen, kreativ zu reagieren, sich von seiner Intuition leiten zu lassen und Visionen/Botschaften aus dem Hier und Jetzt zu empfangen. Obwohl man „einen Plan hat", macht die Hingabe den Zauber des gesamten Rituals aus.

Und wenn wir etwas (scheinbar) wiederholen, also wissen, was im Ablauf als Nächstes kommt, können wir erfahrungsgemäß viel leichter loslassen, weil wir von einer direkten Aufmerksamkeit (bewussten Konzentration) in eine mühelose, indirekte Aufmerksamkeit wechseln. Wir fühlen uns dann meist sicherer, lassen uns tiefer ein, werden von der Natur geführt (anstatt doch noch zwischendurch nachzulesen, was nun zu tun ist). Genau dann kann ein Alltagszauber entstehen, ein „magisches Wunder", das niemand je in einem Buch beschreiben und hinreichend vermitteln könnte.

In manche Rituale wachsen wir erst nach und nach hinein (obwohl sie zunächst ganz einfach erscheinen), bei anderen fühlen wir uns beim ersten Zelebrieren möglicherweise ähnlich überfordert wie in der ersten Fahrstunde. Doch nach und nach geht alles wie von selbst von der Hand. Manche Rituale „sprechen" nicht beim ersten Mal zu uns, sondern da mag es eher so sein wie in dem Lied „Tausend Mal berührt, tausend Mal ist nix passiert ...", und andere sprechen vielleicht nie zu uns. Ich empfehle dir grundsätzlich, zu allen energetisch-schamanischen Ritualen, die du in deinem Leben kennenlernen wirst, wenigstens einen zweiten Eindruck zu sammeln.

RITUALE FÜR VERSCHIEDENE ANLÄSSE

Überall auf der Erde finden seit Menschengedenken Rituale statt. Diese können je nach Herkunft, Gruppe, Glauben und Zweck sehr unterschiedlich sein. Individuelle Rituale beziehen sich meist nur auf eine Person (Rituale zur Geburt, Namensleite[16]), oder sind Transitionsrituale für Übergänge zwischen den Lebensaltern, Heilungsrituale, für die Visionssuche oder sind zur Sterbebegleitung und Bestattung gedacht. Kollektive Rituale finden dagegen im sozialen Bereich statt und beinhalten Einweihungsfeste für Haus und Hof, zur Verlobung, zur Hochzeit (z. B. das Handfasting) und zu Familienzusammenschlüssen jeder Art. Rituale für Götter beinhalten u. a. die Gottesdienste im christlichen Kontext ebenso wie Rituale zur Verehrung paganer Gottheiten oder die Hohen Feste bzw. Jahreskreisfeste der naturspirituellen Szene. Traditionelle Rituale beinhalten eine Fülle von sogenanntem Volksaberglauben und Brauchtum (Fastnacht, Walpurgisnacht etc.) und sind heute noch in vielen Gegenden lebendig, oft ohne dass den Menschen die Herkunft dieser Rituale wirklich bewusst ist.

Wir können davon ausgehen, dass es früher im Leben unserer Vorfahren für alle denkbaren Anlässe passende traditionelle Rituale gab und natürlich auch jeweils eine Spezialistin bzw. einen Spezialisten, die oder der diese ausführte. Zudem gab und gibt es „handwerkliche" Rituale, die einen konkreten magischen Anlass beinhalten (z. B. die Anfertigung und Einweihung magischer Gegenstände und Instrumente, traditioneller Trommelbau, Einweihungen aller Art). In manchen Ritualen sind Ritualgegenstände existenziell wichtig, um die größte Kraft des Rituals zu entfalten (dazu gehören u. a. Bekleidung/Kostüme, Masken, spezielle Kräuter, Instrumente, der eigene „Hausaltar", Kerzen, diverse Kraftgegenstände).

---

[16] *Sozusagen eine „Taufe" ohne religiösen Überbau, also eine tiefe initiatorische Verbindung zwischen Mensch und Name.*

VORAUSSETZUNGEN FÜR DIE DURCHFÜHRUNG EINES RITUALS

Ritualarbeit setzt voraus, dass in unserem Weltbild eine Welt des Magischen und Göttlichen, eine Anderswelt, ihren Platz neben der materiellen Welt hat. Für unsere Vorfahren war es wichtig und auch ganz selbstverständlich, dass man sich selbst und seine Handlungen mit den Kräften und Wesen der Anderswelt in Einklang brachte.

Rituale verändern die Menschen, die sie ausführen, ebenso wie die anwesenden Teilnehmenden und bringen Körper, Geist und Seele in einen Gleichklang mit dem Materiellen und Andersweltlichen, womit sie dann auch in unserer Alltagswelt Kreise ziehen und ihre Wirkung entfalten.

Es ist wichtig, eine klare Absicht für das Ritual zu formulieren und eine Atmosphäre zu schaffen, in der man sich wohlfühlt und gleichzeitig konzentriert sein kann, sodass man Alltäglichem keine Aufmerksamkeit mehr schenken muss.

Alle Bausteine führen zu dieser Absicht, zum Hauptziel des Rituals hin, und bei allen Schritten darf ein völliges Einlassen auf die Handlungen möglich sein.

Einige Elemente tauchen nur in bestimmten Zusammenhängen auf, andere sind Hauptbestandteile. Meist findet zudem eine Vorbereitung statt in Form einer Reinigung des Körpers, der Bestimmung der Zeit, der Reinigung und Abgrenzung des Ortes (vor allem in der Natur sehr wichtig), durch Räuchern und ggf. das Aufstellen der Ritualgegenstände.

Aus all diesen verschiedenen Aspekten bezieht ein Ritual seine Kraft, darüber hinaus aber auch aus der Tradition, mit der es verknüpft ist, aus seiner Einbindung in die Welt, aus steten Wiederholungen durch uns und andere Menschen (Erschaffung eines morphogenetischen Feldes), aus der Zeit, zu der es gefeiert wird, durch den Ort, an dem es stattfindet, und durch die Kräfte der Menschen, die es gemeinsam durchführen. Viele verschiedene Faktoren spielen hier also zusammen.

Für mich persönlich bezieht ein Ritual seine Kraft insbesondere aus einem offenen liebenden Herzen, einer klaren Intention und der Hingabe an alles, was dabei geschehen mag (den eigenen Prozess, die Spirits, die Zeichen der Natur …).

Wenn wir uns einlassen auf uns selbst und unser Verhältnis zu allen Welten, uns berühren lassen vom Göttlichen (in welcher Form auch immer wir uns dies vorstellen) und dadurch in den gegenwärtigen Moment hineinfallen, schafft all das die Atmosphäre einer heiligen (und heilsamen) Zeremonie inmitten des Alltags.

Rituale und Zeremonien können uns helfen, uns wieder tief mit unseren natürlichen Rhythmen zu verbinden. Gerade durch die Beständigkeit des wiederkehrenden Zwei-Wochen-Abstands, wenn wir Neumonde und Vollmonde zum Innehalten nutzen (und dies kann auch ein einfaches Nachspüren sein, wo du gerade stehst, und mit dem, was dich bewegt), schwingen wir uns wieder in unseren natürlichen Fruchtbarkeitszyklus ein, der sowohl körperlich als auch geistig/schöpferisch zu verstehen ist. Dies schenkt uns zweimal im Monat Zeit für Selbstreflexion, liebevolle Selbstfürsorge, kraftvolles Erschaffen, heilsames Loslassen und für was auch immer sonst ansteht. Alle zwei Wochen ganz selbstverständlich ein nährendes Date mit dem Mond, so lange und intensiv, wie es gerade stimmig ist: Das ist eine Selbstliebe-Routine, die so gar nicht langweilig werden wird und für die es sich lohnt, dass sich die ganze Familie an deine Verabredungen mit dir selbst gewöhnt (oder daran teilhat).

DIE EINZIGARTIGE KRAFT DES NATURRITUALS

Das Interesse an Ritualen und Zeremonien erwacht wieder mehr und mehr und weist auch auf ein wachsendes Bedürfnis nach spirituellem Erleben hin. Manche Menschen trauen sich nicht recht zu, dass sie dieser tiefen Sehnsucht aus sich selbst heraus zum Ausdruck verhelfen können, oder sie meinen, dies stünde ihnen nicht zu. Andere haben Sorge, dass es ihnen an Wissen mangelt, oder sie wünschen sich einfach einen tieferen Einblick in die sinnvollen Zusammenhänge oder uralten Ursprünge.

Von einem Wissensschatz als Basis ausgehend, können sich weitreichende rituelle Handlungen entwickeln, und diese können wiederum von eigenen schöpferischen Impulsen angereichert werden. Schlussendlich geht es immer darum, über Spiritualität nicht nur zu lesen oder über dieses Wissen zu reden, sondern es wirklich zu erleben. Da wir Menschen „Rudeltiere" sind, lernen, wachsen und leben wir dies auch ganz besonders angeregt durch den Austausch mit anderen Menschen, weshalb heilige Kreise hierzu sehr wertvoll sein können. Außergewöhnlich schön sind die Rituale dann, wenn sie neben Wissen und Erfahrung auch Raum für frei fließende, undogmatische Kreativität und individuelle schöpferische Freiheit bereithalten.

In diesem Sinne mögen die Rituale in diesem Buch dir Impulse und Hilfestellung zur eigenen Vorbereitung und Gestaltung geben, und die Bilder nehmen dich ein Stück weit mit in meine rituelle Praxis im Jahreslauf. Wie du im Folgenden sehen wirst, finden meine Rituale sofern irgend möglich in der freien Natur statt. Dabei ist stets eine Kraft zugegen, die durch nichts zu ersetzen ist, die Antworten oder Botschaften durch Zeichen im Außen liefert, die man nicht „bestellen" kann und die uns spüren lässt, dass wir mit etwas verbunden sind, dass größer ist als wir alle zusammen. Sind wir schweigend in Hingabe an die Natur anwesend, spricht sie in ihrer Sprache zu uns, z. B. durch aufbrausenden Wind, der in eine Windstille hineinfährt, Zeichen am Himmel, Rufe von Tieren in ganz entscheidenden Momenten oder ein wie zur Bestätigung „nickender" Ast am Baum. Diese andere Ebene beschenkt uns mit der Resonanz anderer Wesen, von Elementen und Wettergeschehnissen. All dies gestaltet das Ritual auf seine Weise mit und lässt ganz eigene Deutungen zu.

Wenden wir uns der Natur zu und erleben sie wieder eher als Mit-Welt statt als Umwelt, entwickelt sich ein tieferes Verständnis für alle Zusammenhänge und Naturgeschehnisse – auch denen in uns selbst. Diese wiederkehrende Zuwendung mehrt zudem die innige Liebesbeziehung, die wir mit der Erde und ihren Wesen, dem Mond und auch mit uns selbst pflegen. Dies schließt natürlich niemals aus, bei besonders widrigen Umständen kreativ und beweglich zu bleiben und sich ggf. auf plötzlich eintretende Begebenheiten einzustellen. Manchmal entsteht aus einem ungeplanten Ritual im gemütlichen Zuhause ein unglaublicher Zauber, und ein anderes Mal darf auch ein Gewitter oder sonstiges Wetterereignis seine ganz eigene Magie bedeutungsvoll beitragen.

GRUNDSÄTZLICHES ZUR RITUALVORBEREITUNG UND ÖFFNUNG DES HEILIGEN RAUMES

Es gibt eine Fülle von Möglichkeiten, sich auf Rituale einzustimmen. Von einer ausgiebigen körperlichen Reinigung über Gesänge, Gebete, Anrufungen, körperlich erschöpfende Verausgabung als Tor zur Ekstase, stille Meditation und Räucherwerk bis hin zum saisonalen Dekorieren eines Altars ist alles dabei. Möglicherweise hast du bereits deine Weise gefunden, dich einzustimmen und einen heiligen Raum zu kreieren. Falls du bisher wenig Kontakt mit Ritualarbeit hattest, findest du hier ein paar Inspirationen für dich zum Ausprobieren. Später kannst du dann das vertiefen, was von den verschiedenen Möglichkeiten mit dir in Einklang ist.

Da ich eine naturspirituelle Praxis lebe und die direkte Verbundenheit mit den Elementen sehr schätze, empfehle ich dir in diesem Buch immer wieder, die Rituale im Freien durchzuführen; sollte dies aber schwierig für dich sein, kannst du deine Ritualpraxis mit ein wenig Kreativität auch in deinem Zuhause umsetzen (auf den Seiten 121 f. im Kapitel zum Monat April findest du beispielhaft eine „Zuhause-Variante").

- Begib dich an einen Ort, an dem du möglichst ungestört wirken kannst.
- Beginne zunächst damit, eine warme und sichere Atmosphäre zu schaffen, indem du heimische Kräuter räucherst, Kerzen entzündest[17] oder eine dich unterstützende Musik abspielst. Im Grunde ist alles geeignet, was deiner Seele entspricht und sowohl dir als auch den Spirits, die du einladen magst, ein Gefühl des Willkommenseins beschert. Deine Form könnte also auch sein,

---

[17] *Völlig klar sollte hier sein, dass auf offenes Feuer immer gut zu achten ist, um sich und anderen keinen Schaden zuzufügen. Insbesondere im Freien und in Hochsommerzeiten sind Rituale mit Feuer teilweise nicht möglich (Waldbrandgefahr). Bitte lasse deine Kerzen also nie unbeaufsichtigt und sorge für einen feuerfesten Untergrund auf Sand in einem sicheren Gefäß oder nutze z.B. einfach Schwimmkerzen in Wasser.*

zu trommeln, zu rasseln, zu musizieren, ein Lied zu singen, eine Klangschale einzusetzen, Glöckchen oder Zimbeln zu nutzen oder auch zu pfeifen.

- Es ist sehr weit verbreitet, im nächsten Schritt die sechs Richtungen anzurufen und um ihre Unterstützung zu bitten. Dabei wendet man sich in die vier Himmelsrichtungen und schließlich auch hin zu Mutter Erde und Vater Himmel/Sonne (also nach unten und nach oben) und spricht zu ihnen und ihrer Kraft. Die Zuordnungen der vier Elemente, der vier Jahreszeiten und der dazugehörigen Farben und Themen variiert verständlicherweise je nach Kulturkreis, und daher ermutige ich dich auch hier von Herzen: Erspüre dies ganz individuell für dich und mit deinem Wesen.[18] Es wird sowohl dich selbst tief berühren als auch andere Menschen, wenn sie dem lauschen, denn die Echtheit und Intimität deines Kontaktes werden spürbar. Du kannst auch jedes Mal ganz neu aus dem Moment heraus spüren und benennen, was aus deinem Herzen fließt – völlig frei. Und daher kannst du auch alle Gottheiten, deine weisen Ahninnen und Ahnen, Krafttiere, Pflanzengeister, Spirit-Guides und andere Wesenheiten einladen oder ansprechen, mit denen du dich verbinden möchtest. Schließlich kannst du zur Vorbereitung natürlich auch um Schutz bitten und einen Ritualkreis ziehen (ganz wörtlich gemeint, auf dem Boden mit einem Stock oder deinem Fuß einen Kreis ziehen oder auch, indem du Mehl kreisförmig ausstreust, einen Kreis abschreitest etc.).
- Wenn alles vorbereitet und alle guten Kräfte eingeladen bzw. herbeigerufen sind, benenne gern noch einmal ganz bewusst und hörbar deine Intention für das Ritual.
- Und wenn du dann dein Ritual durchgeführt hast und es beenden möchtest, schließe deinen heiligen Raum, indem du dich wieder an all die Kräfte wendest, die du gerufen hast, dich bei ihnen von Herzen bedankst und dich wieder von ihnen verabschiedest. Dann kannst du die Kerzen löschen und den Ritualkreis wieder aufheben, falls du einen gezogen hast.

---

[18] *Dieses Thema des eigenen Spürens war und ist mir so wichtig, dass ich 2013 gemeinsam mit meinem Mann Dirk Grosser das Büchlein „Öffne deinen heiligen Raum" schrieb, um eine ganz persönliche Begrüßung all der Kräfte zu entwickeln und zu schauen, welche der bekannten Modelle und Anrufungstexte wirklich stimmig sind, bzw. um Anleitung zu geben für einen eigenen, tief verbundenen Text. Alle Varianten haben ihre Berechtigung und ganz eigene wunderbare Qualitäten.*

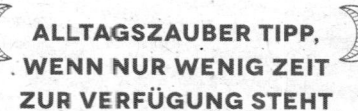

In manchen Monaten oder an manchen Tagen ist in deinem Alltag viel-leicht so viel los, dass ein zeitaufwendiges Ritual einfach nicht drin ist. Ich verstehe das sehr gut! Da ich jedoch auch weiß, welch wichtige Ankerpunkte diese tiefen Rituale, in die man viel hineingibt, sein kön-nen – und vor allem, wie viel aus ihnen zurückkommt, wenn man sich diese Zeit nimmt –, findest du in diesem Buch zu allen Monaten zwei solch umfangreichere Rituale. Es macht mich und meine Arbeit ein-fach aus. Doch ist dies nicht immer und für alle möglich und entspre-chend sind Alternativen wichtig, um eine spirituelle Praxis gerade auch in vollgepackten oder herausfordernden Zeiten aufrechtzuer-halten – denn dann benötigen wir sie oft am dringendsten. Alle Anlei-tungen sind daher so beschrieben, dass du dir mit Leichtigkeit auch einen „Alltagszauber" aus diesen Ritualen kreieren kannst.

Nimm dir 15 bis 30 Minuten Zeit, in der du ungestört bist, stimme dich mit dem kurzen Text zur Zeitqualität und zur Kraft des jeweiligen Mon-des ein, nutze die Journaling-Fragen und gib dich ganz in deinen Schreibprozess hinein. Schließe dann gern mit einem der auf den Sei-ten 36 bis 48 beschriebenen Kurzrituale zur jeweiligen Mondphase ab. So hast du immer ein zur Monatsenergie passendes Ritual, das nicht eintönig wird und auch jederzeit machbar ist.

Wir alle gehen durch Phasen und Rhythmen – immer wieder neu. Es wird Monate geben, die dich in einem Jahr ganz unglaublich rufen, um naturspirituell oder rituell zu wirken. Die gleichen Monate können in anderen Jahren wiederum mit ganz anderen Dingen oder Verpflich-tungen angefüllt sein. Bitte mache dir deshalb dabei niemals Druck, denn keines der Rituale sollte zu einem weiteren Punkt auf deiner To-do-Liste werden, der nur noch mehr Stress verursacht.

DIE RITUALE
IM JAHRESKREIS
UND IN DER
ZEITQUALITÄT DES
JEWEILIGEN MONATS

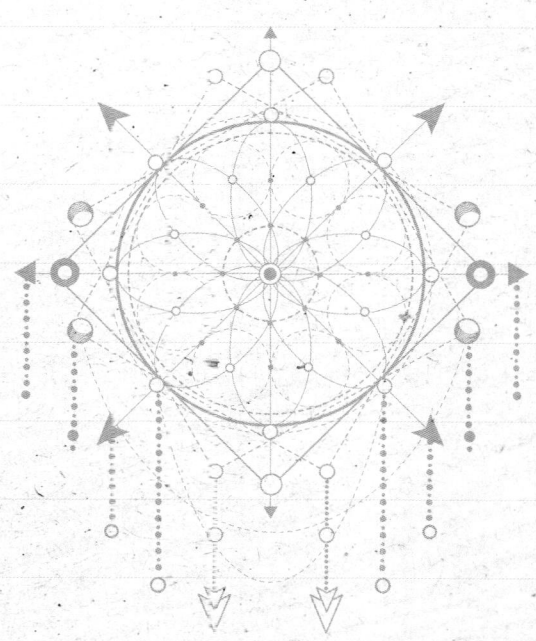

Januar

Neumondritual

Neumondritual   S. 74

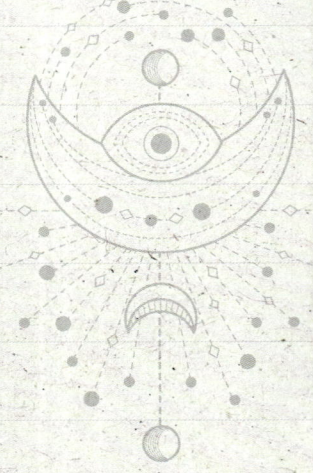

Vollmondritual   S. 79

*A*us den alten überlieferten Namen, die unsere Vorfahren den Monaten gegeben haben, können wir noch heute viel über die jahreszeitlichen und energetischen Qualitäten ablesen, weswegen ich diese, sofern sie mir bekannt sind, gern mit dir teilen mag. Diese alten Bezeichnungen[19] für den Januar wie „Wintermond, Schneemond, Kalter Mond, Eismond, Hartmond" oder „Hartung" zeugen davon, wie viel dieser Monat unseren Ahnen mit seiner Kälte und den unwirtlichen Bedingungen abverlangte. Die steinhart gefrorenen Böden gaben klar vor, dass man mit allen Nahrungsmitteln nun sorgfältig haushalten musste.

Damit einhergehend lässt der Name „Stillemond" erahnen, dass die meisten Menschen im Haus und die Tiere im Bau geblieben sind, um ihre Kräfte zu sammeln, sodass es insgesamt wahrlich still war. Genau deshalb findet das Vollmond-Ritual in diesem Monat in deinem Zuhause statt und die Naturkraft gesellt sich auf anderem Wege dazu. Bei der ebenfalls bekannten Bezeichnung „Wolfsmond" wird für mich persönlich deutlich, wie wichtig Rudelstrukturen, Zusammenhalt und das Füreinander-da-Sein in früheren Zeiten waren und welche Werte die Wölfe vorlebten (und auch wenn ich mir nicht sicher bin, ob diese Bezeichnung tatsächlich mit den „Rudelstrukturen" im Stamm zu tun hatte, liegt es doch nahe, dass es damit zu tun hatte, wie stark der Zusammenhalt im Stamm war und wie gut man sich auf die einzelnen Mitglieder der Gemeinschaft verlassen konnte, sodass alle gut durch die harte Winterzeit kamen). Vielleicht gab es deswegen in ganz Europa Bräuche, in denen insbesondere in diesem Monat mit den Hausgeistern gesprochen und ihnen mit kleinen Gaben gedankt wurde, damit es (trotz karger Zeiten, die häufig von Hunger begleitet waren) im Haus friedlich und fröhlich bliebe.

---

[19] *Du wirst zu jedem Monat solche Bezeichnungen finden und dies sind zumeist alte Monatsnamen aus dem Volksmund. Der Vollständigkeit halber sei erwähnt, dass gelegentlich auch ein Name dabei ist, der vermutlich eher den Vollmond in diesem Monat meinte und die entsprechenden gesellschaftlichen Ereignisse des damit einhergehenden Festes. Dies ist zum Beispiel bei einigen der Namen für den Monat Januar der Fall.*

NEUMOND
Initialzündung mit der Kraft der Natur

Bist du bereit für die *Freiheit*, voll und ganz du selbst zu sein?

Bist du bereit für neue, bahnbrechende und visionäre Wege – im Kleinen wie im Großen?

Wir nähern uns langsam bereits dem Jahreskreisfest Imbolc[20], einem der vier heiligen Mondfeste, und damit dem ersten Grün (Schneeglöckchen sind hier besonders zu nennen), das wieder aus der Erde sprießt. Das Licht kehrt allmählich zurück und die Tage werden spürbar länger. Auch von der keltischen Göttin Brigid glaubte man, dass diese nun bald mit ihrem Mantel übers Land ziehen und alles ergrünen lassen würde.

Der Januar ist also im Jahreskreis energetisch eine Zeit des Neubeginns, und auch jeder Neumond gibt uns seine Kraft, etwas Neues zu gebären und natürlich auch im Alltag neu anzustoßen. Es muss dabei nicht immer eine riesige Vision geboren werden – manchmal reichen Impulse als Initialzündungen für eine wichtige Kehrtwendung, die kleine und doch wichtige Änderungen im Leben bewirkt.

---

[20] *Innerhalb der acht Kreisfeste eines Jahres richten sich vier Feste nach der Sonne aus (Sommer- und Wintersonnenwende, die Frühjahrs- und die Herbst-Tagundnachtgleiche), während die vier anderen Feste (in der keltischen Tradition „Imbolc, Beltane, Lughnasadh" und „Samhain" genannt) sich nach dem Mond ausrichten. Hier gibt es verschiedene Angaben darüber, wann diese Feste genau gefeiert wurden und ob es sich jeweils um den Neu- oder Vollmond handelte (im rekonstruierten gebundenen germanischen Mondkalender waren die Neumonde z. B. stets maßgeblicher, und es gab über die vier Feste hinaus noch weitere). Daher lade ich dich mit diesem Buch ein, vorwiegend ohne rekonstruierte Konzepte anderer für dich den Jahreslauf im Einklang mit der Urkraft der Natur zu zelebrieren, und verzichte hierzu in diesem Buch auf die ausführlichen Nennungen aller Varianten.*

Volle Kraft voraus – dem großen Freiheitsdrang folgen

Wir befinden uns nun im Zeitalter des freiheitsliebenden Zeichens des Wassermannes, in diesem sagenhaften „Age of Aquarius"[21], und auch der Januar-Neumond befindet sich immer wieder im Wassermann (oder im Steinbock). Ob wir unseren Fokus dadurch eher darauf setzen, Ordnung zu schaffen, Verantwortung zu übernehmen und neue Strukturen zu bilden (Steinbock-Qualitäten), oder wir uns von der Kraft des hemmungslosen „Ausflippens" in ihrem positivsten Sinne angezogen fühlen (Wassermann-Qualität), mag dadurch von Jahr zu Jahr ein wenig variieren. Doch beide Tierkreiszeichen verbindet eine große Energie, etwas zum Wohle aller zu vollbringen.

Für mich spiegelt sich das auch eindrucksvoll im Bild des römischen Gottes Janus wider, nach dem dieser Monat benannt ist. Janus hat zwei Gesichter, von denen das eine nach innen schaut und das andere sieht, was im Außen geschieht. Wenn wir wirklich einen Wandel herbeiführen wollen, dann braucht es viele warmherzige, nachhaltig lebende und sinnstiftende Menschen. Und dies sind in diesem Sinne meist Menschen, die ihr Inneres kennen und verantwortungsvoll für die Gemeinschaft handeln.

Jedes Jahr beginnt mit einem Zauber, der einem leeren, noch unbeschriebenen Blatt gleicht: Wir können ganz neu beginnen und einen Wandel mit herbeiführen. Natürlich können wir das letztlich jeden Tag! Doch der Jahreswechsel und der stille Januar (übrigens als der kälteste Monat des Jahres bekannt) laden ganz besonders dazu ein, da in diesem Monat seit jeher viel Vertrauen in die nahe Zukunft gesetzt wurde und darauf, dass es im Jahreslauf der Natur nun immer wärmer und heller wird. Also höchste Zeit, sich ganz und gar all seinen Tagträumen, Visionen, Alltagswünschen und Ähnlichem hinzugeben, begleitet vom Schutzgott der Türen, Tore und Übergänge, welcher Janus ebenfalls ist.

---

[21] *Wann genau der Eintritt ins Wassermannzeitalter geschehen ist, variiert je nach Quelle, und es gibt dazu verschiedene Ansichten, doch inzwischen stimmen die meisten darin überein, dass wir dieses neue Zeitalter mit all seinen „Winden der Veränderung" bereits betreten haben. Eine Tierkreiszeichen-Analogie findest du hier nur ausnahmsweise, um den großen Wandel deutlicher hervorzuheben, der gerade für viele so spürbar ist, und um hierin eine mögliche Erklärung anzubieten und gleichsam rituell zu verweben.*

*Möge uns der „Gott des Anfangs und des Endes" helfen,
zum höchsten Wohle aller Wesen neu zu beginnen und
gleichsam alles zu beenden, was dem im Wege steht.*

((ALLTAGSZAUBER-TIPP))

Die Energie, mit der du deine neuen Absichten und Wünsche formulierst, fließt stets unmittelbar in deine rituellen Handlungen ein und formt so auch die erhoffte Erfüllung mit. Insbesondere im Januar, um den zweigesichtigen Janus so richtig schön durchzuschütteln, damit für dich ein umfassendes Gesamtbild sichtbar wird, lohnt es sich, vor den Neumond-Intentionen oder -Wünschen und auch vor dem Ritual die eigene Energie zu klären. Hierzu eignet sich das Aufräumen und Lüften in deinem Zuhause und auch eine energetische Raumreinigung, Räuchern, das Chanten heilsamer Mantras, Singen, Tanzen, Schütteln (z. B. eine Schüttel-Meditation oder auch die dynamische Meditation nach Osho), Trommeln, Rasseln, Atemübungen (z. B. Breath Work oder Pranayama aus dem Yoga), Yoga-Asanas, das Entzünden einer Kerze in Verbindung mit einer stillen Meditation, bei der du in die Flamme hineinblickst, Meditation ganz generell und vieles mehr.

IMPULSFRAGEN FÜR DICH

– Welche Werte sind dir wichtig? Und wo möchtest du sie noch mehr leben/ausdrücken?

– Welche Seite in dir möchtest du endlich ungefiltert zum Klingen bringen?

– Wo singst du noch nicht das Lied deiner Seele?

– Wo bist du absolut willkommen, genau so, wie du bist?

– In welchen Lebensbereichen sehnst du dich nach Freiheit?

– Wo hast du dich selbst eingesperrt?

– Wie kannst du dich (Schritt für Schritt) daraus befreien?

– Welche Veränderungen wünschst du dir?

- Wohin möchtest du mit deinem ganzen Mut gehen?
- Welchen ersten Schritt kannst du jetzt machen, um in die Freiheit deines ganzen Wesens aufzubrechen?

Schreib deine Antworten dazu auf und lass alles aufs Papier fließen, was thematisch hochkommt. Vielleicht magst du dabei auch mal um die Ecke denken. Es dürfen auch viele andere Gebiete angestoßen werden, und möglicherweise kommt etwas ins Rollen – und sei es erst einmal „nur" in dir.

Auch hier gilt: Lass es frei fließen. Freiheit für deine Gedanken, deine Worte, dein Sein, um schließlich daraus deine Struktur entstehen zu lassen, wann immer die Zeit reif ist dafür.

Wenn du für dich herausgefunden hast, welches dein erster Schritt sein soll, kannst du diesem mit der Kraft der Natur, der Sterne und Planeten, aber vor allem von der Kraft des Mondes unterstützt, durch das folgende Ritual eine Initialzündung verpassen ...

Du kannst ganz wunderbar spielerisch alles in dieses Ritual hineinweben, was dich gerade umtreibt: Widme dich thematisch am besten genau dem, was dich beim Lesen am meisten angesprochen und persönlich berührt hat (oder dem, was dir scheinbar aus dem Nichts in den Sinn gekommen ist), und überlasse deiner Intuition den Rest.

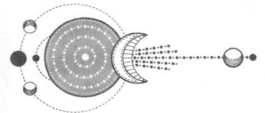

RITUAL
FÜR DEN NEUBEGINN

Der Zeitpunkt des Neumondes ist, wie so vieles heutzutage, eigentlich exakt auf eine Uhrzeit festgelegt – und wie immer sehe ich das ganz entspannt, da unsere Ahnen stets tagelang solche Energien wahrnahmen. Und auch wenn sie keinen exakten Zeitpunkt messen konnten, wie wir dies heute tun, wurde es so (sicherlich aus gutem Grund) energetisch überliefert. Die dem Neumond folgenden Stunden bzw. der Folgetag sind allemal auch von solch erneuernder und unterstützender Kraft, und es heißt, in den acht Stunden nach dem Neumond-Moment sei die beste Zeit für die Neumond-Intentionen und -Wünsche. Gern kannst du also auch die frühen Morgenstunden nutzen und den frischen Tau des Morgens als eine weitere Unterstützung des Neuen, des frisch anbrechenden Lebens sehen.

· Nimm dir ungestörte Zeit nur für dich und für eine innige Zeit mit deiner Seele.

Bereite dich, wie oben beschrieben, energetisch ein wenig vor und/oder öffne auf deine Weise einen heiligen Raum (Anleitung dazu siehe auf den Seiten 63 ff.).

Wenn du magst, nutze das Journaling, um deine Erkenntnisse zu den Impulsfragen festzuhalten.

· Gehe danach mit einer Kerze (und Feuerzeug bzw. Streichhölzern) hinaus in die Natur, sei es in deinen Garten oder zu einem nahen Feld, einer Wiese, dem Waldrand oder einem Park in der Stadt.

Lade an einem für dich stimmigen Platz zunächst alle Kräfte ein, die dich hier und jetzt unterstützen mögen. Wende dich gern direkt an dein Krafttier, Gott, die Große Göttin, Engel, Spirits (was immer dir nah ist).

Dann entzünde mit deiner ganz persönlichen Intention deine Kerze – sei diese Intention ein Wunsch, eine Bitte um Führung, ein Segen für deinen neuen Weg, ein Dank für die Eingebungen bisher oder etwas anderes.

Wenn du spürst, dass deine Intention klar ist, bei den Spirits angekommen ist und du bereit bist, deinen ersten neuen Schritt rituell zu begehen, ziehe deine Schuhe und Socken aus.

Widme innerlich diesen nächsten Schritt deinem Vorhaben, deinem Änderungswunsch, deiner neuen Energie – was es für dich persönlich auch sei.

Und dann geh diesen ersten Schritt. Bleibe genau dort stehen und spüre den Raureif der kalten Wintererde unter deinen Füßen. Spüre weiter, wie deine Fußsohlen aktiviert (oder schockgefrostet) werden und sich direkt danach Wärme ausbreitet. Spüre die Wärme aus der Tiefe von Mutter Erde, die all diesem Winterfrost so viel entgegensetzen kann.

Spüre, wie deine Fußsohlen eine Verbindung zu Mutter Erde aufnehmen, die dich niemals von sich werfen wird, sondern auf der du stets mit allem, was du bist, getragen wirst.

Bleib so lange stehen, bis du spürst, dass du deine Fußsohlen aktiviert hast und nun jederzeit bereit bist, FÜR DICH ZU GEHEN (mehr zur wichtigen Bedeutung deiner Fußsohlen findest du im folgenden Vollmond-Ritual, siehe Seite 78).

Mögest du schon jetzt deine närrische Freiheit in allen Zellen spüren und dir erlauben, alle deine Seiten zu leben, auch die wildesten, verrücktesten und zartesten. Alle. Ganz pur und nackt – so wie deine Füße es dir gerade vorgemacht haben.

Ich wünsche dir eine erfrischende Kraft des Neubeginns mit der umfassenden Klarheit eines in alle Richtungen blickenden Januars.

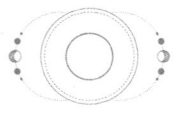

VOLLMOND
Rituelle Reinigung für dich (und deine Ahnenlinie)

Zu jedem Vollmond haben wir die Chance, ganz viel loszulassen, zu vergeben und uns energetisch zu reinigen, doch speziell zum Wolfsmond können wir auch tiefe Einsichten in unsere Familienstrukturen, damit einhergehende transgenerational weitergegebene Familienthemen oder „vererbte" emotionale Verhaltens- und Erlebensmuster erhalten bzw. diese mit der Kraft des hell strahlenden, vollen Mondes ans Licht und in das Licht bringen. Auch unbewusste Verstrickungen, alte Seelenanteile und Seelenteilverluste aus traumatischen Erlebnissen können mit der beleuchtenden Kraft des Wolfs-Vollmondes zum Vorschein kommen.

Ritual für deinen persönlichen „Energy Shift"
Das Jahr ist noch jung und kann für dich zu einem energetischen Wendepunkt werden, anstatt dass du „nur" in ein neues Jahr hineinrutschst. Es schwingt die Energie vom großen Sprung eines leichtfüßigen, eleganten Wolfes mit und von einer inneren Ausrichtung, die das Fundament für viele weitere Jahre, zumindest jedoch für die kommenden zwölf Monate, legen kann. Da liegt es nahe, diesen Vollmond auch rituell unterstützend für energetisch große Veränderungen zu nutzen und auf allen Ebenen loszulassen.

Hierfür habe ich dir hilfreiche Tipps aus den schamanischen Welten zusammengestellt, die energetisch passend auf das bisher Beschriebene abgestimmt sind. Ein reinigendes Ritual, dass auch (Selbst-)Liebe, (Selbst-)Fürsorge und Rückzug miteinbezieht, kann zum Hartmond wahre Wunder bewirken. Wie du oben schon gelesen hast, kann es durchaus um Familienthemen und weitergereichte Ahnen-Altlasten gehen, die in deiner Ahnenlinie so weit zurückreichen können, dass dir davon nicht einmal etwas bekannt ist. Dennoch steuern diese Themen vielleicht dein Verhalten und deine Reaktionen oder blockieren deine Handlungen und Schritte im Leben.

Der Vollmond im Januar ist *die* Mondphase, um in inniger Rückverbindung mit dir und deinem strahlenden Seelenkern aufzugehen und alles loszulassen, was in irgendeiner Form dein Strahlen dimmt – insbesondere, wenn dies aus deinen Ahnenreihen stammt. Womit sich die Epigenetik und Forschungen aus verwandten Wissensgebieten derzeit beschäftigen, nämlich die transgenerationale Weitergabe von Erlerntem bzw. von psychischen Prägungen (wie z. B. Traumata), nutzen die schamanischen Kulturen längst seit Jahrtausenden in ihren Ritualen und Zeremonien. Dabei legen sie großen Wert auf die Einbindung der Ahnenlinie, deren Reinigung und auch kraftvolle Unterstützung. Es mag kaum wissenschaftlich bewiesen, jedoch seit Urzeiten angewandtes Wissen sein, und selbst wenn es bisher keine Nachweise aus der Forschung geben mag, so lohnt sich ein Ausprobieren doch allemal. Schamanismus war und ist seit jeher eine sogenannte „Erfahrungsmedizin". Praktiken wurden ausprobiert und am eigenen Leib erfahren, um sie dann für sich einzuordnen und ggf. für gut zu befinden und zu etablieren. Nutze dieses Ritual also gern als ebensolchen Erfahrungsweg für dich, und wenn es dir Reinigung und/oder Kraft schenkt, behalte es für dich bei – in welcher für dich persönlich stimmigen Abwandlung auch immer. Viel Freude und heilsames Loslassen dabei!

IMPULSFRAGEN FÜR DEINE AHNENLINIENKLÄRUNG

Die folgenden Impulsfragen können sehr hilfreich für deinen eigenen Prozess sein:

- Gehst du voller Freude deinen Weg?
- Was hindert dich daran, deine Schritte kraftvoll zu setzen?
- In welchen Bereichen deines Lebens fühlst du dich blockiert?
- Spürst du deine Ahnen als jene, die dir den Rücken stärken und dich aufrichten?
- Oder hast du das diffuse Gefühl, das dich etwas (zurück-)hält?
- Bist du trittsicher und gut zu Fuß?
- Hast du in letzter Zeit einen seltsamen Geruch unter deinen Armen festgestellt, den du so bisher nicht kanntest?

Die letzte Frage ist sicherlich befremdlich für dich ... daher:

Hintergrundwissen zu schamanischer Klärung

In einigen schamanischen Kulturen werden unter den Achseln die Ahnenthemen verortet, und an einem seltsamen (strengen) Geruch, der sich dort breitmacht, kann dies zielsicher erkannt werden. Das Auftreten dieses Geruchs ist meist verbunden mit einem unsicheren Gefühl in den Füßen und/oder mit juckenden/trockenen/nässenden Fußsohlen. Denn auch hier zeigen sich energetisch jene Ahnenthemen, die dich hindern, *deinen* Weg zu gehen.

Ich bin ganz sicher, dass du dich um beide körperlichen Bereiche sehr gut kümmern würdest, wenn diese Beschwerden auftreten – und dies ist genau die Zeit, in der sich hier die energetische Reinigung sehr gut entfalten und dich unterstützen wird. Es geht hierbei also gar nicht um die üblen Gerüche oder Ähnliches, sondern um eine Klärung von tief sitzenden Emotionen, familiären Verstrickungen, niedrig schwingenden Gedankenenergien und vernebelnden Ahnenenergien aller Art.

Nutze also diesen Vollmond in all seiner Kraft und im Einklang mit der winterlichen Rückzugsenergie, die noch so kuschelig spürbar ist, um mit einem reinigenden Ritual liebevoll und (selbst-)fürsorglich zu schauen, was dir noch dienlich ist, was dich unterstützt oder was dich hingegen einfach nicht (mehr) nährt.

Stimme dich in aller Ruhe und ganz entspannt darauf ein, was auch immer in deinem Gefühlsleben gerade los sein mag. Nimm dir ausreichend Zeit und Raum für dich und widme dich ungestört deiner Innenschau und Klarheit. Ein Ritual gibt immer das zurück, was du bereit bist hineinzugeben, deshalb braucht es unsere Achtsamkeit und die Bereitschaft zu meditativer Hingabe.

RITUAL

- Nimm dir ungestörte Zeit nur für dich und deine Seele. Wenn du magst, nutze das Journaling, um deine Erkenntnisse zu den Impulsfragen festzuhalten und dich einzustimmen.

Halte ein reinigendes Räucherwerk deiner Wahl bereit – thematisch passend kann ich dir hier empfehlen: **Wacholder** (sehr gut bei Reinigungen in Zusammenhang mit Ahnenthemen aller Art), **Salbei** (der reinigende Klassiker), **Erdrauch** (altes keltisch-germanisches „Zauberkraut", dem die Druiden große Bedeutung beimaßen und das u. a. Bannsprüche und Verfluchungen sowie allerlei anderes lösen sollte und das im mittelalterlichen Volksmund irgendwann den Beinamen „Teufelsaustreiber" bekam), **Asafoetida** (tibetische Schamanen nutzten es zur Austreibung von Krankheitsdämonen, bei Geisteskrankheiten und generell zur Geistervertreibung; es trägt den Beinamen „Teufelsdreck", entweder wegen seiner großen Kräfte bei Dämonenaustreibungen und Flüchen oder schlicht wegen seines doch leicht „teuflischen" Geruchs. Es soll auch Panikattacken mildern und Schockzustände aus dem System lösen), **schwarzer Copal** (befreit die Atmosphäre von allem „Dunklen"), **Olibanum** bzw. **indischer Weihrauch** (desinfizierend, klärend, beruhigend), **Eukalyptus** (wenn du dich lustlos, schwach, lethargisch fühlst und Energie benötigst) und zum herzwärmenden Abschluss: **„Sweet Grass"** bzw. **Mariengras** (lockt mit seinem wunderbar süßen Duft die „guten Geister" herbei und unterstützt Räuchernde) oder **Alant** (keltisches Räucherwerk mit der Duft-Botschaft von lichtvoller Kraft, die aus der Wurzel kommt und dich heimelig geborgen fühlen lässt).

- Bereite deinen Körper und die ersten Schichten des Energiekörpers, der den physischen Körper umgibt, mit einem reinigenden Bad vor. Hier beginnt deine Klarheit nun rituell: Das Wasser befreit bereits von anhaftenden Energien, und wenn du ein (Meer-)Salzbad nutzt, hältst du dich gut geerdet, tankst Lebenskraft und reinigst dich noch tiefer. Bitte das Wasser, alles von dir zu nehmen, damit du unbeschwert weitergehen kannst.

- Entzünde nach dem Bad das von dir gewählte klärende Räucherwerk. So wie sich hartnäckige Energien oft in den Ecken der Wohnung einnisten und sich dort oft länger halten, ist dies auch in den Höhlen unter deinen Armen und in den Fußgewölben der Fall. Hier sitzen, wie gesagt, deine Ahnenthemen und das, was deine Schritte bleischwer sein lässt.
Beginne deinen Einräucherungsprozess und bitte den Rauch, all jene Energien aufzunehmen, die dich behindern und dein Seelenlicht dimmen. Unterstütze dies durch eine klare Intention und auch gern durch eine Visualisierung, wie alles aus dir heraus und in den Rauch übergeht. Starte unter deinen Achseln, räuchere dann unter beiden Fußsohlen und stelle das Räucherwerk dann direkt vor dich. Achte darauf, dass ausreichend Rauch entsteht, der von den Füßen bis über deinen Kopf hinaus deinen ganzen Körper einhüllt.

> *Möge der Rauch alle fremden Energien von dir lösen,*
> *sie sanft aufnehmen und mit sich forttragen.*
> *Mögest du befreit deinen ureigenen Weg gehen und*
> *dabei die Unterstützung deiner Ahnen fühlen können.*

- Wenn du spürst, dass alles etwas leichter wird oder du dich ausreichend gereinigt fühlst, öffne das Fenster weit und fächere alles nach draußen. Wenn es für dich stimmig ist, übergib alles Gott, der Großen Göttin, den Göttern, den Spirits (oder wie auch immer du deine hilfreichen Geister nennst) und bedanke dich auch bei ihnen.

Erinnere dich daran, dass der Vollmond unseren Ahnen mehrere Tage lang leuchtend präsent war und sie seine Wirkung spüren konnten – nicht nur zu einer bestimmten Stunde, die wir heute genau bemessen können. Diese Energien weben und wirken also auch davor und darüber hinaus weiter, sodass du viel Zeit hast, um für dich die genannten Themen zu bearbeiten.

Nachbereitung

Ich wünsche dir eine innige Zeit mit dir und deinem heilsamen Self-Care-Ritual. Nimm dir am besten in den folgenden Tagen immer wieder ausreichend Zeit für dich und deine Seele. Folge dem, was immer du gerade brauchst.

Es kann gut sein, dass du nach einem solch tief gehenden Reinigungsritual nachts in deinen Träumen oder in der Zeit zwischen Schlaf und Aufwachen Botschaften erhältst. Es lohnt sich daher, das Tagebuch/Journal neben deinem Bett liegen zu haben, um alles direkt festzuhalten und nichts aus dieser Zwischenwelt zu „verlieren". Nicht immer können wir diese Botschaften sofort deuten, daher ist ein ungefiltertes Aufschreiben hilfreich, das dem Erlebten den Raum gibt, nach und nach in uns einzusinken und sich (und damit die Botschaft) vollends zu entfalten.

Du könntest dazu auch ganz bewusst nach dem Reinigungsritual abends vor dem Einschlafen um eine Botschaft im Traum bitten.

Februar

Neumondritual   S. 89

Neumondritual

*D*er alte Name „Jungfräulicher Mond" deutet darauf hin, dass die Natur in diesem Monat noch nahezu unberührt schlummert. Diese Bezeichnung ist angelehnt an die überlieferten Bräuche, das neue Jahr rein, unbelastet und mit „jungfräulicher Seele" zu beginnen und die damit beispielsweise einhergehenden Besenrituale durchzuführen.

Unsere heutige Monatsbezeichnung geht auf das lateinische Verb *februare* – „reinigen" zurück, und wenn wir dies mit den alten Bezeichnungen „Stürmischer Mond" bzw. Sturmmond, „Wilder Mond" und auch der altdeutschen Bezeichnung „Hornung" (da nun der Rothirsch seine Geweihstangen aus Horn abwirft und neues Geweih „anschiebt", also wachsen lässt) verbinden, so zeigt sich in all dem deutlich die spezifische Energie dieses Mondes: Umschwung und Reinigung.

Es ist eine Phase des Übergangs, und diese wurde u. a. im alten Rom mit Reinigungsfesten begangen. Auch der nordamerikanische „Bear Moon" (Bärenmond) fällt häufig in diese Zeit und erinnert uns an die Bärenmütter, die nun nach langer Ruhe in der Winterhöhle mit ihren Jungen aus dem Bauch der Mutter Erde ans Licht treten und ihnen die Welt zeigen. Von der Göttin Brigid wird in einer mythologischen Überlieferung der Kelten berichtet, dass sie nun aus der Gefangenschaft bei der alten Cailleach in der Höhle des Berges entkommt und es wieder ans Tageslicht schafft – um mit jedem Schritt über die Erde den gefrorenen Boden wieder zu erwärmen und Pflanzen, Tiere und auch die Menschen zu erwecken. In diesem Mythos spiegelt sich auch das Leben des Bären wider, der seit jeher in vielen Kulturen weltweit als der „Urahn der Menschen" galt. Das Wissen der Bären war für uns Menschen stets wertvoll, und so fließt es in die Rituale ein, in denen Reinigung und auch eine gewisse Qualität des „in voller Größe ans Licht treten" (sowohl von Brigid als auch der Bärenmutter) eine große Rolle spielen. Darin werden hier die Themen des Jahreskreises zu dieser Zeit vereint: ordnende Klärung, Reinigung, (Selbst-)Heilung und in all dem ein mutiges Aufrichten. Nutze also die Energie dieser Monde, um dein wahres Licht „herauszuschälen" und zur Welt zu bringen, denn GeBÄRen liegt in der Luft, und Brigid ist passenderweise die Schutzpatronin der Gebärenden, der Mütter und Hebammen. Die Bärengöttinnen verschiedener Kulturen halfen den Frauen, in Abgeschiedenheit und völlig im Einklang mit der

Natur lebend zu ihren ureigenen Rhythmen zu finden, und das bedeutet auch, zum gesellschaftlich losgelösten Ausdruck ihrer Persönlichkeit und zu ihren Talenten. Dies kann dir also Inspiration sein, um deine Basis zu bilden, von der aus du im Frühling dann lächelnd durchstartest.[22]

Möge dir in diesem Sinne viel göttlich-tierische Weisheit zuteilwerden, damit du dein Jahr kraftvoll in Schwung bringen kannst. "

NEUMOND
Königin im eigenen Land

Neues Jahr – neue Kraft! Theoretisch ein tolles Motto, praktisch nicht immer so einfach umzusetzen oder zu spüren. Dazu habe ich ein Ritual für dich entwickelt, dass dir ganz natürlich hilft, dich entsprechend energetisch auszurichten (im Englischen gibt es dafür die schöne Bezeichnung „to bring it into alignment").

Dies soll heißen, dass du aufrecht für dich und andere stehen kannst und deinen Weg gehst, dass du aufrichtig sprichst und deine Gaben voll entfaltest – zum Wohle aller. So wirst du zur „Königin im eigenen Land" – und sehr gern kannst du dies auch als Mann lesen und für dich mit „König im eigenen Land" ersetzen! Die Energie dieses archetypischen Charakters ist für jedes Geschlecht

---

[22] *Wenn es für dich stimmig ist, kannst du sowohl die Große Bärengöttin als auch Brigid und/oder die Bärenkraft bewusst in jedes deiner Rituale integrieren und diese Kräfte gezielt einladen, dich zu unterstützen.*

[23] *Wenn du die Archetypen und ihre Kraft für ein Mehr an Energie und Klarheit nutzen magst, findest du in unserem umfangreichen Onlinekurs „Tiefe, Kraft & Wunder" unter www.sacred-web.de eine Fülle von Anregungen.*

sehr wichtig und lässt uns in Würde ins Handeln kommen oder eben darin ruhen, ganz egal, was gerade ansteht.[23]

Hand aufs Herz: Fühlst du dich wie die Regisseurin deines Lebensfilms? Oder siehst du dich eher als eine Statistin auf Warteposition? Manchmal ist es auch irgendetwas dazwischen ... und erzeugt dann irgendwie ein schales Gefühl. Unzufriedenheit breitet sich langsam und doch stetig aus, und „Zickigkeiten" schleichen sich in den Alltag. Ganz oft liegt der Kern genau darin, dass wir uns fragen, welche Rolle wir selbst überhaupt in unserem Leben spielen, und vermutlich haben wir viel zu oft zurückgesteckt oder Ja gesagt, während wir eigentlich in uns ein Nein fühlten. Was mit besten, liebevollen Absichten angefangen hat, hat sich verselbstständigt und wird nun von außen als Erwartung an uns herangetragen. Doch die wichtigen Fragen lauten hier: Was erwartest *du* von dir? Was *möchtest du* wieder mehr in dein Leben integrieren?

Neuausrichtung in Einklang mit der Kraft des Jahreskreises

Gerade der Jahresbeginn hat im wiederkehrenden Zyklus die Kraft des Neubeginns, Neuerschaffens und Veränderns. Da es noch Winter ist, bedeutet das im energetischen Jahreslauf, dass keine riesigen Aktionen oder Tätigkeiten im Außen anstehen, denn es ist wichtig, sich jetzt zur Regeneration zu Hause einzukuscheln und Ruhe zu gönnen. Der reinigende Februar kann der perfekte Monat für deine innere Neuausrichtung sein, die genau dir und deinen jetzigen Bedürfnissen entspricht. Lass dich ganz natürlich von dieser herrlich frischen Zeitqualität unterstützen und lass zu, dass der Zauber, der im Neubeginn liegt, sich in das ganze Jahr hinein ausbreitet. Gerade zum Abschluss eines Jahres schauen viele Menschen zurück auf das Vergangene und erkennen dankbar die Freuden, Erfolge und einzigartigen Momente an, sehen dabei jedoch auch die kleinen und größeren Schwachstellen wie unter einem Vergrößerungsglas. Hast du dich zum Jahreswechsel (im Dezember/Januar) auch intensiver mit einer solchen Bestandsaufnahme und dem persönlichen Jahresrückblick auseinandergesetzt? Vielleicht ja, und vielleicht hast du dabei auch die eine oder andere Sache entdeckt, die du ungern im neuen Jahr fortführen möchtest. Für die folgende kraftbringende Übung ist solch ein Rückblick nicht unbedingt notwendig, kann jedoch eine gute Basis sein, um von dort aus zu starten. Ich bin sicher, dass der Jahreswechsel dir auch ganz nebenbei im Alltag den einen oder anderen Hinweis geliefert hat – klein und fein, weil es in unserer Kultur irgendwie dazugehört. Doch möglicherweise war da noch nicht die Zeit für konkrete neue Ideen, denn die Natur und mit ihr auch du selbst befanden sich noch im Winterschlaf. Was immer du dabei für dich bereits erspürt und erkannt hast, kannst du in diesem Ritual entweder würdigen und verankern oder auf eine Art und Weise neu ausrichten, dass es dich tief von innen her nachhaltig verändern wird.

Innenschau

Es ist immer sehr heilsam und erkenntnisreich, wenn wir uns Zeit für eine Innenschau und fürs Journaling nehmen.

Eine Innenschau hilft dir dabei, den inneren Nebel aufklaren zu lassen, deinen Standort auf der Lebenslandkarte wiederzufinden und dich selbst zu verorten. Heute geht es darum, dass du deinen Platz (wieder) voll einnimmst und Königin deines eigenen Landes bist.

NUTZE DAZU GERN FOLGENDE IMPULSFRAGEN:

- Fühlst du dich als Königin im eigenen Land?
- Fühlst du dich überhaupt wie eine Königin?
- Wann hattest du zuletzt das sprichwörtliche Zepter in der Hand – und wie fühlte sich das an?
- Kannst du gut Nein sagen?
- Stehst du für dich und deine Bedürfnisse ein?
- Wünschst du dir, die Zügel etwas mehr in die Hand zu nehmen? Wenn ja, in welchen Bereichen deines Lebens?
- Lebst du deine wahre Größe?
- Welche Herausforderungen hast du in den vergangenen Monaten wahrhaft königlich gemeistert?
- Wie möchtest du in unserer Welt wirksam sein? Und was ist dazu nötig?

Gib dir selbst genügend Raum und Zeit, diesen Fragen nachzuspüren, ihnen nachzusinnen und sämtliche Assoziationen und Erlebnisse festzuhalten, die nach oben sprudeln. Diese Fragen und alles, was dabei aus dir zum Vorschein kommen darf, können dir beim berühmten „Hinfallen, aufstehen, Krone richten, weitergehen" behilflich sein und zugleich aufzeigen, dass die Krone nie gefallen ist und du selbst ebenso nicht. Es kann dir außerdem aufzeigen, wie du dein Leben in Fülle lebst und aus dem königlich Vollen schöpfst – und das darf herzlich gern gewürdigt werden.

Vorbereitung

Wähle für dich passend zu deiner Innenschau einen Ort in deinem Zuhause, der dir voll und ganz entspricht, an dem du dich gern aufhältst und der dir Raum zur Entfaltung gibt. Wähle ebenso einen Stuhl oder Sessel, der für heute zu deinem Thron werden wird und auf dem du dir selbst all die Achtung entgegenbringst, die einer Königin gebührt. Hier kannst du kreativ alles ausdrücken und ehren, wonach dir ist und was nun sichtbar werden darf – selbst wenn dir niemand zusieht. Vielleicht hast du Lust, das für dich rundum zu zelebrieren und dein königlichstes Kleid anzuziehen, den verwegensten Look aufzulegen, dich besonders zu frisieren oder anderes, worauf du sonst noch Lust hast – schließlich bist du eine Königin.

Und natürlich hat es auch etwas, sich selbst im Bademantel und mit einer Gesichtsmaske voll und ganz wie eine Königin zu fühlen. Teste einfach aus, was für dich am stimmigsten ist. Du kannst auch rundherum Kerzen entzünden und die feierliche Atmosphäre dadurch deutlich ausdrücken.[24]

Außerdem kannst du auch gern einen Apfel oder eine Dekokugel (oder gern etwas anderes Rundes bzw. Vergleichbares; vielleicht eine Weihnachtsbaumkugel, wenn du sie noch nicht weggepackt hast) als Symbol für den Reichsapfel und einen Stab (oder eine Kerze oder etwas anderes Längliches) als dein symbolisches Zepter verwenden. Und dann erlebe dich in deiner Königinnentracht auf deinem „Thron".

---

[24] *Es kann sehr unterstützend sein, wenn du einen großen Spiegel nutzt, in dem du dich selbst in all deiner königlichen Kraft sehen kannst, oder wenn du zum Abschluss dein königliches Sein mit einem Foto festhältst. Ein Bild drückt für manche mehr aus als alle Worte im Tagebuch.*

Stimme dich gern mit diesem Text tiefer ein:

„König und Königin kennen ihren eigenen Platz im Leben, nehmen ihn in aller Fülle an und bringen ihre Gaben tatkräftig in die Welt. Sie sind sich ihrer Würde bewusst und erkennen gleichzeitig die Würde aller anderen Wesen – so stehen sie als Archetypen in einem umfassenden Sinne für Gerechtigkeit und setzen sich für das große Ganze ein. Sie besteigen den Thron ihres Reiches, den Thron ihres Lebens, übernehmen Verantwortung für sich selbst, ordnen ihr Inneres und lassen sich gleichzeitig auf die Verbindungen mit der Welt ein.

In König und Königin verbinden sich große Stärke mit tiefer Demut, da sie ihre Macht stets zum Wohle aller nutzen und ein gesundes Gleichgewicht im Fokus haben. Sie haben sich für ein wirklich bewusstes Leben entschieden, stellen die richtigen und wichtigen Fragen, verinnerlichen ihre Erlebnisse, suchen nach dem tieferen Sinn jeder Erfahrung und handeln aus diesen Erkenntnissen heraus."[25]

[25] © Online-Kurs „Tiefe, Kraft und Wunder" (2020), Jennie Appel & Dirk Grosser, www.sacred-web.de.

DEIN RITUAL

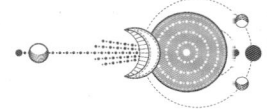

Nimm ganz und gar würdevoll deinen Platz ein – aufrecht, erhobenen Hauptes und klar. Nimm die ganze Sitzfläche ein, fülle deinen Platz voll aus, mit Haut und Haaren. Sei liebevoll präsent.

- Beantworte für dich die folgenden Fragen:
  Wie fühlt sich das an, in dieser Weise deinen Platz einzunehmen?
  Was geht dabei in dir vor?
  Welche Gedanken hast du dazu/dabei?

- Wenn du magst, lade deine Ahnen ein, dir den Rücken zu stärken, hinter dir zu stehen und deinen Weg zu begleiten. Natürlich kannst du auch all die Kräfte einladen, die dir darüber hinaus vertraut sind, Krafttiere, Göttinnen und Götter, Engel Spirits aller Art, und aussprechen, was du dir an Unterstützung von ihnen wünschst. Spüre nach.

- Nimm kraftvoll dein Zepter in die eine Hand und deinen Reichsapfel in die andere. Spüre diesen Symbolen nach und tauche in ihre uralte archetypische Kraft ein ... Fühle die Königin in dir, fühle die uneingeschränkte Würde und auch die Macht, über die du verfügst. Spüre diese Kraft im positivsten Sinne – DU bist machtvoll und Schöpferin deiner Welt. Sei die Mitte deines eigenen Reiches, das Zentrum. Von hier aus herrschst du, von hier aus dienst du – immer dem entsprechend, was dir angemessen und richtig erscheint. Atme die Kraft der Königin ein, spüre sie durch dich hindurchfließen und strahle sie ungehindert in die Außenwelt aus. Sei die königlichste Version deiner selbst und spüre ganz genau nach, wie sich das anfühlt.

- Beende diese königliche Kontemplation in deiner Zeit, wann immer du genug von dieser Kraft gespürt und geatmet hast. Bedanke dich abschließend in deinen Worten bei allen hilfreichen Ahnen und Spirits für Rückhalt und Stärkung.

Nachsorge

So vieles kann sich dir während des Rituals gezeigt haben. Es kann dir leicht oder schwer gefallen sein, großen Spaß gemacht oder sich albern angefühlt haben ... und viele Facetten mehr können aufgetaucht sein.

Danke dir selbst für die Zeit, die du dir genommen hast, um ganz bei dir zu sein. All unsere Schritte sind es wert, gewürdigt zu werden. Nimm dir deshalb gern noch Zeit, um die Erfahrungen mit deiner inneren Königin für dich festzuhalten. Möglicherweise ist das eine oder andere dabei, wovon du dir mehr wünschst (oder auch deutlich weniger davon ...), und diese Erkenntnisse sind bereits der erste Schritt zur Umsetzung. Falls du schon jetzt den einen oder anderen Impuls hast, was dir hier helfen könnte, was ersehnte Unterstützung bringen oder dich freier handeln lassen würde, halte auch diese ersten Impulse fest.

Von hier aus kannst du nun ganz entspannt schauen, welche nächsten Schritte du wann und mit wem umsetzen möchtest. Du kannst daran z. B. ein kleines Neumond-Wunschritual anschließen, wenn du deine Wünsche noch klarer aussenden magst. Erinnere dich daran, dass du gerade gar nicht aktiv werden musst, stattdessen darfst du dich direkt wieder königlich einkuscheln und einfach nachspüren. Genieße deine Reise und vergiss nicht, auf dich anzustoßen!

Archetypische Qualitäten für ein Mehr an Kraft und Kreativität

Vor einigen Jahren (2010) hat mich die tiefe Auseinandersetzung mit den inneren Archetypen und die Arbeit mit deren unterschiedlichen energetischen Qualitäten den Mut aufbringen lassen, meinen sicheren Job zu kündigen, mich an einem komplett neuen Wohnort selbstständig zu machen und noch einmal bei null anzufangen. Wenn wir wieder ganz aus unserem Herzen agieren können und uns selbst auf neue und vielleicht ungeahnte Weise entdecken, spüren wir eine tragende und nährende Kraft in uns, die uns hilft, Schwellen zu überschreiten, um eine neue Lebendigkeit zu erfahren. Ich hoffe, diese Königinnenerfahrung konnte dir hier eine Inspiration sein.

Ich wünsche dir, dass du dein Sein wirklich erblühen lassen kannst –
spätestens mit all den Pflanzen, die sich im Frühjahr wieder in neuer Blüte
zeigen – und dass du das Wunder erfühlst, das du bist!

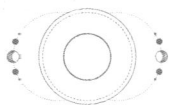

VOLLMOND
Erwecke deine Bärinnenkraft

Es kann in dieser Zeit gerade wichtig sein, energetisch große Veränderungen zu unterstützen und auf allen Ebenen loszulassen. Dies kann die Form annehmen, dass du Verstaubtes ans Licht bringen, alles neu ordnen und auch ganz pragmatisch ausmisten und aufräumen möchtest, um dann neu zu starten. Nutze also diese Zeitqualität, um etwas Neues anzuschieben, das vielleicht schon lange in dir schlummerte und nun bereit ist, Schritt für Schritt aus der Bärenhöhle zu kommen. Für diese Schritte kannst du wunderbar den Abend bzw. die Nacht vor dem exakten Vollmond und den Vollmond-Tag bzw. den darauffolgenden Tag nutzen.[26]

Tiefe Innenschau

Gehe am Vorabend des Vollmondes hinaus in die Natur, an einen schönen Ort in deiner Nähe, in deinen Garten, auf den Balkon oder stelle dich in die Nähe deines Fensters und lass dich vom Mondlicht bescheinen.

---

[26] *Das folgende Vollmond-Ritual kann auch eine wundervolle Bestandsaufnahme zur Frühjahrs-Tagundnachtgleiche um den 21. März herum sein, wenn Licht und Dunkelheit gleichauf sind und Balance bringen. Sollte es jetzt noch nicht passend für dich sein, dann atme ganz entspannt das Licht des Vollmondes und kuschele dich noch einmal ein. Alles kommt zur richtigen Zeit.*

Lege beide Hände auf den Bauch, brumme dreimal tief in den Bauch hinein und lass dann Antworten auf die folgenden Impulsfragen aufsteigen:

- Wovon kannst du gerade absolut zehren?
- In welchen Bereichen hast du vielleicht zu viel angesammelt?
- Was nährt dich, wenn nichts mehr wächst, sich nichts mehr bewegt?[27]
- Wie kannst du in einer solchen Zeit sogar schwanger sein (oft sogar mit Zwillingen)?
- Wie rettest du deine Projekte „durch den Winter" (z. B. auch während einer Pandemie oder einer anderweitigen Stagnation)?
- Brumme dann erneut dreimal tief in deinen Bauch hinein und gehe weiter mit diesen Fragen:
- Was möchtest du (neu) gebären?
- Wie kannst du die Gemütlichkeit deiner Höhle annehmen und für dich nutzen?
- Sind Sorgen oder Ärger und Freude sowie Gelassenheit gerade gleichauf?
- Was könntest du tun, um mehr Freude und Entspannung zu „säen"?

Halte deine Antworten in deinem Tagebuch/Journal fest und entscheide dann ganz frei und intuitiv, ob du morgen die Energie des Vollmond-Tages nutzen magst, der alle Ecken so fein ausleuchtet – oder ob du das Folgende lieber im Verlauf mehrerer Tage in kleineren Häppchen angehen magst.

Du selbst wirst wissen, wie schwer oder leicht es dir fällt, nach außen zu treten und dich zu zeigen, und wie innig du Rückzug genießen kannst und ihn für dich auch dringend benötigst. Wofür ist *jetzt* für dich persönlich die richtige Zeit?

Auch eine Bärin bringt zunächst in der schützenden Höhle ihre zwei bis drei Jungen zur Welt und kommt mit ihnen erst hervor, wenn die Welt sich langsam wieder wärmer anfühlt. Also: Vertraue dir! Ganz und gar! *Du* spürst, wenn es so weit ist.

---

[27] *Einer der Namen dieses Mondes im Volksmund ist „Hungermond", und dieser Mond kann uns viel Erkenntnis über das Bestehen in kargen Zeiten schenken.*

Vorbereitung und Materialien

Falls du Bereiche benannt hast, in denen du zu viel angesammelt hast, kannst du jetzt an diesem Punkt im Jahreskreis wunderbar „ausmisten".

Du kannst dazu konkret die verschiedenen Bereiche durchgehen und erspüren, welche ersten Impulse du hast bzw. welche Bereiche dein Aufräumen gebrauchen könnten: körperlich, beruflich, persönliche Beziehungen, Haus und Garten, ...

Vertraue diesen Impulsen. Schaue dann, wie du sie konkret umsetzen kannst.

Natürlich eignet sich diese Zeit auch sehr gut für den berühmten Frühjahrsputz (auf allen Ebenen). Du kannst konkret ausmisten und putzen, was das Zeug hält, dich deinem Garten (wenn vorhanden) widmen oder auch eine Fastenkur machen, die dich innerlich entschlackt und reinigt – oder alles zugleich. Reinigung ist immer eine wundervolle Vorbereitung auf eine Zeremonie.

Du kannst diese bewusste Innenschau und Bestandsaufnahme (und eine Ausmist-Aktion, wenn nötig) jedes Jahr erneut auch gern um die folgende feierliche Zeremonie erweitern, die dich und deine Bärenhöhle aufweckt und bereit macht. Sie kann so etwas wie deine Initialzündung zum Frühjahrsputz auf allen Ebenen sein (und du musst also nicht bereits alles perfekt aufgeräumt und energetisch klar haben).

Du benötigst lediglich eine Kerze und Streichhölzer oder ein Feuerzeug, eine kleine Schüssel mit (Fluss-/Bach-/Quell-)Wasser, Räucherwerk und eine Feder. Sofern vorhanden, ist eine Trommel, eine Rassel oder ein Glöckchen auch ganz wunderbar.

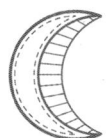

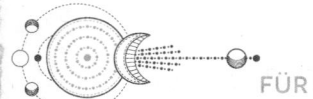

- Erschaffe dir bewusst und auf deine Weise einen heiligen Raum und stimme dich ein.

  Lade die nährende Bärin und den starken Bären, also die volle Bärenkraft, und gerne auch die Große Bärengöttin zu dir ein, wenn es für dich stimmig ist. Entzünde bewusst eine Kerze für dich und die Bärenkraft. Setze die Intention, die energetische Atmosphäre um dich herum zu klären bzw. dein Zuhause energetisch zu klären und aufzuwecken.

  Rufe alle hilfreichen Kräfte, die dir nun wichtig sind (Elemente, Spirits, Geistführer usw.) und dich in deinem Anliegen unterstützen können, hinzu. (Dies als Ergänzung, falls du zusätzlich zur Bärenenergie Unterstützung wünschst.)

- Beginne mit Klang. Die Bärenmedizin lehrt uns, dass die Ohren ganz wichtig sind, da sie es sind, die niemals schlafen und aufgrund dessen nun zuerst helfen können, alles aufzuwecken.

  Gehe von Zimmer zu Zimmer und nutze in jedem Raum, in jeder Ecke und sogar in den Regalen und Schränken Klang, um alles sanft aufzuwecken. Vielleicht magst du deine Stimme dazu nutzen und in alle Ecken brummen, summen oder singen, es überall vibrieren lassen. Vielleicht magst du dafür auch eher deine Trommel oder Rassel oder ein Glöckchen nutzen. Aktiviere deine Räume ganz bewusst, möglicherweise jene im Besonderen, die dir bei deiner Innenschau aufgezeigt wurden. (Wenn du z. B. gerade viel am Computer arbeitest/schreibst etc., könntest du deinem Arbeitsraum besondere Aufmerksamkeit schenken oder „deinem" Raum, in dem deine neuen Projekte entstehen, usw.)

- Alles wird dadurch aktiviert. Alles wacht auf – die Energien in dir und jene, die dich umgeben. (Auch hierbei kann es sein, dass dir in den Räumen etwas auffällt, dass nicht mehr zu deiner Energie passt und gern weiterziehen mag.)

- Gehe nun erneut durch alle Räume und reinige sie mit Rauch/Räucherwerk/Räucherstäbchen deiner Wahl und verteile diesen Rauch gern auch in alle Ecken. Nutze dazu eine Feder, wenn du eine hast, und bringe dabei die Elemente Luft, Erde und Feuer von Raum zu Raum.

- Gehe dann ein drittes Mal durch alle Räume, dieses Mal mit deinem (Quell-)Wasser. Tauche in der Mitte des Zimmers deine Hände (oder die Feder) in das Wasser und versprenge es in den Raum hinein, gern mit einem Segen oder einem Gebet. Erfrische alles mit der Klarheit des Wassers und seiner Kraft, neue Wege zu finden, alles ins Fließen zu bringen, zu reinigen, zu segnen und neu zu beginnen.

- Insgesamt sind das drei heilige Gänge durch dein gesamtes Zuhause, und es sind vier heilige Elemente, die du einbringst. Als fünftes bringst du dich und deinen ureigenen Spirit mit ein.

- Erweitere dies nun gern, indem du vor die Tür ins Freie trittst und wie die Bärenmutter dein Gesicht von den Sonnenstrahlen küssen lässt, erkundest, ob in der Luft bereits der Frühling zu schnuppern ist, und du bereit bist, aus der Höhle zu kommen.

- Nimm nun erneut dein Glöckchen, die Trommel oder Rassel und mache symbolisch einen ersten Schritt nach draußen.
  Schenke der Natur ein paar zarte Klänge, um sie sanft zu erwecken und damit die Sonnenstrahlen tatkräftig zu unterstützen.
  Falls du einen Garten hast oder dich ein Ort in der ganz nahen Umgebung deines Hauses ruft, mache gern noch ein paar weitere symbolische Schritte und erwecke auch dort die Pflanzen und Tiere mit deinem Klang. (Sofern keine Instrumente vorhanden sind, hast du immer als erstes Instrument deinen eigenen Körper und kannst ein Lied singen.) Dabei kannst du all die Pflanzen einzeln bedenken und/oder das Land und den Erdboden unter dir.

- Erwecke schließlich dich selbst und dein ureigenes Wesen, als Teil der Natur, indem du einmal um deinen Körper herum klingelst/rasselst/trommelst oder summst.

- Beende deine Zeremonie auf deine Weise; vielleicht kommt dir noch ein Lied, ein Segen oder Gebet in den Sinn, danke den hilfreichen Spirits, Elementen und deinem Zuhause. Schließe dann auf deine Weise deinen heiligen Raum.

Zum Abschluss

Halte deine Gefühle, Gedanken und deine Erlebnisse während dieser heiligen Handlungen in Stichworten oder Skizzen in deinem Tagebuch fest. Vermutlich werden dir einige Dinge auffallen, während du dies zelebrierst. Es ist sinnvoll, auch all deine Impulse zum Thema Tatkraft festzuhalten, denn du wirst nicht alle Aufräumarbeiten direkt in der Zeremonie erledigen und darfst sie dir nun in Häppchen aufteilen, um sie zu erledigen, wann immer es stimmig ist.

Wenn du selbst wieder Königin deines eigenen Landes bist und die Energien des Jahreskreises für einen seelischen, emotionalen und sogar häuslichen Frühjahrsputz genutzt hast, kann es einiges so stark in Gang bringen, dass du es „endlich angehen" magst oder aber dir zunächst die heimelige Bärenhöhle wünschst, um noch inniger mit dir selbst verbunden zu sein, letzte nötige Kräfte zu tanken und dann zu starten. Lausche dir selbst in dieser Schwellenzeit, sorge gut für dich, schenke dir diese Innenschau und genieße es, dem Ruf deiner Seele in all deiner Selbst-Wertschätzung zu folgen. Es ist dabei ganz wichtig, dass hier dein natürliches Bedürfnis den Ton angibt: Wünschst du dir die warme Umarmung deines Zuhauses und ein finales Krafttanken oder gehst du jetzt beschwingt für dich los?

Mögest du dir all das erschaffen, was dich aufrecht und stark,
liebevoll und zart, verbunden und frei sein lässt.
Mögest du um Rückhalt oder Hilfe bitten können, wann immer es Not tut,
und wissen: Auch das ist weise Stärke.
Mögest du die Frau gebären, die du wahrhaft bist, in aller wilden Schönheit und
Kraft, und mögest du dir die Geborgenheit schenken, die du dir wünschst.

März

Vollmondritual

Vollmondritual S. 108

*N*un orientieren sich die Energien der Natur langsam wieder von innen nach außen: Die Zugvögel kehren in unsere Regionen zurück, die Singvögel werden merklich lauter, auch die Frösche quaken langsam wieder ihre Lieder, das Wachstum der Pflanzen regt sich sichtbarer, und ins karge Grau-Weiß der letzten Monate mischt sich immer mehr Grün und langsam auch der eine oder andere Farbtupfer (wie z. B. die Märzveilchen, erste Krokusse etc.).

Sowohl die Schneeglöckchen als allererste zarte Botinnen zum heiligen Mondfest Imbolc im Februar als auch die jetzigen Pionierpflanzen, die als Erste ihre grünen Fühler aus der kalten harten Erde hervorstrecken und ihre Schönheit und Buntheit dem Licht des Tages entgegenrecken, wispern uns ihre Botschaft zu. Sie wissen, dass es jetzt Zeit ist, sich nicht mehr zu verstecken und nicht mehr im vertrauten Dunkel der Erde (des gemütlichen Zuhauses) zu bleiben. Vor allen anderen Blumen schlüpfen sie mutig hervor, durchdringen den Erdboden und vertrauen darauf, dass die Sonne sie nähren wird. Wenn wir unseren Blick auf diese Pionierarten unter den Blumen richten, so erblicken wir starke Pflanzenherzen voller Lebensenergie und Vertrauen in das, was sie umgibt, und dadurch erinnern sie uns daran, dass all das auch *in uns* ist.

Der Monat März ist eine Zeit im Jahreskreis, die sich dazu eignet, voll und ganz das zu ehren, was derzeit noch ein Keim in der Erde, eine zarte Knospe ist – also als eine vage Idee oder ein sanftes Rufen und Sehnen in deinem Herzen vorhanden ist.

Es ist eine perfekte Zeit, um sich die Samen anzuschauen, die nun langsam keimen, Wurzeln treiben und sich hinauf ans Licht bewegen. Genauso kannst auch du dir nun deine Talente inniger zu Herzen nehmen und dein Licht heller scheinen lassen. Auch du bist möglicherweise eine Pionierin auf deinem ganz persönlichen Gebiet … genau wie die Schneeglöckchen oder Krokusse.

Spürst du inzwischen das Potenzial dieses Jahres? Siehst du bereits die unglaublichen Aussichten, die es uns allen schenkt?

Die Namen „Saatmond, Samenmond" und „Frühlingsmond", die man in alten Zeiten dem März gab, lassen klar erkennen: Die beginnende Frühlingszeit ist eine Zeit der Aussaat, in der wir uns nach all den Erkenntnissen der winterlichen Innenschau bewusst entscheiden können, wofür wir unsere Kräfte nun gebündelt einsetzen mögen. Die aus der Vergangenheit entstandenen Samen dürfen unsere Zukunft mitgestalten, und auch langfristige Pläne können nun keimen und junge Triebe ausbilden.

Im altrömischen Kalender begann ein neues Jahr mit dem März, dessen Monatsname auf Mars, den römischen Kriegsgott, zurückgeht und die feurig-aufstrebende Energie des Monats anzeigt. Ab jetzt konnten die Feldzüge wieder beginnen, und dies trifft (natürlich etwas anders) auch auf den bäuerlichen Kalender zu, mit dem nun die Aussaat auf den Feldern begann. Die Monatsbezeichnungen „Lenz" oder „Lenzing" entstammen dem Althochdeutschen und gehen auf *len(g)zo* (= länger werdende Tage) zurück.[28]

In alten Fruchtbarkeitsbräuchen war es üblich, nun die Tiere durch einen Bach zu treiben, um sie wieder mit dem natürlichen Lebenskreislauf in Verbindung zu bringen und ihre Gesundheit zu stärken. Im Anschluss trieb man sie zwischen zwei Feuern hindurch, um ihre Fruchtbarkeit anzuheizen. Dabei stand Feuer seit jeher für die symbolische Flamme der Sonne auf Erden und als lebensspendende Kraft, während die Wasserrituale alles in Fluss brachten. Heute könnte man dies so zusammenfassen: Das Immunsystem wird aktiviert; (geistige) Fruchtbarkeit und weise Aussaat erhalten die Gesundheit und sichern die Nahrung bzw. die Ernte.

Dieser Energiesprung im Jahreslauf fordert uns auf, Neues in die Welt zu setzen, Ideen konkret(er) werden zu lassen und Pläne ins Leben zu bringen – auch wenn die Folgen des Sprungs ins kalte Wasser ungewiss sein mögen. Jetzt ist die Zeit, ganz aktiv die neue Wachstumsperiode zu gestalten und uns selbst kraftvoll mit der erwachenden Erdkraft zu verbinden. Die folgenden Ritualinspirationen vereinen all diese Themen in sich und machen es möglich, dass du dir die alten Bräuche unserer Vorfahren ganz einfach in dein Zuhause holst und für dein Wachstum anwendest.

---

[28] *Die Bezeichnung geht auch auf das germanische Wort* langat-tin *für die Zeit der länger werdenden Tage zurück. Heute ist es jedoch gebräuchlicher, die gesamte dreimonatige Frühlingszeit als* Lenz(ing) *zu bezeichnen, und dieser hat sich so von einem Monatsnamen zu einer Jahreszeit-Bezeichnung gewandelt.*

NEUMOND
Erwecke deine Natur – erwärme deinen Körper

Im Februar hast du bereits mit Bärenkraft und Klang deinen Körper, dein Zuhause und die Natur bzw. das Land um dich herum sanft geweckt.

Für dieses Ritual nutzen wir nun die warmherzige Energie der keltischen Frühlings- und Sommergöttin Brigid, die auch gleichzeitig als weise Druidin gilt und zu den christlichen Heiligen gehört. Sie trägt dreifache Kraft in sich, fühlt sich wie eine „Allrounder-Göttin" an[29] und ist Hüterin der Flamme.

Es ranken sich viele Legenden um sie, und sie wird auch heutzutage noch auf äußerst lebendige Weise verehrt. Im Februar entkommt sie bereits dem Griff der Wintergöttin Cailleach, und spätestens jetzt streift sie mit ihrem schützenden Mantel das Land, erwärmt es und lässt es wieder ergrünen.

Du kannst sie nun bitten, „das eigene Land" in dir selbst zu erwecken, während die Natur erwacht. Du selbst bist Natur und dein ganzer Körper, dein Sein, sind das Land, das es nun wiederzuerwecken gilt.

Falls du dich entscheidest, das folgende Ritual im Freien durchzuführen, binde das Land, auf dem du lebst, herzlich gern mit ein. Es stärkt und nährt die Verbundenheit zu deiner nahen Umgebung, lässt dich dadurch mehr verwurzelt fühlen und sowohl an diesem Ort als auch in dir selbst mehr ankommen.

---

[29] *Mehr zu der von mir seit vielen Jahren sehr geschätzten Brigid findest du in unserem Buch „Brigid – Lebe die Weisheit einer Heiligen, Göttin und Druidin", siehe Literaturempfehlungen am Ende des Buches.*

Vorbereitung und Materialien

Für dieses Ritual benötigst du drei Kerzen deiner Wahl (Brigid werden u. a. die Farben Weiß, Gelb und Grün zugeordnet – dies ist jedoch kein Muss).

Rund um den Frühlingsbeginn geht es darum, selbst zu erblühen, mit voller Willenskraft und Eigeninitiative ganz authentisch die Blüten zu entfalten – so wie die Natur es uns so herrlich bunt vorlebt.

NUTZE GERN IMPULSFRAGEN WIE DIESE FÜR DEIN JOURNALING:

- In welchen Bereichen deines Lebens wünschst du dir (wieder) mehr Bewegung, mehr Wärme und Leidenschaft?
- Wo bist du sehr im Rückzug oder in Stagnation und könntest einen „Extra-Schubs" gebrauchen?
- Wie kannst du deine Lebendigkeit und Fruchtbarkeit noch mehr entfalten?
- Beginnt für dich ein neuer Zyklus? Wie möchtest du diesen nennen?
- Welche Pläne, Träume, Wünsche, Ziele möchtest du angehen und verwirklichen?
- Benötigst du dazu feurige Tatkraft? Wenn ja, in welchen Bereichen besonders?
- Auf welche Weise möchtest du Teil des göttlichen Wirkens in dieser Welt sein und Mutter Erde (allen Wesen) dadurch dienen?
- Welche Intentionen möchtest du heute weise säen?

Lies dir deine Neumond-Intentionen am besten einmal laut vor, sodass sie hörbar durch deine Kehle (Zentrum deiner Ausdruckskraft) fließen und sie dadurch der Klang als Schöpferkraft durchströmt. So kann sich alles noch mehr manifestieren.

Bitte gern darum, dass du dabei unterstützt wirst, all das zu erfüllen, was deinem Weg voll und ganz entspricht. Auf diese Weise legst du all deine Samen vertrauensvoll dem Universum in die Hände, sodass es dich auch überraschen darf.

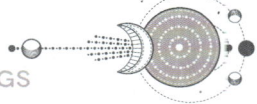

Dieses Kerzenritual dient dazu, die Natur in dir auf allen Ebenen zu erwecken, deinen Körper zu erwärmen und damit dich selbst zu stärken, deine Energie anzuheben und der Frühling in dir einzuläuten.

- Nimm gern vorher ein Bad oder eine rituelle Dusche (analog zu den Tieren, die man durch den Bach/Fluss trieb, um sie wieder mit dem Lebensfluss zu verbinden).

- Eröffne auf deine Weise einen heiligen Raum und bitte auch die Kraft der Göttin Brigid hinzu, wenn dies für dich stimmig ist. Setze eine Intention (z. B. für etwas, das du bewusst heller strahlen sehen magst in unserer Welt, für einen Wunsch oder einen bestimmten Fokus wie z. B.: „Möge mein Körper und Geist mit der Kraft des Frühlings erwachen"/ „Möge Brigids Feuer mich segnen"/ „Möge mein Wesen fruchtbar sein" o. Ä.)

- Entzünde nun ganz bewusst eine Kerze für deinen wachen Geist und deine klare Sicht.
  Entzünde eine weitere Kerze für die Liebe, die Gesundheit, die Heilung.
  Entzünde eine dritte Kerze für deine Fruchtbarkeit und Schöpferinnenkraft.

- Widme dich nun jeder Kerze nach und nach auf diese Weise:
  Bilde mit deinen Händen einen kleinen Kreis und halte diesen Händekreis über die Flamme. Spiele damit: nicht zu nah, damit du dich nicht verbrennst, nicht zu fern, damit du die Wärme an den Fingern spüren kannst – ein Tanz mit Nähe und Grenzen, der schon allein viel mit uns machen kann. Spüre die Wärme an deinen Händen.
  Lade die Flamme, das Feuer, ein, dich zu wärmen und zu erwecken.
  Wenn der Impuls kommt „Es ist so weit", bringe deine warmen Hände zunächst:
  - von der Kerze der Klarheit zu deiner Stirn und erwecke damit dein Tor der Einsicht, Wahrheit und Vision,
  - von der Kerze der Liebe zu deinem Herzraum, in der Mitte deiner Brust, und erwecke damit deine Gefühle, deinen Mut, deine Selbstliebe und Präsenz,
  - von der Kerze der Schöpferinnenkraft zu deiner Gebärmutter/deinem Schoßraum und erwecke damit deine Verbundenheit zu ursprünglichster Lebenskraft und der Fähigkeit, zu empfangen und zu gebären (zu erschaffen).

- Halte deinen wärmenden Kreis dort jeweils so lange, wie es sich stimmig für dich anfühlt, und spüre dem einige Momente nach.

- Lass deine Hände dann ganz instinktiv eine der Kerzen (oder mehrere nacheinander) wählen und führe sie dann ebenfalls instinktiv zu einer Stelle deines Körpers, die danach ruft.

Wiederhole dies gern noch einmal bzw. so oft es sich stimmig anfühlt und lass dich wieder instinktiv zu einer Körperstelle führen. (Vielleicht ist es dieses Mal eine ganz andere, gar überraschende Stelle.)

Erwecke deinen Körper so nach und nach überall dort, wo es gebraucht ist, und mit der jeweiligen Kraft, die dich anspricht.

Solltest du das Ritual im Freien ausführen, bringe nun bitte auch von jeder Kerze symbolisch die Flamme zum Land (Erdboden), um den Ort gemeinsam mit Brigid aufzuwecken und zu erwärmen.

Wenn du spürst „Es ist getan", beende dein Kerzenritual auf eine für dich stimmige Weise und schließe den heiligen Raum.

ALLTAGSZAUBER-TIPP

Dieses Ritual passt einerseits energetisch sehr gut zur Kraft des erwachenden Frühlings an Neumond im März, du kannst es andererseits aber auch zu einer besonderen Gelegenheit durchführen, bei der du die Zugehörigkeit zur Natur, das Feuer oder die wilde Kraft in dir mehren möchtest. Darüber hinaus kann es auch zu einem Alltagsritual für dich werden, das du jeden Morgen als Start in den Tag zelebrierst. Dabei kannst du dich einer Sache, die dir gerade besonders am Herzen liegt, voll und ganz widmen, indem du damit sozusagen eine Devotee für eben dieses Anliegen, diesen Fokus, diese Gottheit wirst oder indem du dich jeden Morgen von deiner ganz aktuellen Intention selbst überraschen lässt, die immer wieder neu und immer wieder anders sein kann. Probiere es einfach auf deine Weise für eine Woche oder sogar einen ganzen Monat aus.

Möge deine ursprüngliche Schöpferinnenkraft dich feurig wärmen,
von dir genährt werden und dich und die Welt ebenfalls nähren.

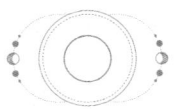

VOLLMOND
Samen deines Herzens

Jetzt ist die Zeit, mutig und beherzt aus dem Dunklen herauszutreten und dich zu zeigen – in all deiner bunten Pracht! Genau das möchtest du? Dann wirst du jetzt von der gesamten Kraft der Natur unterstützt!

Vorbereitung und Materialien
Achtsames Journaling hilft dir, deinen Geist zu klären, und kann sehr viel Freude machen. Auch in diesem Fall bereitest du damit sozusagen den fruchtbaren Boden, durch den dein Ritual die volle Kraft entfalten kann – einfach weil deine Intention klar und stark sein wird. Das Schreiben lohnt sich also doppelt für deine volle Entfaltung.

Wenn du magst, nutze dafür die folgenden Impulsfragen:
- Gibt es etwas, dass in *dir* gerade keimt und erwachen oder sich zeigen mag?
- Womit möchtest du neu beginnen?
- Was ist bereit, jetzt (neu) zu erblühen?
- Wo möchtest du noch mehr erblühen? Wenn ja, wie wünschst du es dir?
- Wie und in welche Richtung möchtest du wachsen? In welchen Bereichen deines Lebens wünschst du dir mehr Fruchtbarkeit und Buntheit?
- Vertraust du der Erde, die dich trägt, und dem Himmel, der dich beschirmt?
- Fühlst du dich unterstützt? Wenn nicht: Wie kannst du dir ein unterstützendes Umfeld erschaffen?
- Kannst du vertrauen?
- Was möchtest du säen?

Besorge dir für die Durchführung deines Rituals Erde und Samen deiner Wahl. Stelle außerdem einen Blumentopf gefüllt mit Erde bereit. (Solltest du ganz unterschiedliche Bereiche haben, in denen etwas Neues beginnen darf oder in denen du erblühen magst, so nimm gern mehrere Blumentöpfe – für jeden Bereich einen.)[30]

Hole dir weitere „Zutaten" dazu, um die für dich stimmige Atmosphäre zu schaffen. Das können z. B. Kerzen sein, Räucherwerk, ein kleiner Altar oder was sonst noch für dich dazugehört.

Hintergrundwissen zum Wachstum der Pflanzen bei Vollmond

Alle oberhalb der Erde wachsenden Pflanzen, die kurz vor Vollmond gepflanzt wurden, besitzen eine ganz eigene Stärke – und mit genau dieser Stärke wollen wir uns in diesem naturspirituellen Ritual natürlich auch verbinden.

Das Licht des Vollmondes schickt einen ganz eigenen Segen mit seinen silbrigen Strahlen auf die Pflanzen, die in der Erde schlummern. Wenn wir den jetzigen Vollmond nutzen, so erhalten wir den genau richtigen Schub durch den frühlingsfrischen Wachstums-Mond, eine immer heller und länger scheinende Sonne und all die Kraft, die diese Jahreszeit mit sich bringt.

Dies ist eine magisch-kraftvolle „Zwischenzeit", in der wir endgültig aus dem Winterschlaf und der Dunkelheit aufwachen. Wir bewegen uns auf den Frühling zu, der bereits vage am Horizont zu erkennen ist, können den frischen Tau des Morgens spüren und die Strahlen der stärker werdenden Sonne hoffnungsvoll auf unser ganz natürliches Erblühen richten.

---

[30] *Wenn du einen Garten hast oder einen Ort in der nahen Umgebung, der dich ruft, kannst du dort auch für jeden Bereich eine Furche bilden und deine Samen direkt in das Beet ausbringen, das du anlegst, und dein Ritual so in der freien Natur abhalten.*

RITUAL,
UM DIE SAMEN DEINES HERZENS
ZU PFLANZEN

- Schaffe dir einen ungestörten heiligen Raum: Schalte Handy, Telefon und Klingel der Haustür aus. Nun geht es nur um dich und um das, was aus der achtsamen Stille heraus geboren werden möchte.

- Gönne dir zunächst einige Zeit der stillen Meditation oder Kontemplation, so wie die Samen in der freien Natur nun ihre Zeit in Dunkelheit und Stille verbracht haben.
  Lege eine Hand auf dein Herz und die andere auf deinen Bauch. Bleibe eine Weile mit der Aufmerksamkeit bei deinem Atem und sei ganz bei dir. Lausche in dieser innigen Präsenz deinem Herzen und spüre in deinem Bauch die zarten Knospen des Neuen.

- Mach dir nun noch einmal bewusst, was du aussäen möchtest.
  Verbinde dich intensiv mit diesen inneren Samen. Öffne dich für das, was in dir wachsen und von dir geboren werden möchte.

- Nimm, wann immer du so weit bist, die Samen, die du stellvertretend für das Neue in dir gewählt hast, in deine Hände.
  Atme tief ein und puste voller Kraft alles das, was du in dir trägst, in diese Samen hinein. Wiederhole es noch zweimal.
  Dann pflanze die Samen mit all deiner Liebe und Achtsamkeit in die Erde/ in deinen Blumentopf.

- Stelle den Blumentopf gern hinaus in die Vollmondnacht und lass die Samen zunächst die volle Kraft des Mondes in sich aufnehmen – und am folgenden Tag auch die Kraft der Sonne. (Sollte es draußen noch zu kalt sein, ist auch ein Fensterbrett gut geeignet.)

- Halte auch du dein Gesicht in das Licht des Vollmondes und am nächsten Morgen in das Licht der aufgehenden Sonne.

Wenn du das Ritual noch etwas erweitern möchtest, kannst du zusätzlich einen „Flurumgang" praktizieren. Traditionell wurde mit diesen Flurumgängen um einen Segen für die Felder gebeten. In vielen Kulturen der Welt nutzte man dafür Statuen oder Heiligenbilder und umschritt gemeinschaftlich das Feld. In der vorchristlichen Zeit verwendete man Symbole der Erd-Göttinnen, wie Nerthus (möglicherweise Freyas Mutter), Wanengöttin Freyja, die germanische Fruchtbarkeitsgöttin Nehalennia, die keltische Muttergöttin Danu, Frühlingsgöttin Ostara, Sonnengöttin Sunna oder Liuba, der slawischen Göttin des Mondfeuers.[31]

Falls es dich zu einer oder mehreren dieser Gottheiten hinzieht oder du dich einer von ihnen seit Längerem verbunden fühlst, kannst du diese am Morgen nach deinem Pflanzritual um ihren Segen, ihre Kraft und Unterstützung bitten. Und wenn du magst, kannst du natürlich auch gern deine Samen die heiligen drei Male rituell umschreiten. Neben deinen Samen Bildnisse dieser Göttinnen, ihrer Insignien oder Symbole, die du damit verbindest, aufzustellen ist ebenfalls eine schöne segnende Geste und kann dein Ritual unterstützen.

Ob mit oder ohne Göttinnen-Unterstützung:
Ich wünsche dir und deinen Samen, dass sie aufgehen, keimen,
Wurzeln schlagen und immer weiterwachsen werden.
Auf dass alles, was du jetzt beginnst, auf nahrhafte, fruchtbare Erde fällt, sich
mit erwachenden Kräften verbindet und dein ganzes Sein wohl gedeihen lässt.
Genieße vertrauensvoll das Wachstum deiner Pflanze(n) –
und dein eigenes gleich mit.

---

[31] *Für die (Wieder-)Erweckung deiner wilden, leidenschaftlichen Lebenskraft kannst du natürlich auch eine archaische männliche Gottheit wie Freyr oder den Hirschgott Cernunnos wählen und dich und deine Samen von ihnen symbolisch aus dem Winterschlaf küssen lassen.*

April

Neumondritual   S. 113

*D*er Monat April hält eine Fülle von schier unbegrenzten Möglichkeiten bereit, die von ganz unterschiedlicher Qualität sind und sich manchmal sprunghaft vom einen ins andere wandeln, geradeso wie das Wetter sich hier oft an einem einzigen Tag kaum entscheiden kann, ob es düster verhangener Regen, strahlender warmer Sonnenschein, kalter Hagelschauer oder Nachtfrost sein soll. Während die Hasen über die Felder springen, können wir nun durch die Möglichkeiten unseres Lebens tanzen und dabei spielerisch leicht wie ein Kind bleiben. Zeitgleich liegt die Ermutigung zu großen Sprüngen in der Luft und öffnet sich in uns, genau wie die jungen Triebe hervorsprießen und Knospen sich entfalten.

Wachsender Mond, Knospenmond, Ostering und Ostermond[32] – diese alten Namen für den Mond im April künden von Entfaltung, Wachstum und sogar Wiederauferstehung, und das in einer Zeit, in der die Sonne im einen Moment wärmend lockt und geborgen hält, während im nächsten Moment Hagel herabdonnern kann. In Verbindung mit diesen Kräften können wir Hingabe an die Große Göttin in ihrer dreifaltigen Kraft kultivieren – das Werden (weiß), das Wachsen und Reifen (rot) und das Vergehen (schwarz).

Es ist ein Monat, der unser Vertrauen in uns selbst und den energetischen Prozess, in den Lauf der Natur, in die Schöpfung und auch in unsere eigene Schöpferkraft stärken kann. Das lateinische Wort *aperire* = „öffnen" ist Namensgeber für den April und weist auch darauf hin, dass sich nun Pflanzen, Tiere und das Bewusstsein sowie die Herzen der Menschen öffnen.

In und mit dieser vertrauensvollen Öffnung und Hingabe lässt sich eine ganzheitliche Basis schaffen, von der aus sich der große Sprung bzw. der weitere Weg befreiter gestaltet. Mögen die darauf liebevoll abgestimmten Ritual-Inspirationen und auch das Teilen meines persönlichen Erlebens dir hilfreich sein.

---

[32] *Unter Berücksichtigung vieler verschiedener Überlieferungen aus einigen germanischen wie slawischen Sprachen ergibt sich auch die Herleitungsmöglichkeit rund um das Verb* osen *für den Ostermonat (Eostremónath) und ginge so auf „schütten, schöpfen" zurück, was als uraltes heidnisches Brauchtum und spätere christliche Adaption eine Wasserweihe (oder Taufe) gedeutet wird. Fühle dich daher gern auch frei, dich einer Sache zu widmen bzw. sie zu weihen und mit dem Wasser symbolisch zu benetzen, wenn dies im folgenden Neumond-Ritual entstehen mag.*

NEUMOND
Verbinde dich mit der Großen Göttin

In dieser innovativen, kreativen, spielerischen und wegbereitenden Jahreszeit können wir uns dem Fluss des Lebens einmal mehr hingeben. Es ist auch eine Zeit, in der wir unsere (widerstreitenden/gegensätzlichen) inneren Stimmen und Seelenanteile in Einklang bringen können, um uns mit all unseren Facetten in dieser Welt zu bewegen.

Insbesondere zum Neumond lohnt sich der bewusste Blick auf die inneren Anteile der Großen Göttin, in denen die ewigen Zyklen letztlich personifiziert sind.[33] Dabei können wir im tiefen inneren Prozess bei Bedarf auch etwas Altes verabschieden, das auf unserem (spirituellen) Weg nicht (mehr) stimmig ist. Es gibt uns die Gelegenheit, tiefen Sehnsüchten, altem Schmerz und alten Wunden zu begegnen und uns vielleicht auch mit einer Art Weltschmerz auseinanderzusetzen. Du kannst für die Zeit des Rituals all das einmal da sein lassen und es dann verabschieden bzw. ineinander verweben, um das Beste aus allen Anteilen zu einem starken Band werden zu lassen. Dazu wendest du gleich mehrere uralte schamanische Methoden selbstwirksam an.

Nutze dieses Kraftritual zum Neumond, um mit deiner vollen Kraft aus allem, was dich ausmacht, beschwingt neu zu beginnen. Verbinde es bei Bedarf gern mit einem Kerzenritual, wenn du im Prozess direkt deine Wünsche zu den Spirits senden (oder ggf. auch Hinderliches oder Schweres loslassen) möchtest.

Materialien
Du benötigst lediglich einen Zettel, einen Stift, drei Baumwollfäden (sehr gern in Weiß, Rot und Schwarz), eine Kerze und Streichhölzer bzw. ein Feuerzeug und eine kleine Schüssel mit Wasser.

---

[33] *Möglicherweise ist sie für dich „namenlos" und einfach „die Große Göttin" oder du verbindest diesen Begriff direkt mit einer Göttin, mit der du schon lange vertraut bist. Nutze das, was für dich stimmig ist.*

RITUAL

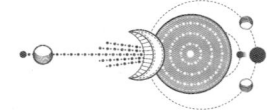

- Erschaffe dir bewusst und auf deine Weise einen heiligen Raum und stimme dich ein (zur Orientierung kannst du dafür die Hinweise im Kapitel „Grundsätzliches zur Ritualvorbereitung und Öffnung des heiligen Raumes" auf den Seiten 63 ff. nutzen).

- Lade nun die nährende Große Göttin ein. Wenn es für dich stimmig ist, hole gern auch den beschirmenden Vater Himmel/Sonne dazu bzw. lade Gott und Göttin als heiliges Paar ein.
  Entzünde bewusst eine Kerze für dich und diese Göttin und/oder diese Schöpfung aus der Vereinigung, in der du gemeinsam mit allen anderen Wesen lebst.

- Teile dein Papier in drei Teile (oder, wenn du gern und viel assoziierst, nutze einfach drei Blätter, um mehr Raum zu haben).
  Jeder Teil steht für einen Bereich der Großen Göttin, der dreifaltigen Kraft – einer für das Junge, Reine, Unschuldige in dir, dein inneres Kind, einer für das erwachte erwachsene Menschenkind in dir und einer für die alte Weisheit.
  Widme dich ganz bewusst jedem Anteil einzeln – der Jungfrau, der Mutter bzw. reifen, sinnlichen Frau und der alten Weisen. In dieser Weise wird die Große Göttin meist dreigeteilt (und die entsprechenden männlichen Anteile dazu sind Jüngling/Vater/weiser Alter).

- Beginne mit einem dieser Anteile, je nachdem welcher dich unmittelbar anzieht, und meditiere darüber, erspüre ihn, kontempliere dazu:
  Was bedeutet für dich dieser Anteil?
  Was davon ist in dir bereits lebendig und erfüllt dich?

Dann spüre diesen Fragen nach:
Wovon wünschst du dir mehr?
Was möchtest du einladen?
Schreibe deine Antworten auf den ersten Zettel.

- Fahre mit dem nächsten Anteil genauso fort und schreibe abschließend deinen Wunsch, deine Einladung auf den zweiten Zettel.
Und ergänze dies um die gleiche Kontemplation zum dritten Anteil und um deinen Wunsch dazu auf dem dritten Zettel.[34]

- Nimm dir nun einen Moment, um deinen (weißen) Faden gemeinsam mit dem Zettel zur Jungfrau zwischen deine beiden Handflächen zu nehmen und die Energie deiner Worte, Assoziationen und Wünsche in den Faden übergehen zu lassen. Fahre mit dem (roten) Faden und dem Zettel für die Mutter bzw. die reife, sinnliche Frau und mit dem (schwarzen) Faden für die weise Alte ebenso fort.

- Lege deine drei Fäden dann liebevoll zur Seite und widme dich zunächst den drei Zetteln. Dieses Mal wird das Feuer nicht dein auflösender Transformator sein, sondern deine Zettel und Wünsche sozusagen „gestaltwandeln", damit sie in Rauch aufgehen und zur Großen Göttin – oder wie auch immer du diese Kraft für dich bezeichnest – aufsteigen und gesehen, gerochen, erkannt werden.
Übergib also bewusst einen Zettel nach dem anderen der Kerze und lass ihn brennen, solange du ihn festhalten kannst, ohne dich zu verbrennen. Lass ihn dann in deine Wasserschale fallen und übergib damit deinen Wunsch gleichsam dem Wasser – dem Symbol des Fließenden, des Wandels und des Großen Wassers, aus dem wir alle kommen.

---

[34] *Sollte etwas sehr Schmerzhaftes dazu hochkommen, schreibe es auf die Rückseite des jeweiligen Anteils unter der Überschrift „Ich lasse dazu los", sodass du die Transformationskraft des Feuers ebenfalls nutzt.*

- Wenn es für dich stimmig ist, kannst du nun archaisch-schamanisch drei deiner Haare ins Ritual einweben.[35] Dafür kannst du sie, wie weiter unten beschrieben, mit deinen Fäden verflechten.

Doch zunächst etwas zum Hintergrund: Nach schamanischem Verständnis speichern sich in den Haaren unsere Erfahrungen und tragen damit in gewisser Weise unser Wesen in sich. Daher gibt es in Mythen und Märchen viele Hinweise zur Magie, die in den Haaren steckt. Schamaninnen, Heiler und Medizinleute nutzten bestimmte Felle zu gezielten Kraftanrufungen oder Kraftübertragungen und in manchen indigenen Kulturen gibt es bis heute viele Bräuche dazu, z. B. schneidet man sich die Haare gar nicht oder sie werden zu einschneidenden Anlässen komplett abgeschnitten. Vielleicht kennst du das auch selbst von dir in Zeiten großen inneren Wandels: Wir haben dann auch heute noch das tiefe Bedürfnis nach einem Haarschnitt oder einer Frisurveränderung. In dem Moment, in dem du deine Haare mit ins Ritual einwebst, verbindest du dich tiefer mit diesem Urwissen, das dir vielleicht nicht mehr bewusst, aber noch in dir lebendig ist. Es ist jedoch kein Muss, und das Ritual entfaltet auch ohne die Haare seine Kraft. Es ist mir nur wichtig, dir eine Fülle von Möglichkeiten zur Verfügung zu stellen, sodass du immer mehr erfahren und erkennen kannst, was ganz besonders wirksam für dich persönlich ist.

- Wenn du sie also für dein Ritual verwenden magst, kannst du nun jeweils eines deiner Haare einem der drei heiligen Anteile zuordnen und sie dazu wie bei einer Taufe in dein Ritualwasser tauchen. Durch die Einladung deines Feuers im vorigen Ritualschritt ist auch die volle Transformationskraft beteiligt.

- Verbinde schließlich die Haare mit den drei Fäden. Starte mit einem Knoten am oberen Ende und flechte dann alles ineinander. So verbindest du

---

[35] *Dazu einfach mit den Fingern durch die Haare fahren und schauen, welche sich von selbst lösen oder wie in einigen Märchen beschrieben: Zupfe dir drei Haare aus.*

all die Weisheit von Werden-Wachsen-Vergehen über die Fäden letztlich in dir, auf dass sich das jeweilige Zykluswissen dir stets im richtigen Moment offenbart.

- Ergänze dein Ritual gern frei mit was immer dir kommt – sei dies ein Gebet an die Große Göttin, die Urmutter, die Schamanen alter Zeit, all jene, die vor dir kamen, die jeweiligen Anteile oder sei es ein Lied, ein Segen ... Lass es kreativ und frei sein und mache so dein Fäden-Haare-Flechtwerk zu deinem ureigenen Kraftgegenstand, der über die Zeremonie, die Kraft des Neumonds und alles, was du hineingibst, genau zu dem werden wird, was dich unterstützt.
  Beende mit einem bewussten Knoten, der all das zusammenhält.

- Gehe jetzt hinaus in die Natur und spüre dabei nach, welcher Baum oder Busch dich besonders anzieht. (Vergiss nicht, zuvor deine Kerze zu löschen, sodass sie nicht unbeaufsichtigt weiterbrennt bzw. sorge für Sicherheit.)
  Binde dein Flechtwerk mit all deinen darin enthaltenen Wünschen und der dreifaltigen Kraft der Göttin an den Baum oder Busch (binde es sehr lose, damit der Zweig weiterwachsen kann) und überlasse nun alles vertrauensvoll dem Wind sowie dem Wachstum, das dieses Pflanzenwesen hinzugibt. Verbinde dich damit zugleich einmal mehr mit der Großen Göttin bzw. stärke deine Anbindung an sie und ihre zeitlose Weisheit aller Zyklen und Rhythmen.

- Bedanke dich bei dem Ort, dem Pflanzenwesen, der Großen Göttin (und allem, was du eingeladen hattest) – gern auch bei dir selbst für die Zeit, die du dir genommen hast – und beende dein Ritual auf deine Weise. Dein Ritualwasser kannst du zu Hause nun entweder noch einmal in der Dunkelnacht dieses Neumonds bescheinen lassen und am kommenden Tag der Natur übergeben, oder du nutzt dies direkt als abschließende Handlung deines Rituals.

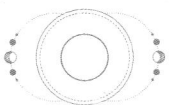

VOLLMOND
Raus aus dem Ahnengefängnis

Dieser Vollmond heißt im Volksmund auch „Hasenmond", und tatsächlich können wir im ganzen Monat die Hasen auf den Feldern beobachten, wie sie Haken schlagen, einander umwerben oder auch kämpfen und ihre Reviere abstecken. Die schamanische Kraft des Hasen wird meist als herzöffnend erlebt, und so können wir sowohl das, was wir in der Natur beobachten, als auch das Energetische in diesem Ritual naturspirituell einweben: Erobern wir unser Feld (zurück), halten wir es rein, befreien wir unser Herz und unsere Ahnenlinie und verbinden wir uns dann mit vollem Herzen neu.

Die Kräfte, die in uns und um uns herum wirken, können sich unterschiedlich stark ausdrücken und zu manchen Zeiten benötigt es etwas anderes, Neues und vielleicht Ungewohntes, um den Blick deutlich zu erweitern und Inspirationen zuzulassen.

Hingabe an den inneren Rhythmus
Dieses Buch richtet sich insbesondere an Frauen, die sich ihrem zyklischen Leben auch im Hinblick auf die sie umgebende Natur und Jahreszeit hingeben möchten und in der Zusammenarbeit, im Wirken mit den jeweiligen Kräften, tiefer in ihr ganz natürliches Frausein eintauchen wollen. Hierzu gehört auch ein achtsames Lauschen auf die Zeichen der Natur (innen wie außen), ausreichend Raum und Zeit dazu und ein Handeln aus dem, was empfangen wurde. Aus diesem erweiterten Bewusstsein entsteht eine Magie des Augenblicks, in der Lebensräume neu gestaltet werden und Lebenswege neue Wendungen nehmen.

Ich möchte dich ermutigen, deinen Eingebungen zu vertrauen, und wähle daher diesen Monat voller feuriger Pionier-Energie, um dir ein sehr persönliches Beispiel zu geben. Gleichzeitig findest du hierin mehrere kreative Varianten, die du in verschiedenen Situationen für dein eigenes Ritual verwenden kannst. Nimm diese gern auch als Inspiration, um jedes der Rituale dieses

Buches in einem ähnlichen Sinne umzuwandeln, denn du selbst bist eine wirkmächtige Schöpferin in deinem Leben.

Es ist der 8. April 2020. Um 4:35 Uhr, also in den frühen Morgenstunden, steht der Waage-Mond in Opposition zur Widder-Sonne. Noch dazu handelt es sich um einen ganz nahen „Supermond". Die Astrologin Luisa Carla Hartmann schreibt in ihrem Blogartikel dazu, dass es bei der Waage-Widder-Achse ganz stark um die Themen „Beziehung, Selbstliebe, Begegnung, Ich & Du" geht.[36]

Weiter lese ich darin: „Für mich sind folgende Fragen für uns alle relevant: Was und wie viel kannst du geben und schenken, wenn du nicht gut für dich selbst sorgst bzw. nicht in klarer Verbindung mit deinen Wünschen bist? Und: Wie frei sind wir wirklich von alten, limitierenden Vorstellungen, Glaubenssätzen und Ängsten?"

Als ich ein wenig weiterlese, bleibe ich an diesem Satz und den anschließenden Impulsfragen hängen: „… könnte uns im besten Sinne noch einmal darauf aufmerksam machen, wo wir uns selbst noch lähmen und aus Liebe und Loyalität (zu unseren Ahnen) in einem selbstgewählten Gefängnis aufhalten. Wo möchtest du alte Ketten sprengen, alten Beziehungsstrukturen vergeben oder freie Liebe ohne Bedingungen wählen? Was zeigt sich dir?"

Ich gehe nach draußen, schließe meine Augen, spüre tief in mich hinein. Dann bitte ich meine Ahnen, sich zu zeigen und die Glaubenssätze auszusprechen, die mich beeinflussen. Ich sehe Ahninnen und Ahnen vor mir, kann sie teils auch sofort zuordnen. Es folgen acht Sätze – ein paar darunter treffen mich bis ins Mark. Einige sind wie eine dumpfe Erinnerung, doch ein Satz war mir bisher unbewusst. Alle Sätze schreibe ich auf und daneben die Namen meiner Ahnen.

Dann rufe ich die Spirits herbei und bitte um ein Ritual, das mir helfen und mich befreien wird. Sie gestalten es gemeinsam mit den Ahnen … und innerhalb weniger Minuten steht mir die Struktur und der Ablauf des Rituals sowie seine einzelnen Bestandteile klar vor Augen.[37]

---

[36] Diesen Blogartikel sowie mehr Infos zu Luisa Carla Hartmann und ihrer wertvollen Arbeit findest du hier: https://inlovewiththestars.de/vollmond-in-waage-am-8-april-2020-um-435uhr/ (zuletzt abgerufen am 01. 12. 2021).

Und hier teile ich es von Herzen mit dir:

Ritual für die Befreiung aus dem Ahnengefängnis

Auch hier empfehle ich wieder ein achtsames Journaling. Es schafft einen klaren Geist und bildet einen fruchtbaren Boden, auf dem dein Ritual sich in voller Kraft entfalten kann. Nutze diese Impulsfragen dazu und erweitere sie gern um dein freies assoziatives Schreiben:

- Welche Glaubenssätze wirken in dir zum Thema Beziehung, Liebe, Selbstliebe?
- Wie empfindest du die Beziehung zwischen Frauen und Männern – für dich selbst und auch gesellschaftlich?
- Welche Sätze aus diesem Themenkomplex erinnerst du? Was haben deine Ahnen in diesem Kontext gesagt?
- Was davon beeinflusst dich sehr *(vielleicht sogar ohne dein bisheriges Wissen)*?
- Was möchtest du loslassen?
- Bist du bereit, das Gefängnis in ein unterstützendes Nest zu verwandeln?

Vorbereitung und Materialien

Bitte deine Ahnen und hilfreichen Spirits, dich zu leiten und zu begleiten. Lade sie ein, Teil deines heutigen Rituals zu sein. Begib dich dafür zunächst auf eine „Medizinwanderung" (weitere Erläuterungen dazu findest du auf den Seiten 44 ff.) und lass dich von den Gegenständen finden, die sich dir zeigen, um als Stellvertreter für Gefängnisstäbe, für dich selbst, für den Auflösungsprozess, für Halt und nährende Kraft, dein Erblühen und auch für all das zu stehen, was du selbst unterwegs als wichtig empfindest. Sorge dann für die Atmosphäre, die dich darin unterstützt: Dazu können Kerzen und Räucherwerk gehören, und auch ein bewusst ausgewählter Ort, der dir hierfür passend erscheint.

Schaffe dir einen ungestörten heiligen Raum: Handy (und wenn du zu Hause bist, auch Telefon und Klingel) aus. Nun geht es nur um dich und um das, was aus der achtsamen Stille heraus geboren werden mag.

---

[37] *Wenn dich die ausführlichere Ritualentstehung interessiert, findest du sie als Inspiration auf meinem Blog: www.jennie-appel.de/2020/04/08/vollmond-ritual-raus-aus-dem-ahnengefängnis/ (zuletzt abgerufen am 17. 12. 2021)*

DEIN TRANSFORMIERENDES RITUAL
RAUS AUS DEM GEFÄNGNIS

- Lass nun aus deinem gesammelten Material und in inniger Verbindung mit dir selbst und deiner inneren Stimme ein Ritual entstehen:

- Lege dafür an deinem besonderen Ort zuerst einen Gegenstand ab, der symbolisch für dich selbst steht. Darum herum wird sich alles entsprechend zuordnen.
  Es folgen die „Gefängnisstäbe" (d. h. der Gegenstand, den du dafür ausgewählt hast). Sie stehen für all das, was dich einengt und deinen Weg behindert, dein Wachstum hemmt und dein Leuchten dimmt. Hole dann die Gegenstände mit dazu, die für deinen Auflösungsprozess stehen. (In meinem Fall habe ich dafür Krähenfedern verwendet.) Du kannst dann für jeden Gefängnisstab einzeln oder für alle zusammen deinen „Auflösungsprozess" vollziehen. (Ich habe dafür den Krähengeist gebeten, mir zu helfen und je eine Krähenfeder auf einen Gefängnisstab gelegt.) Bitte die Aasfresser, alles fortzunehmen, zu essen und zu verdauen, was nun sterben darf und was dich nicht länger gefangen halten soll.
  Und verbinde dies gern mit einem Gebet bzw. Wunsch.

- Wenn du spürst, dass es so weit ist, dann sammle diese Stäbe wieder ein, mache einen Haufen daraus und verbrenne sie. (Du kannst dies auch als ein transformierendes Mini-Osterfeuer zelebrieren!) Achte auch hier wieder auf deine eigene Sicherheit und auch darauf, dass der Ritualort keinen Schaden nimmt.

- Lege dann deine Symbole für Halt, Stärke und nährende Kraft um dich herum. Sie stehen für dein „Nest" bzw. deinen sicheren Rahmen.

- Zuletzt folgen alle Symbole für dein volles Erblühen. Lass diese Gegenstände die Kraft der heutigen Sonne und der darauffolgenden Vollmondnacht genießen und schaue morgen wieder danach. Vielleicht hält dein

Naturbild dann noch eine Botschaft für dich bereit ... Du wirst erkennen, wie die Natur damit interagiert hat.

Wenn du zu deinem Ritualort zurückkehrst, bringe gern auch eine Dankesgabe mit und starte dann beseelt in deinen Tag.

Möge deine Intuition frei sein und zugleich tief in dir wurzeln.
Mögest du von der Gewissheit erfüllt sein, dass alle Weisheit in dir ist.
Mögest du dich von ihr in diesem besonderen Ritual führen lassen –
und dir dies auch in deinem ganzen Leben mehr und mehr erlauben.

Varianten für zu Hause

Die Umstände der Corona-Pandemie erforderten für einige einen Plan B in Form einer „Inhouse-Zeremonie", als ich das Ritual empfangen habe. Dies kann natürlich auch ohne Pandemie hilfreich sein, wenn du deine Zeremonie, aus welchen Gründen auch immer, zu Hause erleben magst. Lass dich auch hier gern inspirieren und übersetze die Vorschläge für dich so, dass du das Ritual in deinem Zuhause durchführen kannst. In unseren Schubladen haben wir meistens doch allerlei Nützliches und Passendes für einen solchen Zweck. Vielleicht ist es also an der Zeit für eine „Inhouse-Medizinwanderung" (weitere Erläuterungen dazu findest du auf den Seiten 44 ff.), die du ähnlich wie oben beschrieben machst, nur eben in deinem Zuhause.

Eine Möglichkeit, die sich gut für zu Hause eignet, ist die kreative Zeichen-Variante:

- Mache eine Skizze von dir selbst und male ein Bild deines Gefängnisses (ergänze evtl. bestimmte Schlagworte, die für dich die Situation zum Ausdruck bringen). – Sei dabei so frei wie möglich und folge deinem kreativen Mal-Flow. Lass so hervorsprudeln, was immer sich zeigen mag.

- Wenn du alles zu Papier gebracht und dein Bild fertig gemalt hast, dann sprich deinen Wunsch/ein Gebet/einen Segen aus und bitte um das, was dir nun wichtig ist und was transformiert werden soll. Bringe auch zum Ausdruck, was du dir stattdessen wünschst. Spüre eine Zeit lang nach.

- Male ein zweites Bild, in dessen Mitte du selbst bist. Schreibe um dich herum die verwandelten Ahnensätze. Bitte dann noch einmal deine Ahnen, sich dir einen nach dem anderen zu zeigen und sich in ein Symbol zu verwandeln. Erschaffe aus diesen Symbolen in deinem Bild einen nährenden heilsamen Kreis um dich herum. Falls es für dich stimmig ist, lass es ein Nest sein, in dem du geborgen bist, oder ein Rahmen, der deinem Weg Halt und Urvertrauen schenkt, oder was auch immer für dich richtig und wichtig ist.

- Lege dann das zweite Bild über das erste. Gib deinen beiden Kraftbildern die Zeit eines vollen Tages und einer Vollmondnacht. (Lege deine Bilder dazu am besten nach draußen, um Sonne und Mond auch in ihrer Strahlkraft miteinzubeziehen.)

- Bedanke dich am nächsten Tag in deinen Worten und auf deine ureigene Weise bei allen hilfreichen Spirits und deinen Ahnen. Verbrenne dann feierlich das Bild, das du transformiert hast. Das andere Bild bewahrst du dir auf – als Zeichen und Sinnbild deiner Unterstützung, die immer da ist, und für deine Befreiung, an der du selbst aktiv und bewusst mitgewirkt hast.

- Danke dir zum Abschluss selbst für das, was du für dich getan hast.

… und hier siehst du sozusagen die „Foto-Love-Story" zum Ritual, um die einzelnen Schritte ein wenig besser nachvollziehen zu können – mit Liebe für dich fotografiert und beschrieben!

Ich wünsche dir von Herzen ein kraftvolles rituelles Befreien, Zelebrieren und ein strahlendes Wiederauferstehen in dieser so besonderen Osterzeit bzw. dem sogenannten Ostermonat!

Vollmondritual

Mai

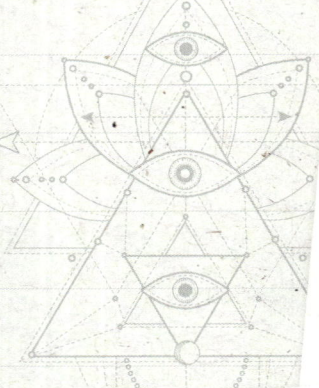

Neumondritual   S. 130

Vollmondritual   S. 136

*D*er Zweieinigkeitsmond oder Paarmond (im Englischen *dyad moon*) kündet verheißungsvoll von leidenschaftlicher Verschmelzung. Jedes Jahr zur heiligen Zeit des Mondfestes Beltane[38] (heutzutage wird da bezeichnenderweise der „Tag der Arbeit" gefeiert) gingen die Menschen auf die Felder und in die Wälder und machten sie fruchtbar – und zwar durch eine ganz besondere Form der „Feldarbeit", nämlich der sexuellen Vereinigung auf Mutter Erde. An diesem Tag galten Eheversprechen nicht und freie Liebe, Instinkte und Leidenschaft wurden in der Natur ungehemmt ausgelebt. Augenzwinkernd sei gesagt: Natürlich diente dies der Fruchtbarkeit und dem Überleben des ganzen Stammes. Ging aus einer solchen Verschmelzung zu Beltane ein Kind hervor, so galt dieses als besonders und heilig.

Die erste Nacht im Mai zeugt also bereits vom Wonnemonat bzw. Wunnemanot (u. a. vom althochdeutschen *wunnia* für „Lust, Freude")[39] mit ihrer feurigen, wilden, sinnlich-ungezügelten Energie und der ungestümen Freude an Lebendigkeit, Vereinigung und Wachstum. Fast alle kennen die Hexennacht/Walpurgisnacht, in der sich der Sage nach die wollüstigen Hexen auf dem Blocksberg treffen und hemmungslos Männer herbeirufen ...

Dieses sinnliche Freudenfest – in purer Freiheit und für die Fruchtbarkeit – ist über die Zeit eher zu etwas „Verruchtem" geworden und vieles vom Zauber ist verloren gegangen. Entsprechend können wir hier leider vieles nur noch aus dem Überlieferten rekonstruieren, und doch hat sich inzwischen durch die beständige Wiederholung ein neues Brauchtum etabliert. Wir können hier wieder ansetzen und mit ekstatischem Tanz, archaischen Trommelrhythmen, aphro-

---

[38] *Manche alten heidnischen Kalendersysteme nennen hier den fünften Neumond nach der Wintersonnenwende und andere den fünften Vollmond. Da Neues aus dem dunklen Schoß der Mutter Erde entsteht, habe ich für das Feuerritual den Neumond gewählt, der zumeist auch sehr nah am feurigen Frühlingsfest Beltane ist. Und dieses Fest ist wiederum heutzutage innig mit der Walpurgisnacht verschmolzen, die vom 30. April auf den 1. Mai gefeiert wird. So widmen wir uns in diesem Monat auf jeden Fall auch stark der Kraft der Fünf bzw. der Hexenkraft.*

[39] *Weitere bekannte Namen für den Monat Mai sind Liebesmonat, Blumenmond, Weidemond/Winnemond (da nun das Vieh auf die Weide gebracht wurde). Und in Schwaben nennt man ihn tatsächlich auch „Lustmonat".*

disierendem Räucherwerk und Ähnlichem die Transformationskraft und innere Wildnis spüren. Und dies lässt sich dazu nutzen, um Unfreiheiten aller Art und ggf. auch die Hexenwunde[40] abzuschütteln. Auch ein Freudenfeuer ist hier stimmig, das feurige Transformation bringt und dabei hilft, die Fesseln (der Gesellschaft oder des eigenen Inneren) zu sprengen, sich zu befreien und voll zu entfalten.

Dies ist ein Fest der Wertschätzung des eigenen Körpers und des Genusses, und auch die Wertschätzung an der gesamten Natur und unsere Freude an ihr können wir nun ausdrücken. Im Maienmonat kommt die rote Göttin zurück in die Natur, die verkörperte Lebenskraft und das pure sinnliche Sein in voller Pracht. Die Heilige Hochzeit von Gott und Göttin, das Symbol für Lust und Begehren in inniger Verbundenheit, sind ein uralter Ausdruck von Schöpferkraft. Und ganz irdisch und menschlich wird diese Lebenskraft mit Freude zelebriert, die alles aus sich hervorbringt und in die alles eines Tages wieder zurückfließt. Sexualität galt in diesem Zusammenhang also einst als ein heiliger Akt, in dem man sich mit den elementaren Lebenskräften und den Göttern verband.[41]

Die beiden folgenden Rituale in diesem „Mond (Monat) der Göttin", wie er im Volksmund auch lange Zeit hieß, zielen auf diese so zentralen Themen der sinnlich-freudvoll gelebten Weiblichkeit ab. Aus meiner jahrelangen Erfahrung mit der Ritualarbeit kann ich sagen, dass es sich auch tatsächlich wie ein ganzer

---

[40] *Kurz gesagt ist mit „Hexenwunde" das kollektive Trauma gemeint, das durch die Gräueltaten der Hexenverfolgung ausgelöst wurde; deren Schmerzen sind für viele Frauen auch heute noch spürbar. Im Rahmen dieses Buches würde es zu weit führen, darauf näher einzugehen. Für dieses wichtige Thema, zu dem es so viel zu wissen, zu sagen und zu transformieren gibt, habe ich die Rituale der Völvaschmiede entwickelt (erhältlich als kraftvolle Online-Erfahrungen im Sacred Web und von Hunderten von Frauen als zutiefst heilsam beschrieben). Mehr dazu findest du bei Interesse hier: www.sacred-web.de/voelvaschmiede. Für jetzt ist es absolut ausreichend zu fühlen, ob und was dieses Wort in dir auslöst, und im Verlauf des Rituals um Heilung für diese Wunde zu bitten.*

[41] *Noch heute zeugt in weiten Teilen Europas das Aufstellen des Maibaumes mitsamt den dazugehörigen Bräuchen voller sexueller/erotischer Symbolik davon. Auch hier verbinden sich Himmel (Phallus, Maibaum) und Erde (Kranz als Symbol für den Schoß der Göttin), um stellvertretend die Erde zu befruchten, auf dass neues Leben und Früchte (Erntesegen) entstehen.*

Monat für die Göttin bzw. für die Heilige Hochzeit (Vereinigung von Gott und Göttin) anfühlt. Es ist damit auch eine Vereinigung von Neumond und Vollmond, sodass eine recht lange „Beltane-Zeit" entsteht. Dieses traditionelle Frühlingsfest liegt zudem im Jahreskreis der (wie ich finde ebenfalls recht langen) Samhain-Zeit im Herbst gegenüber – und es heißt auch hier, dass die Schleier zwischen den Welten dann sehr dünn sind. Daher war es mir hier wichtig, dieses Jahreskreisfest etwas ausführlicher zu beschreiben, zumal auch eine tiefe und heilsame Transformationskraft im Hexenmonat liegt.

NEUMOND
Heiliger Feuersprung

Vorbereitung und Materialien

Stimme dich gern zunächst mit den folgenden Impulsfragen auf die momentane Zeitqualität ein. Das bringt möglicherweise bereits einiges in dir in Wallung:

- Was ist für dich Männlichkeit?
- Was ist für dich Weiblichkeit?
- Lebst du deine Weiblichkeit voll und ganz?
- Wenn nein: Welchen ersten Schritt könntest du heute in diese Richtung unternehmen?
- Welche unterschiedlichen Anteile in dir sehnen sich nach Verschmelzung?
- Kannst du genießen?
- Genießt du deine Sinnlichkeit – mit allen Sinnen?
- Wo(für) empfindest du Leidenschaft?
- Lebst du deine Lust frei aus?
- Fühlst du dich begehrenswert? Und begehrst auch du jemanden?
- Welche Art „Heilige Hochzeit" wäre für dich eine wahre Wonne?
- Wofür wärst du bereit, übers Feuer zu springen (durchs Feuer zu gehen)?

Du benötigst für dieses Ritual:

- fünf Kerzen oder Teelichter und Streichhölzer/Feuerzeug,
- je einen kleinen Zweig/Hölzer von neun verschiedenen Bäumen/Sträuchern[42],
- eine Feuerschale
- und einen für dich stimmigen Platz in der freien Natur.

ALLTAGSZAUBER-TIPP

Solltest du einen solchen Platz im Freien nicht finden oder in einem Jahr einmal keine Möglichkeit haben, das Ritual im Freien zu zelebrieren und ein Feuer zu entzünden, kannst du auch eine Version für zu Hause entwickeln. Dafür kannst du inmitten deiner fünf Kerzen Zettel mit den Namen der neun Hölzer oder Bilder der neun Bäume/Sträucher nutzen und darauf deine Assoziationen notieren. Diese kannst du dann im Ritual mittig platziert liegen lassen und zum Abschluss verbrennen (entweder in einem feuerfesten Gefäß oder, wie im April-Neumond-Ritual (siehe Seiten 112 ff.), glimmend in eine Schale mit Wasser fallen lassen). So schaffst du dir ein symbolisches Feuer aus neun Hölzern, um dir diese Qualitäten bewusst zu machen.

---

[42] *Die Neun ist eine besonders heilige Zahl, in der drei Mal die heilige Drei enthalten ist. Sie spielt seit sehr langer Zeit eine große Rolle in magischen Feuern zur Mai-Zeit.*
Für die Auswahl der verwendeten Hölzer gibt es aus unterschiedlichen Quellen ganz unterschiedliche Angaben, daher ermutige ich dich wie so oft in diesem Buch: Vertraue deiner Intuition!
Bekannt sind u. a. kunstvoll aufgeschichtete Holzstöße aus den Zweigen von Apfelbaum, Birnenbaum, Pflaumenbaum, Buche, Wacholder, Eibe, Hasel, Fichte und Weide. Auch magische Zusammenstellungen aus Hölzern in Verbindung mit deren Bedeutung (die ebenfalls variiert) sind bekannt: z. B. Birke für Weiblichkeit und Fruchtbarkeit, Eiche für Männlichkeit und Lebenskraft, Eberesche für das Leben, Weide für den Tod/Ende eines Zyklus, Weißdorn für Reinigung, Hasel für Weisheit und Zauberkraft, Apfel für die Liebe, Tanne für die Ewigkeit des zyklischen Prinzips bzw. Wiedergeburt/Unsterblichkeit, wilder Wein für Ekstase und Freude.
Möge dich dies inspirieren, selbst intuitiv auszuwählen und deine eigenen Assoziationen zu den gewählten Hölzern festzuhalten. Vielleicht werden sie sich von Jahr zu Jahr wandeln.

Das „gute Feuer"

Stimme dich gern auf die Energien des Männlichen ein, mit dem vor-keltischen Gott Bel, der sich auch im Wort „Beltane" wiederfindet. Er symbolisiert das Helle, Leuchtende, Strahlende in uns allen und weist auf unsere Tatkraft und freudvolles Handeln.

Stimme dich ein auf die Energien des Weiblichen, auf die Energie der Großen Göttin in all ihren Facetten, insbesondere ihrer roten Kraft. Sie verbindet mit dem Tragenden, Nährenden, Gebenden und Empfangenden in uns, mit unserer Hingabe und inniger genießender Sinnlichkeit. Stimme dich ein auf die Heilige Hochzeit beider Kräfte – auf schöpferische Kreativität und bunte Fülle!

Das „gute Feuer" (Beltane oder Beltaine in etwa wörtlich übersetzt) zu entzünden wird diese Kräfte und noch so viel mehr erwecken – und damit kann dies auch in dir selbst neu entzündet werden.

Du kannst dieses Ritual auch dazu nutzen, um der Hexenwunde in dir heilsam zu begegnen und all den schmerzvollen, Schaden bringenden Feuern ein durch und durch gutes Feuer entgegenzusetzen und dadurch letztlich auch deine volle Feuerkraft „zurückzuerobern".

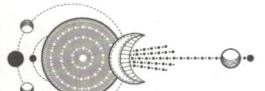

DEINE FEUERZEREMONIE

Neumondritual

- Erschaffe dir am gewählten Ort (in der Natur oder zu Hause) bewusst und auf deine Weise einen heiligen Raum und stimme dich ein.

- Lade „Gott und Göttin" (in der Form, wie es für dich stimmig ist), das Männliche und das Weibliche sowie die Kraft des dunklen Mondes zu dir ein.

- Setze die Intention, dich und deine Hexenwunden zu reinigen, deine pure Weiblichkeit zu leben und deine Urkraft voll anzunehmen.

---

[43] *Damit ist gemeint, dass du gern auch ein Feuer mit Birken- oder Eichenholz machen kannst (was immer du verfügbar hast) und dies um die weiteren acht kleineren Hölzchen ergänzt, die gern auch kleine Zweige sein können. Es geht vor allem um die Qualität der heiligen Neun.*

- Entzünde bewusst mit dieser Intention die fünf Kerzen/ Teelichter für dich und für diese Zeremonie und stelle sie in Form eines Pentagramms auf.

- Rufe auch alle weiteren dir wichtigen hilfreichen Kräfte (Elemente, Ahnen, Spirits, Krafttiere, Geistführer, Göttinnen und Götter usw.) hinzu und bitte sie, dich in deinem Anliegen zu unterstützen.

- Entzünde dann ganz in deiner Nähe ein rituelles Feuer, das du mit großen Steinen ringsum absicherst. Verwende dafür entweder deine bereits sorgfältig aufgeschichteten neun Hölzer oder Basis-Holz[43], in das du dann nach und nach deine neun Zweige der verschiedenen Bäume hineingibst. Mit jedem einzelnen davon nährst du das Feuer, und du kannst gern auch gleichzeitig aussprechen, wofür das jeweilige Holz steht.
  Falls du diese Zeremonie zu Hause durchführst, legst du stattdessen nun deine vorbereiteten Bilder mit den Hölzern rituell in der Mitte des Kerzen-Pentagramms ab.

- Falls dir aus deiner Einstimmung einige Worte zum Gedenken an all die Frauen (und auch Männer) kommen, die ihr Leben im Feuer ließen, gib dem auf deine Weise Ausdruck.

- Nimm dir nun Raum, um aus deiner Vorbereitung mit den Impulsfragen deine Wünsche klar zu benennen. Was wünschst du dir für deine Weiblichkeit, (Lebens-)Lust, Freude, Sinnlichkeit, Ekstase?
  Sprich deine Wünsche aus und berichte so dem Feuer, den neun Hölzern und all den von dir eingeladenen Spirits davon.
  Bitte darum, dass diese Wünsche sich erfüllen mögen, wenn sie zu deinem höchsten Wohle (und im Einklang mit dem Wohle aller Wesen) sind.
  Mach dir bewusst, dass diese Erfüllung es dir wert ist, dafür „übers Feuer zu springen".

- Singe nun, tanze ums Feuer herum, lache, springe, um diese Lebensfreude zu feiern. (Zu Hause ist dieses Feuer dein Pentagramm aus Kerzen – in der freien Natur zunächst ebenso, als erster Schritt neben dem Lagerfeuer.) Wenn du spürst, dass du bereit bist, dann springe in voller Wonne übers Feuer.

Wichtiger Hinweis: Wenn du in der freien Natur über dein Lagerfeuer springst, dann achte dabei bitte unbedingt gut auf dich, da z. B. lange Röcke (vor allem solche mit Polyesteranteil) leicht Feuer fangen können. Wenn möglich, dann spring „sicherheitshalber" einfach nackt.

Tanze und singe ausgelassen, wild und frei, solange es dir Freude bereitet.

- Beende deine Zeremonie auf deine Weise, z. B. indem du den hilfreichen Spirits, Elementen etc. dankst.
Danke auch dir selbst dafür, dass du deine Bereitschaft gezeigt hast, für dich und deine Leidenschaften durchs Feuer zu gehen.
Puste mit dieser Gewissheit lächelnd deine fünf Kerzen aus und schließe deinen heiligen Raum.

Ich gehe davon aus, dass dir dies absolut klar ist, und doch erwähne es der Vollständigkeit halber noch: Lösche achtsam dein Feuer! Wenn du die Zeremonie in der freien Natur gefeiert hast, dann schütte sicherheitshalber Wasser auf die Feuerstelle und verlasse den Ort mit der Gewissheit, dass dort absolut nichts mehr glimmt und glüht.

Nachbereitung

Halte deine Gefühle und Gedanken zu dieser Zeremonie und deine Erlebnisse währenddessen in deinem Tagebuch fest. Dazu gehören auch deine Assoziationen zu den neun Hölzern und was dir zu den Impulsfragen gekommen ist. Nach dem Feuersprung haben Menschen nachts häufig noch Träume, die damit zusammenhängen, sei es, dass da etwas aus dem eigenen Unbewussten aufsteigt oder mit kollektiven oder generationsübergreifenden Themen zu tun hat. Es kann da einiges fühlbar werden, während du das Feuerritual vorbereitest, zelebrierst und nachbereitest. Sorge daher gut für dich und nutze diese sinnliche Zeit auch für Selbstfürsorge-Rituale, die dir guttun und sich für dich bewährt haben. Bade dich in Selbstliebe, insbesondere nach diesem Ritual.

Mögest du dich frei, wild und wunderbar fühlen können
und allem Ausdruck verleihen, was in dir schlummert.
Möge auch deine Sexualität und Lust frei sein und dir pure Erfüllung schenken.
Mögest du deine schöpferische Weiblichkeit und die Heiligkeit allen Lebens feiern.
Mögest du Verbundenheit und Freude atmen.

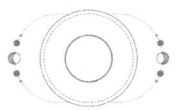

VOLLMOND
Ritual für dein Strahlen

Ein Vollmond beleuchtet oft auch die hintersten, dunkelsten Ecken. Er bringt gefühlvoll Licht dorthin, all das zu zentrieren bzw. auszubalancieren, was wir vorfinden. Das heißt, auch Schatten dürfen umarmt werden und alte Verstrickungen dürfen sich ebenso lösen wie Verbindungen, die uns nicht guttun. So kann die Beziehung zu uns selbst und auch zu anderen Heilung finden.

Und all dies geschieht zur Zeit dieses Vollmonds im Monat Mai im Zeichen der Gefühle, der Venus und des Verlangens.

Vorbereitung und Materialien

Mit den folgenden klärenden Impulsfragen kannst du dich einstimmen:

- Welches Verlangen hast du? Ist dieses Verlangen eher sinnlich oder materiell?
- Welche Werte hast du?
- Welchen Stellenwert räumst du dir selbst ein?
- Welchen Wert hat deine Arbeit für dich?
- Wo bist du frei? Wo kannst du fließen?
- Wo hältst du fest?
- Wo darf sich etwas lösen?
- Wo braucht es gar keine Kontrolle (mehr), sondern Hingabe?
- Wo zeigst du strahlend „Gesicht" und wo versteckst du dich noch?

Dies ist nun eine wunderbare Zeit, um für mehr Freiheit und Gleichgewicht zu sorgen, innen wie außen. Nimm dir also genau das, was es für dich persönlich braucht. Und vielleicht passt ja dieses schamanisch inspirierte Ritual für dich, um dein Licht mehr zum Leuchten zu bringen.

In uns selbst ist bereits alles da. Manchmal liegen allerdings noch Schichten darauf oder etwas ist durch Erlebnisse, Verletzungen und Ängste oder andere innere Blockaden verborgen. Dann lohnt es sich, die Sinne zu klären und sich mit der Kraft der Elemente zu verbinden.

Diese Zutaten benötigst du für die „Sweet Home"-Vollmondzeremonie:
- eine Kerze und Streichhölzer/Feuerzeug,
- einen kleinen (Hand-)Spiegel,
- eine kleine Schüssel mit Wasser[44],
- eine kleine Schüssel Erde (oder du führst das Ritual direkt draußen in der Natur mit der dort vorhandenen Erde durch. Und wenn dein Ort nah am Wasser liegt, brauchst du auch dieses nicht extra mitzubringen).
- Räucherwerk und Feder nach Belieben.

Die folgende Anleitung ist zwar recht lang, aber da die Elemente jeweils recht „baugleich" einbezogen werden, wirst du dir alles leicht merken und relativ einfach frei durchführen können. Viel Freude dabei!

---

[44] Nach alter Tradition eignen sich hier auch morgenfrische Frauenmantel-Blätter bzw. die von ihnen gesammelten Tropfen ganz wunderbar.

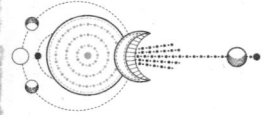

KLÄRUNGSRITUAL
FÜR DEIN STRAHLEN

- Erschaffe dir (am gewählten Ort in freier Natur oder zu Hause) bewusst und auf deine Weise einen heiligen Raum und stimme dich ein.

- Lade Balance, Freiheit und die volle Kraft des Mondes zu dir ein. Entzünde dann bewusst eine Kerze für dich und diesen Vollmond.

- Setze die Intention, deine Sinne zu reinigen, deine Schatten zu umarmen und sowohl diese als auch deine ureigene Kraft voll anzunehmen.

- Rufe alle hilfreichen Kräfte hinzu, die dir nun wichtig sind (Elemente, Ahnen, Spirits, Krafttiere, Geistführer, Göttinnen und Götter, wie z. B. Freyr, Freyja und im Besonderen Venus) und dich in deinem Anliegen unterstützen können.

- Nimm deinen Spiegel zur Hand und schau dich darin an. Nimm liebevoll wahr, was du siehst, außen wie innen ... blicke dich ganz und gar an, sieh dir tief in die Augen.

- Wenn dir schon in den letzten Tagen kurz vor diesem Vollmond einige Themen klar geworden sind, die du gern lösen möchtest, beziehe diese gern mit ein. Du kannst dafür zu dir sprechen: „Ich reinige meine Augen von dem, was sie gesehen haben, meine Ohren von dem, was sie gehört haben, und meinen Mund von dem, was er gesprochen hat. Ich bringe meine Wangen wieder zum Glühen für das Feuer, das in meinem Herzen brennt, und lasse dieses auch durch meine Augen leuchten. Ich erfrische meine Sinne, belebe sie neu und lasse alles wieder frei fließen. Ich bringe meine Visionen auf die Erde." (Dies ist ein Beispiel als Vorschlag für dich. Worte, die deine Kehle verlassen, haben stets große Kraft. Lass also gern alles aus deiner Tiefe aufsteigen und finde gern auch deine eigenen Worte dafür.)

- Bringe dann die Energie aller Elemente, also die Kraft des Feuers, der Luft, des Wassers und der Erde, zu deinen Sinnen und zu deinem Gesicht. Gerne kannst du in aller Stille jedes Element verbinden oder dazu jeweils auch ganz intuitiv deine Bitte äußern, dein Gebet sprechen bzw. deine Anrufung erklingen lassen.

Beginne mit dem Feuer, das du bereits rituell entzündet hast. Führe deine Hände achtsam dreimal ganz bewusst durch die Flamme (und pass natürlich dabei auf, dich nicht zu verbrennen; auch hier ist die Balance bzw. ein gutes Maß gefragt. Wenn du die Hände das erste Mal durch die Flamme geführt hast, dann bringe deine Hände zu deinen Augen. Lege sie ganz bewusst auf. Führe die Hände erneut durch die Flamme und bringe sie zu deinen Ohren. Lege sie auch da auf. Führe sie ein drittes Mal durch die Flammen und lege die Hände auf deinen Mund. Führe sie zum Abschluss erneut durch die Flammen und dann einmal über dein ganzes Gesicht, vom Haaransatz über die Stirn, hinab zum Hals, zur Kehle und bis zu den Schlüsselbeinen. Stell dir vor, du würdest eine Schicht abnehmen (eine Maske vielleicht), die du nun nicht mehr länger benötigst. Dazu passen z. B. folgende Worte, die du sprechen kannst: „Kräfte des Feuers, transformiert das, was ich gesehen, gehört oder gesagt habe, was mir und anderen Schmerz gebracht hat und nicht länger dienlich ist. Bringt mir dafür die Wärme und das Leuchten zurück. Danke."

- Fahre mit dem Element Luft fort. Hierzu kannst du ganz nach Belieben Räucherwerk und Feder nutzen (und hast damit eine schöne Brücke vom Feuer über die Erde zur Luft). Du kannst jedoch auch die Luft nutzen, die dich umgibt. Und du kannst ebenfalls deinen Lebensatem nutzen – als die Luft, die bereits durch dich hindurchgegangen ist und somit deine Energie trägt.

Variante 1: Fächere einmal über dein gesamtes Gesicht hinweg in alle Richtungen, rund um deinen Kopf herum und lass dich davon führen, wie

Räucherwerk und Feder hier zum Einsatz kommen wollen.

Variante 2: Führe deine Hände schwungvoll durch die Luft, als würden sie hindurchtauchen oder Luft sammeln, führe sie dann wieder zu deinen Augen und bringe so bewusst die Energie der Luft zu deinen Augen. Wiederhole diese Bewegung und führe die Hände zu deinen Ohren, und mache es dann genauso für deinen Mund. Führe zum Abschluss die Hände erneut durch die Luft und auch hier wieder einmal über dein gesamtes Gesicht, die Kehle hinab bis zu den Schlüsselbeinen.

Variante 3: Atme tief ein und ganz bewusst auf die Hände aus. Segne deine Hände mit deinem Lebensatem, mit der Luft, die kraftvoll durch dich hindurchgegangen ist. Berühre dann sanft deine Augen mit Lebensatem. Wiederhole dies mit den Ohren, dem Mund und zum Abschluss mit deinem ganzen Gesicht.

Passende Worte könnten für alle drei Varianten folgende sein: „Kräfte der Luft, nehmt alles das mit euch, was ich dem Wind anvertrauen darf, und bringt frische Klarheit in meine Sicht, meine Ohren und meine Rede. Danke."

Vollmondritual

- Geh dann noch näher ans Wasser heran (wenn du in der Natur bist) oder nutze deine Schale mit Wasser dazu und tauche nun rituell deine Hände ins Wasser. Benetze damit sanft deine Augen, deine Ohren, deinen Mund. Zum Abschluss fahre einmal sanft mit den Händen über dein ganzes Gesicht und die Kehle entlang hinab zu den Schlüsselbeinen. Die dritte Schicht oder Maske darf nun gehen. Wenn du magst, versprenkle es auf deine Mitte (den Bauchraum und dein Becken), deinen Herzraum, dein Kronenchakra (den Scheitel). Lass dich dabei intuitiv führen, wo die Kraft des Wassers benötigt wird.

  Sprich dazu gerne die folgenden Worte oder lass dich von ihnen zu eigenen Worten inspirieren: ‚Kräfte des Wassers, reinigt mich von all dem, was ich aufgenommen/angesammelt habe, und nehmt meine Tränen mit euch. Schenkt mir Beweglichkeit, Hingabe und die Weisheit des sorglosen Fließens. Danke.“

- „Tauche“ nun rituell deine Hände in die Erde, d. h., nimm etwas Erde in die Hand und reibe die andere Hand kurz darüber oder „grabe“ sie innig in die Erde (wenn du in der Natur bist) und fahre mit deinen erdigen Händen einmal über deinen Nacken. Löse so alles, was dir (vielleicht schon lange) im Nacken sitzt. Wiederhole dies und fahre über deine Kehle, um dort Blockaden zu lösen und deine Talente, deine Visionen und deine Kreativität zur Welt zu bringen. Und wenn es stimmig ist, so nimm mit deinen erdigen Händen auch eine weitere Schicht von deinem ganzen Gesicht.

  Folgende Worte passen zu diesem Schritt des Rituals: „Kräfte der Erde, schenkt mir innere Festigkeit, Sicherheit und die Weisheit des Wandelns, Werdens und Vergehens. Helft mir, voller Selbstsicherheit meine Visionen ins Leben zu bringen. Danke.“

- Und nun kommt zu all diesen heiligen elementaren Kräften ein weiteres wichtiges Element hinzu: Du selbst bist es und du stehst für das fünfte Element –Spirit. Beschenke dich auf deine ureigene Weise mit dir selbst und kleide deine Absicht, deine Wünsche in Worte, die du aus deinem Herzen fließen lässt.

Hier ein Beispiel: „Mit den Kräften meines Spirits erfülle ich meine Augen – auf dass sie niemals aufhören zu leuchten, meine Ohren – auf dass sie dem Wunder der Welt lauschen, meinen Mund – auf dass er stets meine Werte ausspricht, und ich segne mein Gesicht mit x, x und x (was immer dir zu dir selbst an Worten kommt: Klarheit, Schönheit, Aufrichtigkeit, …) und bin mir gewiss, dass ich trotz meiner Schattenseiten niemals mein Gesicht verlieren kann. Denn es ist alles in mir. Danke."

Insgesamt gehören zu diesem Ritual also fünf rituelle Segnungen. Oder man könnte auch sagen, du hast durch fünf heilige Elemente deine Sinne „getauft", und in gewisser Weise natürlich immer auch durch Himmel und Erde und all die hilfreichen Wesen, die dich dabei unterstützen.

- Wenn du magst, nimm dich (und all deine Schatten) nun innig in den Arm, halte dich und sei einfach mit dir selbst verbunden.
  Nimm dann noch einmal deinen Spiegel zur Hand und sieh dich an. Nimm erneut liebevoll wahr, was du siehst, außen wie innen … blicke dich ganz und gar an, sieh dir tief in die Augen.
  Was hat sich ggf. verändert? Siehst du eine Veränderung an deinem Aussehen, in deinem Gefühl für dich selbst?

- Halte zum Abschluss deine Gefühle, Gedanken und deine Erlebnisse während dieser heiligen Handlungen in Stichworten oder Skizzen in deinem Tagebuch fest. Vermutlich sind dir einige Dinge aufgefallen, während du dies zelebriert hast, und es mag einiges ans Tageslicht gekommen und fühlbar geworden sein.
  Beende deine Zeremonie auf deine Weise, vielleicht kommt dir dafür noch ein Lied, ein Segen oder Gebet in den Sinn. Danke den hilfreichen Spirits, den Elementen und allem, was dich dabei unterstützt hat. Danke auch dir selbst dafür, all dies getan zu haben (und natürlich gern auch für alles, was hierbei dann spontan aus dir herausfließt).
  Schließe dann deinen heiligen Raum.

Ich wünsche dir, dass diese beiden Rituale zu einer innigen Beltane-Zeit und heilsamen Verbundenheit für dich beitragen konnten – Verbundenheit von dir und dem Dunkelmond mit gutem Feuer, von dir und dem Vollmond mit allen Elementen und Emotionen.

Mögest du die freie Frau sein, die du immer warst.
Mögest du das Land, auf dem du gehst, mit deiner Schönheit segnen.
Mögest du leidenschaftlich für das gehen, was dir am Herzen liegt, und dich selbst in allen Lebensphasen mit Liebe betrachten.

Juni

Neumondritual   S. 148

Vollmondritual   S. 155

*D*er Juni verzaubert alle Wesen mit der Süße des Lebens. Überall erblühen Blumen und Blüten, die Bienen fliegen eifrig umher und sammeln für den Honig. Der Vollmond im Juni trägt dementsprechend auch den Namen „Honigmond". Während erste Früchte reifen und viele Heilkräuter gerade nur so vor Wirkkraft strotzen, entfaltet sich der Sommer. Insbesondere in der Mittsommerzeit um den 20. bis 24. Juni sind eine ganze Reihe an Bräuchen rund um die Kräuter bekannt.[45] In diesem Linding, Rosenmond oder Liebesmond fanden auch allerlei Orakel mit Blüten und Kräutern statt.

Auch „Brachmond" oder „Brachet" sind Namen für den Juni, die daran erinnern, dass in der Dreifelderwirtschaft nun das Brachfeld beackert wurde. Die alten Bezeichnungen „Sommermond" und „Sonnenmonat" weisen hingegen klar auf die Sonne, den Sommer, auf Licht und Helligkeit (auch Trockenheit) hin. Genau wie die Natur im Außen können wir in dieser Zeit in unserem Inneren wachsen und uns mehr und mehr zum Licht hin ausrichten – und dazu auch alles zu uns nehmen, was bisher brachgelegen hat. Dazu bekommen auch die Bewusstseinsrituale in der Natur eine gewisse spielerische Leichtigkeit, denn dadurch, dass es gerade so hell wie sonst nie im Jahreslauf ist und die Sonne mit ihrer großen Strahlkraft absolut alle (dunklen) Ecken beleuchtet, ist es gerade die beste Zeit, allem (auch der Schwere im Leben) mit Leichtigkeit und tänzerischer Hingabe zu begegnen.

---

[45] *Kräuter spielen auch im August eine große Rolle, insbesondere zum sogenannten Frauendreißiger. Dies ist der Zeitraum vom 15. August bis etwa 8. September, der Hauptsammelzeit für Wurzeln und Kräuter. Daher kannst du das Kräuterritual gern auch im August für dich durchführen, wenn es sich da stimmiger anfühlt – oder zu beiden Zeiten im Jahreskreis. Aus meiner Erfahrung fühlen sich das Räucherwerk und auch die gebundenen Kränze aus diesen beiden Zeiten jeweils ganz unterschiedlich an. Probiere es gern für dich selbst aus.*

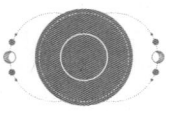

NEUMOND
Tanze die Spirale des Lebens

Vorbereitung und Materialien

Das achtsame Journaling dazu, was in dir zu den Themen dieses Monats auftaucht, kannst du gern bei dir zu Hause machen. Bringe da in aller Ruhe zu Papier, was dich gerade umtreibt. Für die beiden folgenden Rituale bitte ich dich jedoch nach draußen, um ganz viel Sonne als Wachstumsenergie zu tanken und dich mit der süßen, summenden, bunten Natur tief verbunden zu fühlen.

Nutze gern wieder die folgenden Impulsfragen:
- Was erfreut dein Herz? Was bringt dich zum Lachen?
- Wo stellst du dein Licht noch unter den Scheffel? Und wo kannst du den Scheffel über deinem Licht getrost wegnehmen?
- Wo bzw. bei wem kannst du ganz und gar du selbst sein?
- Was in deinem Leben steht dem entspannten Sein, Genießen, Leichtigkeit und Lachen im Wege?
- Wo wünschst du dir mehr Buntheit oder „Süße des Lebens"?
- Wann bist du frei und entfaltest dich wie ein Schmetterling?
- Was könnte dein erster (gern auch winziger) Schritt in diese Richtung sein?
- Was lässt dich jederzeit Licht, Wärme und Geborgenheit spüren?

Was wir in dieser Zeit des Sonnwendmonats erkennen, während die Welt süß duftet und wir Leichtigkeit atmen, können wir umso entspannter in die Monate nach dem „Wendert" (ein weiterer Name für den Juni) einbringen. Zum Wenden und spielerischen Ent-Wirren dient auch dieses Neumond-Ritual, damit du voller Freude ins Strahlende hineintanzen kannst.

„Ziele nach dem Mond. Selbst wenn du ihn verfehlst,
wirst du zwischen den Sternen landen."

FRIEDRICH NIETZSCHE

Du benötigst für das Ritual eigentlich keine besonderen Materialien, „nur"
dich selbst und einen für dich passenden Ort in der Natur, an dem du ungestört
viel Platz zur Verfügung hast (und ggf. etwas, um Musik abzuspielen, wie dein
Smartphone oder einen anderen MP3-Player mit Box).

Schön sind aber natürlich wie immer auch ein paar biologisch abbaubare
Gaben für den Ritualort, die du im Anschluss als Dank zurücklassen kannst.

))) ALLTAGSZAUBER-TIPP)))

Wenn du dein Ritual intensivieren möchtest und viel Zeit zur Verfügung hast (oder du das Ritual auch – passend zur Zeitqualität – gesellig mit anderen gemeinsam erleben magst), so empfehle ich dir,
eine richtig große Spirale aus Steinen zu legen. Dies ist besonders
schön an einem Ort, an dem du die Steine liegen lassen darfst und die
Spirale nach und nach durch wiederkehrendes Zelebrieren zu einem
ganz eigenen Kraftort für deine Weiblichkeit wird.

Ihr könnt den ganzen Tag gemeinsam – oder du allein in inniger Verbindung mit allen dich umgebenden Wesen – draußen verbringen und
zunächst auf euren Medizingängen (siehe dazu die Anleitung auf S. 47 f.
im Kapitel „Immerwährendes Naturritual – die Medizinwanderung")
mittelgroße Steine suchen. Sie alle werden an eurem Ritualplatz zusammengetragen und schließlich für das Ritual zu einer Spirale aus-
gelegt, in der man problemlos gehen kann (also ausreichend Platz
zwischen den Spiralstein-Kurven besteht). Baue auch gern ein Tor für
den Eintritt in und den Austritt aus dieser Spirale, indem du z. B. zwei
längere Stöcke suchst und etwas schräg geneigt in die Erde steckst,
sodass sie sich oben berühren. Die Stöcke dürfen gern lang genug
sein, damit du dann noch zwischen den beiden Stöcken hindurch in

deine Spirale hineingehen oder zumindest hindurchkrabbeln kannst (Letzteres erinnert vielleicht ein wenig an eine Schwitzhütte und die damit verbundene Neugeburtsstimmung). So erschaffst du dir einen sinnbildlichen Übergang und vertiefst dein Erleben.

Es kann zudem ein Sonnenaltar in Wertschätzung an die Kraft der Sonne am Ritualplatz gelegt werden. Auch Blumenkränze und Blumenkronen zu wickeln oder aus blühenden Pflanzen Gürtel zu flechten, um die Fruchtbarkeit in sich zu mehren, können wunderbare Ergänzungen sein und hier spielerisch zu einem Teil des Ritualtages werden.

Jetzt ist genau die richtige Zeit, um dich auf die heiligen Rhythmen der Natur auszurichten, genau wie alle anderen Wesen in deinem strahlendsten Seelenkleid zu tanzen und das einzigartige Lied deiner Seele zu singen – und all diese Energie für dein Wirken in der Welt zur Verfügung zu haben.

Falls sich doch eine gewisse Schwere, Müdigkeit, vielleicht Verwirrung oder Schatten bei dir bemerkbar machen, kannst du all das nun im wahrsten Sinne „wenden" und damit wieder ganz bei dir ankommen.

> *„Die trommelnde Priesterin war die Vermittlerin zwischen göttlicher und menschlicher Sphäre. Indem sie sich an heiligen Rhythmen orientierte, fungierte sie als Beschwörerin und Wandlerin, die göttliche Energie anrief und sie an die Gemeinschaft weitergab."*[46] — LAYNE REDMOND

Du kannst zu einer Mondpriesterin für dich selbst werden, die alle wesentlichen Rhythmen und Zyklen wieder voll in ihr Leben integriert, und zugleich zu einer Sonnenpriesterin für dein lebendiges Wachstum. Tanze dich in die Sphären der heiligen Rhythmen hinein und lass dabei alles Schwere oder Neblige los, um in die zweite Jahreshälfte unbelastet einzutauchen. Tanze zugleich

---

[46] *L. Redmond ist Autorin des Buches „When the Drummers Were Women: A Spiritual History of Rhythm" (Three River Press 1997); Übersetzung des Zitats von der Autorin.*

den Sommer in diese nun wieder dunkler werdende Zeit hinüber, auf dass er dir innerlich mit all seiner Kraft und Leichtigkeit noch lange zur Verfügung steht. Auch wenn in unseren Breiten oftmals noch zwei oder gar drei sommerliche Monate folgen, können wir in diesem Monat den „Samen" des Sommers am besten säen, sie dann über die folgenden Monate in uns aufgehen und noch lange nach Ende des Sommers in unseren Herzen erblühen lassen.

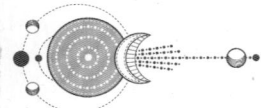

DEIN TANZRITUAL
DURCH DIE SPIRALE

- Kreiere dir auf deine Weise einen heiligen Raum, in dem du ungestört ausreichend Zeit für deine Zeremonie hast. Gehe dazu am besten in die freie Natur (oder nutze den Boden deines Zimmers als Verbindung zum Erdboden und webe dich darüber in die tieferen Schichten der Erde ein).

- Rufe gern wie immer alle hilfreichen Kräfte hinzu, die dir nun wichtig sind (Elemente, Ahnen, Spirits, Krafttiere, Geistführer, Göttinnen und Götter usw.) und dich in deinem Anliegen unterstützen können.

- Spüre dich ein. Lege dafür deine Hände auf die Erde. Spüre eine Weile dem Herzschlag der Erdmutter nach. Spüre, wie dieser Herzschlag und dein eigener sich verbinden, wie sie gemeinsam und doch individuell schlagen.

- Setze dann deine Intention: „Ich lasse nun los, was mir nicht länger dienlich ist. Ich bin bereit, alles zu empfangen, was mir hilft, meine volle Kraft zu empfangen." (Nutze gern diese Worte oder formuliere die Intention auch gern in deinen eigenen Worten, ausgehend von dem, was dich heute eben bewegt.) Visualisiere, wie nun alles, was du loslassen möchtest, über deine Handflächen in die Erde abfließt, und spüre dem nach. Lass alles los, was dich belastet, einschränkt, hindert, kleinhält ...

- Spiele eine (archaische Trommel-)Musik ab (oder musiziert alle gemeinsam mit Trommeln, Rasseln und Gesang), die dich dabei unterstützt, nun aufzustehen und alles von dir abzuschütteln, was dir zuvor vielleicht durch den Kopf gegangen ist. Schüttele im Stehen noch einmal deine Hände ganz intensiv Richtung Boden aus, auch deine Füße und Beine, deine Schultern, deinen Kopf (hier bitte Vorsicht mit der Halswirbelsäule), dein Becken usw. Schüttele so nach und nach alles ab.

Lass all die Energien, die du übers Jahr in dir angesammelt hast, nun energetisch und auch ganz körperlich los. Bringe dich in Bewegung und verändere damit deine gesamte Energie. Tanze, und wenn du magst, lass dabei auch alle Töne frei, die aus deiner Kehle herausdrängen – so seltsam diese sich auch anhören mögen, alles ist willkommen.

- Wenn du so weit bist, durchschreite bewusst dein Tor (ob materiell in Form der Stöcke oder von dir visualisiert, beides ist hilfreich).

- Tanze dann einmal in die Spirale hinein (sofern du eine aufgebaut hast; ansonsten betritt symbolisch durch das Tor diesen heiligen Spiralraum und tanze aus dir heraus eine Spirale, die einfach so geschieht, sich entfaltet).

> ## ((☾ ALLTAGSZAUBER-TIPP 1 ☽))
>
> Es macht einen Unterschied, in welche Richtung deine Spirale sich dreht. Eine nach links drehende Spirale (gegen den Uhrzeigersinn) steht für eine Innenwendung, hin zu sich selbst, hin zur eigenen/heiligen Mitte. Es ist eine Einwärtsbewegung, die nach kurzem Innehalten dort zu einer Auswärtsbewegung wird, die rechts drehend (im Uhrzeigersinn) der Spur des Lebens folgt, die zu kraftvollem Neubeginn führt (mehr zur generellen Symbolik einer Spirale findest du ab Seite 152).

„Während ich tanze, kann ich nicht urteilen, ich kann nicht hassen, ich kann mich nicht vom Leben trennen. Ich kann nur fröhlich und ganz sein. Das ist der Grund, warum ich tanze." — DEM BALLETTTÄNZER HEINZ BOSL ZUGESCHRIEBEN

Falls dir gar nicht nach einem wilden, durchrüttelnden Tanz ist oder dieser (körperlich) gerade nicht möglich sein sollte, kannst du stattdessen auch trommeln oder noch besser: dich „abtrommeln" lassen (wenn du eine Trommel besitzt und dich jemand dabei unterstützt) und dann in die Spirale hinein und wieder hinaus tänzeln oder gehen – was immer dir möglich ist.

- Halte in der Mitte der Spirale, sozusagen ihrem „Auge" oder inneren Kern, inne. Lege erneut deine Hände auf den Erdboden und lass auch all das abschließend abfließen, was nun aufgerüttelt wurde.

  Wenn du spürst, dass alles abgeflossen ist, auch die letzten Reste, dann erhebe dich und tanze gegenläufig von der Mitte ausgehend wieder die Spirale – hinaus ins Leben.

  Heiße dich selbst willkommen. Durchschreite wieder (symbolisch und dabei immer auch ganz real) das Tor und bringe deine volle Strahlkraft ins Leben. Nimm dich gern selbst in den Arm und danke dir selbst. Tanze erneut so ausgelassen, frei und fröhlich, wie du magst. Lass einfach geschehen, was dir jetzt guttut. (Das Ganze kann hier in ein dazugehöriges ausgelassenes Sommerfest übergehen oder:)

- Wenn du spürst, dass alles getan ist, alle Energie, die dir nicht mehr dienlich ist, gewichen ist und du aufgeladen bist mit allem, wonach dir gerade war, komm zur Ruhe. Spüre nach – gern im Sitzen, mit beiden Beinen fest verwurzelt auf dem Erdboden stehend oder liegend und dem Getragensein von Mutter Erde nachspürend. Wähle die Position, die für dich jetzt stimmig ist.

  Spüre dir selbst nach in dieser tief verbundenen Ruhe.

  An welchem Punkt in deinem Leben stehst du gerade?

  Was wünschst du dir für die kommende Jahreshälfte?

  Schreibe all das auf, was dir dazu einfällt ...

- Nimm dir zum Abschluss dann gern noch die Zeit, daraus deine Neumond-Wünsche auszuformulieren und diese einmal laut vorzulesen, sodass alle Ahnen, guten Geister, Spirits, gern auch Zwerge oder Feen (also „das Kleine Volk"), ... einfach alle, die für dich passend erscheinen und die dich unterstützen können, dich hören können.

- Sprich ein paar Worte des Dankes zum Abschluss und hinterlasse eine kleine (biologisch abbaubare) Gabe von dir in der Natur (oder auf deinem Altar zu Hause) und schließe deinen heiligen Raum auf deine Weise.

Nicht vom Leben getrennt zu sein, sondern es lebendig zu umarmen –
voll und ganz –, das wünsche ich dir und uns allen.
Der Junimond bietet dir nahezu täglich eine wunderbare warme Sommernacht
als Gelegenheit für einen innigen Tanz mit dir, mit deiner Seele, dem Leben
selbst. Wann immer du dich von dir oder dem Leben getrennt fühlst – spüre dem
zarten (vielleicht auch manchmal schmerzhaften) Sehnen deines Herzens nach
und nähre dein inneres Wissen: Du bist ganz sicher in den Armen von Mutter
Erde gehalten und in der geöffneten Hand Gottes/der Göttin geborgen.
In deinem Atem, in deinem Blut, in all deinen Zellen – in dir –pulsiert das
Leben. Genau wie in mir. Wir können gar nicht getrennt sein ...
und uns doch von Zeit zu Zeit genau so fühlen. Lass dich von den
Sonnenstrahlen an dein Strahlen erinnern.

Hintergrundwissen zur Symbolkraft und der Bedeutung der Spirale

In diesem Monat taucht die Spirale in beiden Ritualen auf, und daher möchte ich dir zu diesem uralten weiblichen Symbol ein wenig mehr vermitteln.

In einer Zeit, in der sehr viel mehr Tierbevölkerung als Menschen unterwegs waren, in wilder ursprünglicher Landschaft und ungebändigter Natur in allen Wesen, musste man stets auch auf der Hut sein vor Ungewissheit, vor plötzlichen Gefahren (durch wilde Tiere) oder dem Tod durch fehlende Nahrung oder fehlendem Schutz vor der Witterung. In jener Zeit vor Zehntausenden von Jahren entstanden wohl aus dem elementaren menschlichen Bedürfnis, sich auszudrücken und in dem gesamten Geschehen zu verorten bzw. dem Ungewissen, Numinosen oder Unerklärlichen anzunähern, Höhlenmalereien und Felsbilder (Petroglyphen) mit der Darstellung wichtiger Symbole und ritueller Handlungen.[47] Etymologisch findet sich in dem Wort „Symbol" sowohl das griechische Verb *symballein* = „zusammenwerfen, zusammentragen") als auch das griechische Nomen *symbolon* = „Merkmal, Kennzeichen", das zu dem lateinischen *symbolum* wurde. Wir können heute vielfach aus den alten Überlieferungen nur mehr die Bruchstücke „zusammenwerfen" und dabei hoffen, die „Zeichen zu erkennen".

In Ritualen wird die Kraft der Spirale wieder spürbar und kann auch von dir ganz achtsam tief erspürt werden, wenn du dem Zeit und Raum geben magst.

„Wenn die Seele das Symbol erforscht, wird sie zu Vorstellungen geführt, die jenseits des Zugriffs des Verstandes liegen." — CARL GUSTAV JUNG

---

[47] *Die ursprünglichen Höhlenmalereien wurden über diese lange Zeit häufig ergänzt, erweitert, teils übermalt (vermutlich um sie zu bekräftigen, zu erneuern) und somit wurden die Orte wie auch Symbole immer wieder genutzt. Sowohl die ältesten Kunstwerke als auch jüngere wie z. B. Runensteine oder Flechtornamentik und die genaue Bedeutung auf piktischen, keltischen, germanischen oder slawischen u.a. Steinritzungen, Schmuck- oder Keramikfunden werden uns vermutlich immer rätselhaft bleiben, da sich die Ursprungsbedeutung nicht sicher rekonstruieren lässt. Erkennbar ist dadurch jedoch die tiefe Bedeutung, die die Spirale in vielen Kulturen weltweit seit Jahrtausenden hat.*

Ein Weg, mit deiner Seele ein Symbol zu erforschen und damit zu wirken, kann das Wandeln oder Tanzen darin sein (wie im obigen Neumond-Ritual beschrieben). Außerdem kann dies über ausführende Handlungen geschehen, wie im folgenden Vollmond-Ritual. Auch das Einbinden in sogenannte Gebild-Gebäcke (siehe im Kapitel zum Monat August, auf den Seiten 192 ff., und zum November auf den Seiten 240 ff.) und das rituelle „Einverleiben", das Zeichnen der Symbole, z. B. in Sand oder auf Papier, sind weitere Möglichkeiten, um die Seele ganz intuitiv im Wirken das Symbol „erschmecken" zu lassen und sich immer näher heranzutasten.

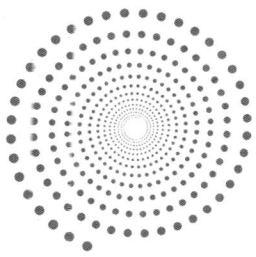

Spiralen finden sich häufig in Höhlen und tauchen oft an Megalith-Kultur-Stätten auf, die mit der Wintersonnenwende oder Sommersonnenwende in Verbindung stehen. Entsprechend gelten Spiralen, Kreise und Drehwirbel oft als Zeichen der Sonne. Hier sollen sie Bewegungen des Gestirns widerspiegeln oder mit den Bögen und Windungen als Fortbestand des Lebens und des Lebendigen gelten. Letzteres trifft auch auf die Spiralen zu, die an Quellen gefunden wurden: Sie verbinden mit den Wassern des Lebens. Für mich persönlich zeigt sich immer wieder, dass die Spirale uns (sowohl in der Verbindung zur Sonne, und damit zu Feuer und Wärme, als auch in der Verbindung zu lebensspendendem Wasser und der Qualität des Fließens) mit elementar wichtigen Lebenskräften verbindet und uns damit lebendig hält und nährt.

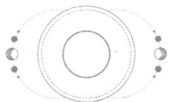

VOLLMOND
Binde mit der Kraft der Spirale

Gestalte dieses Ritual möglichst spielerisch und frei für dich. Dazu mag ich auch nicht zu viel vorgeben, denn letztlich ist mein tiefer Wunsch für dich, dass du immer mehr von deiner Intuition und Naturverbundenheit geleitet wirst und von da ausgehend deine Rituale selbst gestaltest. Du kannst dies entweder als Alltagsritual gemeinsam mit deiner Familie und Freund*innen erleben oder auch allein für dich, du kannst es üppig rituell ausschmücken oder ganz gesellig im Tun versinken. Was immer sich gerade stimmig anfühlt.

Ich gebe dir hier dafür ein paar Hintergrundinformationen an die Hand, aus denen du alles jeweils zusammensetzen oder dich auch einfach nur inspirieren lassen kannst.

Materialien

Da die Wirkkraft der meisten Heilkräuter nun am höchsten ist und seit jeher im Juni viele Kräuterrituale stattfanden, wäre ein Buch zu Naturritualen ohne die Anleitung für das Binden von Kräuterbuschen/Räuchersticks[48] nicht komplett.

Du benötigst dafür Heilkräuter, Baumwollfaden (ohne Synthetikanteil) und eine Schere.

---

[48] *Räuchersticks sind eher kleiner und werden enger bzw. komplett umwickelt. Bei Kräuterbuschen bleibt der obere Teil meist etwas „luftiger" und erinnert an einen kleinen Blumenstrauß (wobei es teilweise, je nach Region, auch regelrechte dicke, gebundene „Büsche" gibt, denen wir uns hier jedoch nicht widmen).*

RITUAL
DES KRÄUTERBINDENS

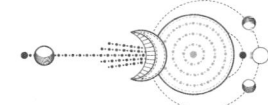

- Sammle Heilkräuter deiner Wahl. Bitte recherchiere hier zunächst verantwortungsbewusst zu den Kräutern, die du verwenden möchtest, und stelle (ggf. durch professionelle Beratung) sicher, dass sie keine Kontraindikationen zu einer derzeit bestehenden Schwangerschaft oder einer Erkrankung und Medikamenteneinnahme aufweisen. Zudem empfehle ich dir von Herzen, die Kräuter selbst zu sammeln oder auf biologisch angebaute Kräuter zurückzugreifen, um in naturspirituellen Ritualen wertschätzend und nachhaltig mit der Erde und ihren Kindern umzugehen.

- Lege dir diese in kleinen Büscheln zurecht.

- Nimm dann jeweils einen Kräuterbüschel in die Hand und drücke die Kräuter liebevoll zusammen. Lass dabei gern auch Worte der Dankbarkeit einfließen. Bringe so die Büschel zunächst ein wenig in Form, um sie dann gut binden zu können.

- Binde anschließend ein Ende deines Büschels mit dem Faden zusammen und verknote ihn dort. Winde den Faden dann spiralförmig um die Kräuter und führe ihn dabei fest und achtsam herum – Spiralwindung um Spiralwindung. So verhinderst du, dass der Räucherstick bzw. Kräuterbuschen zu locker wird.

- Wenn du am anderen Ende angekommen bist (beim traditionellen Kräuterbuschen geht dies bis zur Hälfte bzw. zu zwei Dritteln, während der letzte Teil von Umwickelung frei belassen wird), umwickele dieses gern (heilige) drei Mal und wickele deinen Faden dann entgegengesetzt wieder nach unten. So erhältst du zum einen eine schöne Kreuzung auf dem Räucherstick und festigst ihn, zum anderen „erleben" die Kräuter energetisch Ähnliches wie du in deinem Spiraltanz-Ritual: Es geht hinein in die Spirale (und damit in das Loslassen des Seins auf der Wiese) und schließlich hinaus aus der Spirale in eine ganz neue Wirkkraft (die als Räucherwerk verströmt wird).

- Am unteren Ende wieder angekommen, verknote den Faden gern wieder (heilige) drei Mal und schneide ihn ab.

- Gern kannst du nun die Kräuter in deinem Räucherstick bzw. Kräuterbuschen um ihren Segen bitten oder darum, dass sie anderen und deren Zuhause Segen bringen werden (wenn du sie verschenken möchtest). Bitte auch die Große Göttin um ihren Segen der Fülle und Kraft.

- Bei Bedarf: Falls du im ersten Durchgang noch keine Blüten mit eingewoben hast, du diese aber gern darin hättest (ob zu dekorativen, symbolischen oder energetischen Zwecken), dann könntest du nun auch eine zweite Lage mit Blüten wickeln.

- Lass deine Räuchersticks nach dem Binden für mehrere Wochen gut durchtrocknen. Wenn du dir (auch) einen Kräuterbuschen bindest, den du dir z. B. über deine Eingangstür hängst, so kannst du diesen nun natürlich direkt anbringen. Er trocknet dann gleich an Ort und Stelle.

Mögest du den Segen der Grünkraft unserer Mutter Erde dankbar empfangen.
Mögen die Pflanzenwesen dir heilsam und reinigend zur Seite stehen
und deinen Weg stärken.
Möge der Sommer in dieser besonderen Form bis in die dunkle Zeit des Winters
für dich spürbar bleiben und deine Rauhnächte erwärmen.

Hintergrundwissen zu alten Bräuchen rund um Kräuter

Welche Kräuter und wie viele davon traditionell in die Kräuterbuschen gebunden wurden, unterscheidet sich regional. Du kannst dich daher im Grunde ganz intuitiv dem Sammeln hingeben.[49]

In der Regel werden neun verschiedene Kräuter in den Strauß gebunden, um die heilige Drei dreimal zu binden und damit Vollkommenheit in den Strauß einzubinden. Die Große Göttin spielt in ihrer Dreifaltigkeit in den alten Bräuchen sicher ebenso eine Rolle wie die neun Welten aus dem nordischen/germanischen Weltbild.

Die folgende Zusammenstellung gilt z. B. als sehr wirksam:[50] Arnika, Beifuß, Thymian, Eisenkraut, Baldrian, Raute, Ringelblume, Wegwarte und Johanniskraut (Letzteres ist ohnehin fast immer in den Sträußchen enthalten, zumal es auch gerade im Juni als Heilkraut große rituelle Bedeutung hat). Diese Kräuter entfalten sich besonders, so sagt man, wenn sie um eine Königskerze in ihrer Mitte gebunden werden.

Ich selbst binde gern zumindest zwölf oder dreizehn Kräuterbuschen, eines für jeden Mond/Monat, zum Räuchern für mich, sozusagen ein gebundenes Heilkräuter-Jahresrad.

Auch den schützenden Strauß über der Eingangstür erneuere ich gern jedes Jahr und hänge ihn feierlich auf.

---

[49] *Bitte sammle nur, was du wirklich kennst oder was du z. B. mithilfe einer Pflanzen-App sicher identifizieren kannst! Einige Pflanzen haben äußerst ähnliche giftige Doppelgänger und andere sind u. a. „Hebammen-Pflanzen" und erzielen möglicherweise eine absolut unerwünschte Wirkung beim Verwenden (Wehen einleitender Beifuß soll hier nur als ein Beispiel genannt sein). Lass dich aus allem dir Bekannten leiten; im Zweifel schlage die Pflanzen bitte nach und stelle deinem intuitiven Wirken das Wissen um die Heilpflanzen an die Seite. Natürlich eignet sich dazu auch ein Phytotherapiekurs hervorragend, wenn die Pflanzenliebe dich packt.*

[50] *Dies ist* kein *medizinischer Hinweis, sondern meint die ritualmagische Wirksamkeit, die Pflanzensignaturenlehre, Mythologie, Duftbotschaft u. a. in sich vereint.*

Bekannt ist auch der Brauch eines geflochtenen Heilkräutergürtels, den sich die Frauen um die Hüften legten und schließlich in der Nacht der Sommersonnenwende oder in der Johannisnacht im (Johannis-)Feuer verbrannten, um Unglück fernzuhalten und Unfruchtbarkeit im Feuer mit zu verbrennen, also darin zu transformieren. Bei diesen Fruchtbarkeitsriten band man u. a. Gürtel aus Johanniskraut, Rittersporn, Eisenkraut und Beifuß. Zu gleichen Zwecken sprang man auch symbolisch über die Sommersonnenwende-Feuer. Diese Sprünge über die „Not(wende)-Feuer" sollten von unheilvollen Energien reinigen, feurig-fruchtbar machen und Glück anziehen. Wenn dich in diesem Monat ein Ritual zum Feuersprung ruft, so nutze zur Inspiration auch gern das Ritual im Kapitel zum Monat Mai (ab Seite 130).

Juli

Neumondritual   S. 172

*I*n dieser üppigen und warmen Sommerzeit gibt es für die Bauern und Bäuerinnen zwischen der harten Arbeit auf den Feldern, dem Pflügen und Aussähen und der baldigen Erntezeit eine Ruhepause. Derzeit ist einzig das Heu erntebereit, verströmt seinen intensiven Duft und brachte dem Juli so den Namen „Heumond" oder „Heuert". Die alten Namen „Würzmond" und „Kräutermond" erinnern uns wiederum daran, dass es nun Zeit ist, die Küchenkräuter zu sammeln und ihr wildes Aroma für die Wintermonate haltbar zu machen. Die Luft ist erfüllt von allerlei süßen Düften, die Tiere bewegen sich eher träge, und selbst die Vögel zwitschern nun eher in den Dämmerstunden und schweigen bei Tage im Schatten. Nach all den Wachstumsschüben der Natur in den Monden zuvor lädt uns die Sommersonne des Wärmemonds nun zum Verweilen ein. Lange Tage bis in die späten Abendstunden im Freien genießen, sich im See oder Wald abkühlen, laue Nächte unterm Sternenhimmel verbringen und Tagträumen nachhängen – für all dies ist jetzt die richtige Zeit.

Es zeigen sich außerdem gerade die ersten Fruchtstände, und damit wird so langsam der Lohn für alle Mühen sichtbar, auch wenn noch Reifezeit benötigt wird. Für uns Menschen wird im Jahreskreis nun deutlich, welche Pläne bzw. Projekte gut gedeihen und welche Samen aus den ersten Monaten des Jahres aufgehen. Wir können in dieser Zeit eine erste Bestandsaufnahme machen, doch mehr noch lädt uns die pralle Sonne ein, dass auch wir unseren strahlenden Platz in der Familie aller Dinge ganz und gar einnehmen und in unsere volle Größe und Macht hineinwachsen. Oftmals ist das negativ belegt, doch im Grunde hilft es der gesamten Gesellschaft, wenn wir als einzigartige Persönlichkeit wachsen, unsere eigene Macht annehmen und sie zum Wohle aller einsetzen. Wir übernehmen Verantwortung für all das, was unsere Gaben mit sich bringen. Der alte Name „Segensmond" möge dich in diesem Sinne daran erinnern, welch ein Segen du mit deinem ganzen Sein für das Gesamtgefüge bist.

Vielen Menschen fällt es aus unterschiedlichsten Gründen schwer, dies alles anzunehmen oder auch nur über sich selbst in dieser Weise zu denken. Deshalb helfen die Rituale in diesem Monat dabei, dein Licht neu erstrahlen zu lassen und Wunden mit warmer Geborgenheit zu halten, bis hin zu einer Neugeburt in die liebenden Arme von Mutter Erde und unter dem lächelnden Schutz von Vater Sonne (Himmel).

Dieser Monat lädt uns so sehr dazu ein, in all der Wärme zu baden und ganz und gar in uns selbst, in unserem Körper und auf der Erde anzukommen. Unser Körper ist unser Zuhause, unser heiliger Tempel, der uns jeden Tag mit Wundern beschenkt, uns mit allen Sinnen fühlen lässt und uns ermöglicht, Berührung zu erfahren. Mit und in diesem Körper sind wir hier auf Erden zu Hause und zuvor waren wir dies im Körper unserer Mutter. Und weil all diese Themen so grundlegend und existenziell sind, können wir diese entspannte Pause im Jahreskreis dazu nutzen, uns ihnen in aller Hingabe zu widmen. Aus diesem Grunde gebe ich diesem Kapitel sehr viel Raum und wünsche dir von Herzen, dass du die Einladung des Julimondes und all seine Segnungen annehmen kannst.

NEUMOND
Finde ein Zuhause in dir und
Geborgenheit im Schoß von Mutter Erde

Vorbereitung

Für dieses Ritual brauchst du keinerlei Zutaten im üblichen Sinne, jedoch lege ich es dir ans Herz, einen oder mehrere vorbereitende Spaziergänge zu unternehmen, um den stimmigen Ort für dein Ritual zu finden. Es wäre wunderbar, wenn du einen Platz in der Natur findest, an dem du dich (vor neugierigen Blicken) sicher fühlst und ganz frei einfach sein kannst. Ich persönlich nutze dazu ein sehr abgelegenes kleines Waldstück – und empfehle dir entsprechend auch, in den Wald zu gehen, um die wilde, urwüchsige Seite in dir zu stärken –, jedoch eignet sich auch ein grüner Hügel jenseits allen menschlichen Treibens, das Ufer eines verwunschenen Sees o. Ä.

Wenn du einen für dich passenden Ort gewählt hast, stimme dich gebührend ein, damit das Ritual seine volle Kraft entfalten kann. Dazu habe ich dir hier vielfältige Informationen zusammengetragen, damit du die sommerliche Mitte des Jahres dazu nutzen kannst, ganz in dir und deiner Mitte anzukommen.[51]

Hintergrundwissen zur Verbindung von Wald und Mensch

Im Laufe der menschlichen Evolution verbrachten die Menschen einen Groß-
teil der Zeit in den Wäldern und lebten von dem, was diese ihnen darboten. So
spielen auch die „Herrin der Tiere" und der „Herr des Waldes/der Tiere" bis
heute in ihren göttlichen Emanationen weltweit eine große Rolle. In Nepal gibt
es u.a. den bekannten und beeindruckenden Pashupatinath-Tempel, der zu den
wichtigsten hinduistischen Verehrungsstätten zählt und in dem Gott Shiva als
eben jener Herr alles Lebendigen/der Tiere und des Waldes verehrt wird.

Der keltische Gott Cernunnos, auch „der Gehörnte" genannt, der „Grüne
Mann" mit seinem Blättergesicht, die römische Diana, die Göttin der Jagd,
aber auch des Mondes, der Geburt (und Beschützerin der Frauen), die ihr ent-

---

[51] *Sollte dir das Ritual in vollem Umfang derzeit nicht möglich sein, kannst du in diesem Jahr mit
einem zarten Herantasten beginnen und findest auf S. 175 auch eine Alternative dafür. Vielleicht
fühlt es sich dann in einem der folgenden Jahre stimmig an, das ganze Ritual durchzuführen, und
falls es jedes Jahr bei der Alternative bleibt, ist dies ebenfalls zutiefst wertvoll.*

sprechende griechische Artemis, die gallische Artio, die slawische Devana (Mutter des Waldes), der finnische Gott Tapio und seine Tochter Tuulikki u. v. a. m. zeugen noch heute deutlich davon, dass die Menschen den Wald als Heimat betrachteten und die dort wirkenden göttlichen Kräfte hoch verehrten.

Heutzutage erfreut sich Shinrin Yoko, das sogenannte Waldbaden, immer größerer Beliebtheit und zeigt letztlich, dass wir noch immer gut daran tun, uns entspannt und achtsam in den Wäldern aufzuhalten und deren heilsame würzige Terpene tief einzuatmen – wie so viele Lebewesen seit jeher. Inzwischen belegen viele wissenschaftliche Studien, dass schon zwanzig Minuten Aufenthalt/Spaziergang im Wald unser Immunsystem stärken und auch darüber hinaus einen positiven Einfluss auf die Gesundheit haben.

Die Heiligen Haine unserer Vorfahren kamen ganz ohne gebaute Kirchen/ Häuser aus. Ihre Art der Götterverehrung (die zugleich auch Naturverehrung war) fand häufig auf Lichtungen oder an besonderen Plätzen in Wäldern statt, teils auch in eigens dazu gepflanzten „Baumkreisen".

Vom Wald lernen

Der Naturverehrung wurde eine immense Wichtigkeit beigemessen, und es wäre schön, wenn wir dies mehr und mehr wieder in unsere urbane Lebensweise zurückholen könnten. Das bedeutet nicht, dass wir unsere komplette Art zu sein ändern und wieder in den Wald ziehen müssen. Doch kann es uns vielleicht eine Erinnerung sein, um nachhaltiger, achtsamer und liebevoller mit der Natur umzugehen und unser Bestes zu geben, um unseren Fußabdruck hier auf Erden möglichst klein und unauffällig zu halten, während unsere Dankbarkeit und Wertschätzung Ausdruck finden kann; und dies kann schon in „kleineren" täglichen Alltagsritualen geschehen, wie z. B. Müll im Wald aufzusammeln, Gaben für die Tiere auszulegen oder auch indem wir dem Wald ein Lied singen.

Der Heilige Hain spielte eine große Rolle für unsere Ahnen, und all die uralten grünen Riesen, die an vielen Orten noch immer stehen, waren möglicherweise Zeugen der alten Naturverehrungs-Rituale. Als solche können diese alten Bäume uns wertvolle Vertraute sein, die uns an das ursprüngliche zyklische Wissen unserer Vorfahren erinnern, weil sie es miterlebten und darum wissen und auch weil sie die Weisheit von Wachstum (auch unter widrigsten Umständen) und gemeinschaftlichem Zusammenhalt in sich tragen.

Wildes Embodiment im ursprünglichen Zuhause

Die Bäume eines Waldes erinnern uns mit ihrem bloßen Sein daran, uns zu vernetzen, einander zu unterstützen, zu beschirmen und wertvolle Informationen miteinander zu teilen. Sie können uns lehren, mit dem Wind sanft zu tanzen und den Stürmen des Lebens zu trotzen, uns nach dem Hellen, Lichtvollen auszurichten und uns mit tiefen Wurzeln selbstbewusst in die volle Größe zu erheben. Sie flüstern uns liebevoll zu, dass uns eine einzigartige natürliche Schönheit innewohnt, auch wenn wir Narben davongetragen haben oder das Leben uns gekrümmt, gezeichnet, herausgefordert hat. Der Wald und seine Wesen urteilen nicht über uns, sie scheinen uns mit offenen Armen zu empfangen und uns einfach so anzunehmen, wie wir sind. Damit helfen sie uns, es ihnen gleich zu tun und ganz und gar in unserem Körper anzukommen, was immer ihn auch geformt oder verändert hat (oder wir ihn uns anders gewünscht hätten).

Es ist in aller Munde, Selbstliebe zu praktizieren, und die „Body Positivity"-und „Diversity"-Bewegungen ermutigen uns, unseren Körper in seiner Einzigartigkeit sowie unser Wesen voll und ganz anzunehmen und uns liebevoll zu begegnen. Warmherzige Selbstakzeptanz ist so viel wichtiger, als danach zu streben, sich in eine perfektionistische Gesellschaft voller (vermeintlich) makelloser Schönheit einzufügen, und lässt uns das Konzept von Selbstoptimierung vergessen. Unser ursprüngliches menschliches Zuhause (nachdem wir das nährende Wasser in der Gebärmutter verlassen haben und geboren wurden), der Wald, unterstützt uns zutiefst, in unserem Körper anzukommen, ihn anzunehmen und entspannt durchzuatmen.

Im folgenden Ritual wird es um all das gehen, und du kannst damit einen Nährboden bereiten, auf dem jegliche weitere Embodiment-Rituale und Selbstannahme-Praxis fruchtbar gedeihen kann (oder diese heilsam ergänzt). Dazu kannst du zur Vorbereitung auch noch tiefer in deine Ursprünge hineinspüren und dich einem weiteren wichtigen Thema widmen, das viele von uns noch sehr beeinflusst.

Hintergrundwissen zur Mutterwunde

Man spricht von einer „Mutterwunde", um die grundlegende Wunde zu benennen, in der sich eine regelrechte Quelle von Traumata, hinderlichen Glaubenssätzen und aus destruktiven Mustern des Patriarchats entstandene Verletzungen befinden. Diese Wunde tragen sowohl Frauen als auch Männer. Sie besteht aus einer Lücke, die entsteht, wenn die Einheit zwischen Mutter und Kind sich auflöst und sich daraus eine tiefe, nicht gestillte Sehnsucht nach einer Mutter und der mit ihrer natürlichen Funktion verbundenen Qualitäten wie Wärme, Geborgenheit, bedingungslose Akzeptanz, Zärtlichkeit, Liebe, Nahrung und Heimat ergibt. Oft werden diese Qualitäten dann in anderen Menschen oder auch Dingen gesucht, vor allem dann, wenn wir diese Lücke nicht anerkennen und versorgen. Manche Menschen versuchen, sich diese wohligen Gefühle z. B. über das Essen zu geben, oder indem sie sich immer wieder „etwas gönnen" und dabei über ihre Verhältnisse leben. Auch ungesunde Partnerschaften und Co-Abhängigkeiten können eine Folge dieser nicht wirklich gesehenen bzw. verstandenen Lücke sein.

So ist unsere „Mutterwunde" in ihrem tiefsten Kern eine echte „Lebenswunde", eine absolut grundlegende Wunde in unserem heiligen Kern. Sie wurde (und wird noch immer) unbewusst weitergegeben von Generation zu Generation und beeinflusst maßgeblich, wie wir unser Leben und vor allem unsere Beziehungen gestalten. Dies ist so, da Beziehungsgeflechte sich energetisch aus dem Bauchbereich (dem Sakralchakra) herausbilden. Auch die Interaktionen mit anderen Frauen, die Themen Selbstliebe und Selbstwert, Geborgenheit im eigenen Körper usw. sind mit diesem Körperbereich verbunden. Und diese Wunde ist so fundamental, dass letztlich alles, was wir empfinden und tun, damit in Zusammenhang steht.

Wir sind alle betroffen, denn wir haben alle eine Mutter, doch die Wunde drückt sich in allen ganz unterschiedlich aus. Setzen wir uns mit dieser sehr persönlichen Wunde, die aus der eigenen Ahnenlinie kommt, auseinander, ist das wie ein Schlüssel zu mehr Freiheit, Wahrheit und der eigenen Bestimmung – letztlich zu dem Kern dessen, was unser ureigenes Wesen wirklich ausmacht. Wenn wir uns vorstellen, welch lange Zeit wir in unserer Mutter verbracht haben, über die Nabelschur verbunden waren und darüber auch genährt wurden, können wir erahnen, *wie* groß der Einfluss all dessen sein kann, was wir über die Großmutter mütterlicherseits und unsere Mutter aufgenommen haben in der Zeit, in der sich unser winziger Körper überhaupt erst entwickelte und aus Eizelle und Samen ein Mensch wurde.

In diesem Zusammenhang ein kleiner Exkurs zur Urkeimzelle:
Jeder Mensch war bereits in der *Gebärmutter seiner Großmutter mütterlicherseits* physisch angelegt, und zwar schon ab der 21. Schwangerschaftswoche, als sie mit unserer Mutter schwanger war. Als sich die Eierstöcke unserer *Mutter* in der 21. SSW entwickelten, entstand bereits damals die *Urkeimzelle,* aus der sich dann später die Eizelle entwickeln konnte, aus der wir eines Tages hervorgegangen sind! Alles, was ab diesem Schwangerschaftsmoment mit uns passiert, hat eine Wirkung auf uns. Das damalige Leben und Erleben unserer Großmutter und auch die Entwicklung unserer Mutter in deren Mutterleib betrifft uns dadurch ebenfalls unmittelbar. Dies ist ganz schön versinnbildlicht in den russischen Matroschka-Puppen. Wir waren als Urkeimzelle/Ei schon im Embryo, der unsere Mutter war – die zu diesem Zeitpunkt im Leib unserer Großmutter war. Da wir *alle* also *sehr* geprägt sind von unserer Mutter und Großmutter mütterlicherseits, kann die rituelle Neugeburt ein wichtiger Grundstein für unsere nachhaltige sinnliche und ganzheitliche Embodiment-Praxis sein.

Absolut alle Beziehungen beginnen und enden in der Individualität (man könnte auch sagen: in der „Trennung") – mit der einen und einzigen Ausnahme: die Beziehung zur Mutter. Diese Beziehung beginnt in Einheit, in Verschmelzung – ein Körper innerhalb eines Körpers, verbunden durch die Nabelschnur und über diese auch mit vorverdauter Nahrung genährt und versorgt. Diese erste Verbundenheit, die so einzigartig anders ist als jene zu allen anderen Menschen, prägt unsere Wahrnehmung aller anderen Beziehungen im Leben – mit allen Defiziten, denen wir nicht erneut begegnen möchten, allen daraus folgenden Vermeidungsstrategien und auch allen wundervollen Dingen, die diese Einheit ausmachte.

Daraus ergibt sich und kannst du dir sicherlich vorstellen: Du kannst möglicherweise nicht in der kurzen Zeit eines Neumond-Rituals jede erdenkliche Mutterwunde „heilen" (es wäre eher vermessen, dies zu behaupten). Doch erste wichtige Schritte können getan werden und dir helfen, dir selbst heilsamer zu begegnen.[52]

---

[52] *Wenn du in dieser rituellen Praxis oder durch das Lesen dieses Textes feststellst, dass du dir heilsame Begleitung bei diesem Thema wünschst, ermutige ich dich sehr, dir eine therapeutische und gern auch schamanisch-energetische Begleitung zu suchen und diesem so immens wichtigen Thema tiefgründig und ganzheitlich zu begegnen. Ein Buch kann und wird eine achtsame therapeutische Einzelbegleitung niemals ersetzen können, und ich als Autorin kann keinesfalls die persönliche Geschichte aller Leserinnen hinreichend bedenken. Bitte suche dir also unbedingt professionelle Hilfe, wenn du spürst, dass dieses Thema dich triggert bzw. nachhaltig bewegt und bedrückt. Je nach Schwere deiner Familien-Traumata kann eine professionelle psychologische Begleitung für diese Aufarbeitung nötig sein. Dieses Buch dient der achtsamen Bewusstseinsarbeit und der Vermittlung eines traditionellen rituellen Kontextes sowie der praktischen Wissensvermittlung, wodurch ein angemessenes Eingehen auf Einzelschicksale hierbei sicherlich nicht gewährleistet werden kann. Doch kann ich versichern, dass alle Übungen und Rituale seit Jahren angewendet werden und erprobt sind. Und sie können dich durch wichtige energetische Prozesse begleiten.*

In der bewussten Beschäftigung mit dieser Wunde liegt also ein Schlüssel zur vollen Annahme des eigenen Lebens, mit allem, was dazugehört. Es ist auch ein Schlüssel zu diesem zauberhaften, heilen Kind, das wir alle einst waren. Denn dieses unbeschadete, so innig verbundene Kind, mit all den in ihm angelegten Talenten, Stärken und Wundern und der Einheit mit allem Leben, ist noch immer tief in unseren Zellen verankert und in unserer stärksten Substanz, unseren Knochen und Zähnen, aus schamanischer Sicht immer gegenwärtig.

Obwohl die Wunde in so vielen von uns gegenwärtig ist, haben wir doch auch etwas, das wir selbst dieser Verletzung entgegensetzen können – eine „Medizin" für uns und andere, die uns und die Kraft unserer Seele, unseres Wesens ausmacht. Wir alle tragen eine solche „Medizin" in uns, die für irgendwen heilsam ist – und sie auszuüben, zu verschenken und mit der Welt – oder sei es nur mit dieser einen anderen Person – zu teilen heilt auch uns selbst, weil wir dann spüren, dass wir das Leben voll auskosten und das leben, was in uns steckt.

Darum: Welche Familienverstrickungen oder transgenerationalen Muster sich auch immer um dich herum gewebt haben – deine ureigene Medizin kann dir niemals genommen werden. Vielleicht hast du deine so wertvollen Anteile aus Angst oder Scham versteckt oder hast dich bei deinem Heranwachsen bzw. in deinem bisherigen Leben nicht genug in Sicherheit, unterstützt und ermutigt gefühlt, doch diese Medizin ist weiterhin tief in dir, im Gewebe deines Körpers, im Leuchten deiner Augen und im Klang deiner Stimme.

Genau daran wollen wir uns in diesem Ritual wieder anbinden und dazu beitragen, diese Wunde zu versorgen und uns selbst noch einmal neu zu gebären.

Vorbereitung

Wenn du in dir also eine Mutterwunde spürst – sei es in Bezug zu deiner (biologischen) Mutter oder in Bezug darauf, dass du selbst, aus welchen Gründen auch immer, (bisher) keine Mutter geworden bist und dein Kinderwunsch noch unerfüllt blieb –, hat es eine große Kraft, sich in alter Tradition wie die „Saligen Frauen"[53] zu betten und dabei zugleich etwas ganz Neues in deine Erfahrung hineinzuweben: dich selbst voll und ganz als Kind der Mutter Erde zu spüren und diese einstige Empfängnis zu zelebrieren.

Vor vielen Jahren erlebte ich selbst in Initiationen meiner schamanischen Ausbildung, wie kraftvoll es ist, wenn wir uns unseren naturspirituellen Eltern, Mutter Erde und Vater Sonne/Himmel, hingeben. Dieser Seelenbalsam kann sich heilsam auf die Herkunftsfamilie und die damit einhergehenden Wunden auswirken und den inneren Frieden nähren.

Obwohl wir zu Neumond eher Wünsche platzieren und nicht so viele alte Themen beleuchten, kommt uns in diesem Falle die Leuchtkraft der Sommersonne zu Hilfe. Ihre warm umhüllende Kraft unterstützt einen tiefen Blick in die

---

[53] *Hintergrundwissen zu diesen keltischen Urgöttinnen, der Mond-, Sonnen- und Erdenmutter, sowie eine sanfte alternative Ritualvariante findest du bei Interesse auf meinem Blog: www.jennie-appel.de/2020/01/05/die-3-bethen-heilige-dreifaltige-weiblichkeit/ (zuletzt abgerufen am 5.12.2021).*

Herkunftsfamilie und schenkt uns gleichzeitig Energie für all die Wünsche, die sich aus diesem Blick heraus ergeben.

Diese Impulsfragen können helfen, deine Wünsche zu erkennen und auszuformulieren:

- Was ist noch nicht so, wie es sein könnte?
- Wünschst du dir einen Ausweg aus deiner eigenen Überfürsorge für andere?
- Wünschst du dir, ohne jegliche Schuldgefühle deinen Raum einnehmen zu können und für dich zu sorgen?
- Welche Wünsche bilden sich aus deiner Mutterwunde heraus?
- Welche Wünsche hast du als Mutter?
- Wie kannst du ganz in dir selbst und auf dieser Erde zu Hause sein?

Der tiefe Wunsch nach Geborgenheit, inniger Bindung, liebevoller Harmonie und einem wundervollen Heim kann nun ebenso gut ausgesendet werden wie der Wunsch nach einem guten Kontakt zu den eigenen Gefühlen, damit einhergehender inniger Selbstfürsorge und schließlich auch nach einem guten Kontakt zur Familie. Insbesondere wenn es in der Herkunftsfamilie zu Brüchen gekommen ist oder wir unter der sogenannten Mutterwunde leiden, unterstützt uns das folgende Ritual sehr.

Nach all diesen Ausführungen ist dir sicher längst klar, dass es in diesem Ritual um mehr als „einfaches Waldbaden" geht und dass es dir helfen kann, dich mit der Ursprünglichkeit d(ein)er Natur zu verbinden und dich wild, roh und innig selbst anzunehmen.

Am Anfang unseres Lebens sind wir nackt (und damit auch verletzlich), natürlich und völlig individuell geborgen im Bauch der Mutter. An dieses Gefühl (und an alle zuvor beschriebenen Themen) kannst du nun anknüpfen und dich ganz und gar als Kind der Mutter Erde in ihren Bauch, in ihren Schoß legen.

Wähle dazu den Neumond-Tag im Monat Juli oder einen dem Neumond sehr nahen Tag und begib dich mit viel Zeit und Raum, gern auch mit ein paar Gaben (Samen, Nüssen o. Ä.), einer Wolldecke, einem Getränk in den Wald. Lass dich von deiner Intuition dorthin leiten, wo keine anderen Menschen heute deinen Weg kreuzen werden. Sollte dich die Sorge vor Zecken oder eine starke Reaktion auf Mückenstiche nervös machen, creme/spraye dich vorher entsprechend ein, damit du dich leichter in die Erfahrung hineinbegeben und im Zweifel auch diesen Bewohnern des Waldes begegnen kannst (wenn es denn dem Prozess zuträglich wäre).

- Gehe zu dem Wald, den du für dein Ritual ausgewählt hast. Bitte an der Schwelle zwischen Waldrand und Wald in deinen Worten um Einlass und darum, dass du heute heilsame Erfahrungen in seinen schützenden Armen machen darfst.

- Betritt dann mit einem klaren Schritt den Wald.

- Eröffne an der von dir gewählten abgelegenen Stelle auf deine Weise einen heiligen Raum (zur Orientierung kannst du dafür die Hinweise im

Kapitel „Grundsätzliches zur Ritualvorbereitung und Öffnung des heiligen Raumes" auf den Seiten 63 ff. noch einmal ansehen). und lade alle hilfreichen Spirits zu dir ein, die du dir zu deiner Unterstützung wünschst.

- Sieh dich nun nach einer natürlichen Mulde im Waldboden um, in die du dich sanft einfügen kannst. Erschaffe dir deinen Raum im Schoß von Mutter Erde und sorge dafür, dass er dir ein sicheres Nest ist. Warte also gern, bis du dich in und mit dieser Umgebung vertraut fühlst.

- Wenn du so weit bist, besinne dich auf deine Intention: „Ich möchte mich als wahrhaftiges Kind der Mutter Erde erleben und in ihrem Bauch gehalten sein." Bitte Mutter Erde darum, dich in ihr spüren und später neu geboren hinausschlüpfen zu dürfen.

- Lege dann achtsam deine Kleidung ab. Lege dich nackt und hingebungsvoll wie ein Embryo in die Erdmulde.
  Spüre nun eine ganze Weile allem nach, was in dir geschieht. Welche Sorgen, Ängste, Scham, Ekel, Gedanken (vielleicht an Krabbeltierchen an dem Ort, wo du liegst, oder an andere Menschen und was sie über dich denken könnten etc.) tauchen in dir auf?
  Erlaube dir, auch vor dir selbst jetzt einfach nackt, pur und verletzlich zu sein. Lass all das da sein, was sich nun zeigen mag, und spüre zugleich die pure Erde an deiner zarten Haut. Vielleicht ist es überraschend warm und angenehm? Vielleicht eher rau? Erweckt es in dir archaische oder animalische Gefühle und Urinstinkte? Sollte leichte Panik aufkommen, atme tief durch und spüre noch bewusster, wie die Erde dich umarmt.

- Lass es nach und nach immer stiller in dir werden und genieße dein pures Sein als Erdenkind.
  Wann immer du ganz in dieser innigen Verbundenheit angekommen bist, Ruhe in dir spürst (bis hin zu einem wohlig-schläfrigen Gefühl) und dich bereit fühlst, wie neugeboren die Welt wieder zu betreten, krabbele langsam und achtsam auf allen Vieren aus dem Schoß der Mutter Erde heraus.

In einigen Kulturen wird von Stirn zu Stirn initiiert und kraftvoll übertragen. Deshalb knie auch du nun gern nieder und berühre mit deiner Stirn die Erde, wenn es sich für dich stimmig anfühlt. Lass so die Kraft und Weisheit der Erde durch deine Stirn in dich hineinfließen und dich ganz und gar davon erfüllen. Lass dich daran erinnern, dass du eines ihrer Kinder und als solches gehalten, getragen und in deinem ganzen Sein angenommen bist.

- Wenn du spürst, dass alles getan ist, dann hülle dich in deine gemütliche Decke, um dieser tiefen nackten Erfahrung nachzuspüren, dich selbst zu halten und deine Erlebnisse sanft zu integrieren. Trinke dann etwas, um wieder ganz in deinem Körper anzukommen und ihn „durchzuspülen".

- Wann immer es für dich stimmig ist, danke dem Wald, diesem Ort im Besonderen, Mutter Erde/der Großen Göttin und all den Spirits, die du zu Beginn eingeladen hast.
  Lege zum Abschied und zum Dank gerne deine (biologisch abbaubaren) Gaben nieder.
  Danke dir auch selbst für deinen Mut und dafür, dass du dir so viel Zeit und Raum für die Entfaltung deiner Selbstliebe und Selbstannahme geschenkt hast.

- Zieh dich dann wieder an, packe deine Sachen zusammen und gehe schließlich genauso wieder aus dem Wald hinaus, wie du gekommen bist – mit einem bewussten Schritt am Waldrand.
  Willkommen zurück!

Mögest du dich ganz und gar geborgen fühlen in diesem Leben, in deinem Körper und auf diesem wunderschönen Planeten.
Mögest du dich als Kind der Erde geliebt und gehalten fühlen,
inmitten all deiner einzigartigen und so unterschiedlichen Geschwister.
Mögest du tief in dir die Gewissheit spüren,
dass du niemals aus diesem Familienverbund herausfallen kannst.

Nachsorge

Nimm ein Salzbad oder eine warme Dusche mit Salzpeeling, da Salz uns energetisch reinigt und uns ebenfalls ganz und gar in uns ankommen und im Leben verankert sein lässt. Halte deine Erlebnisse im Wald und die Gefühle, die dazu aufgestiegen sind, in deinem Tagebuch fest. Vielleicht mag zu diesem Mond auch ein Segen oder Gedicht für dich und deine Neugeburt oder die Erde entstehen. Solche Sinneserfahrungen berühren Körper, Geist und Seele und helfen dabei, neue Perspektiven einzunehmen und deine wahre Natur zu nähren.

Komm wieder, wenn es dich ruft.

))☾ ALLTAGSZAUBER-TIPP ☽((FÜR DEIN SANFTES HERANTASTEN

Falls du vor lauter Sorge um Krabbelgetier oder Blicke anderer Menschen oder aus welchen ganz persönlichen Gründen auch immer diese Erfahrung nicht nackt machen magst, zwinge dich keinesfalls dazu! Es ist ebenfalls sehr bereichernd, wenn du das Ritual wie beschrieben durchführst, jedoch dabei bekleidet bleibst und in einer liebevoll ausgelegten Mulde (wie in einem Nest) liegst. So spürst du natürlich keinen Hautkontakt zur Erde, liegst jedoch wie ein Embryo in ihrem Schoß und kannst natürlich deinen Handrücken oder deine Handflächen währenddessen die Erde spüren lassen.

Auch dieses Erlebnis wird dich transformieren.

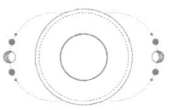

VOLLMOND
Ganz und gar in deiner Mitte

Vorbereitung und Materialien

Du benötigst lediglich eine Kornähre und einen Platz in der Natur, der dir Kraft für dich und deine Mitte schenkt. Du kannst natürlich gern auch dein Smartphone oder einen MP3-Player mitnehmen, wenn du Musik dazu abspielen magst. Dazu kannst du am Feldrand eines Kornfeldes spazieren gehen und eine bereits vom Wind umgeknickte oder am Boden liegende Pflanze suchen und darum bitten, dass du diese verwenden darfst. Nimm diese dankbar an dich. Bitte knicke keine Kornähre nur zu diesem Zweck ab, denn im Zweifel kann das Ritual auch ohne sie stattfinden.

Hintergrundwissen um Ähre und Mitte

Früher wurde zur Erntezeit eine einzelne Kornähre auf dem Feld belassen, die Zuflucht für die Spirits (in diesem Falle Korngeister) bieten sollte und die Wertschätzung der Menschen für die Ernte und den fruchtbaren Acker bezeugte.

Wir verbinden hier diese Wertschätzung für das Wachstum und die Fülle mit einem uralten Symbol: dem Kreis.

Neben vielen anderen Symbolen[54] gelten Kreise, das Rund oder Halbrund (Schale, Mondsichel) und die Spirale oder später auch die beiden einander zugewandten Halbrunde, die eine Art Mandel bilden (Mandorla in der Ikonographie), als weibliche Symbole. Sie alle sind Sinnbilder für den mütterlichen Leib, insbesondere die Nachformung des heiligen Schoßes, die Leben und Segen spendende Yoni.

---

[54] *Hier gibt es u.a. das Sinnbild eines nach unten gewandten Dreiecks, das an vielen uralten Göttinnen-Funden (den sogenannten Venus-Figuren) den lebensschenkenden Schoß der Großen Göttin kennzeichnet. In den Traditionen hierzulande taucht es oft auch als Raute (z. B. am Maibaum) auf, stellvertretend für ein Ackerfeld und die alten Namen der Mutter Erde: Agga, Akka, Egga.*

Ein Kreis ist etwas Umfassendes, Haltendes und hat in sich eine Mitte, ein Zentrum. Begeben wir uns in einen Kreis, spüren seine Symbolik und tanzen diese gar nach, ordnet und schützt uns dies. Es lässt uns unsere eigene innere Mitte wieder erspüren, hilft uns, uns zu sammeln und zu unserem eigenen (spirituellen) Zentrum zu werden. Wenn wir den Kreis tanzen, ihn also selbst bilden, und uns dann in die Mitte bewegen, hilft es uns zudem, aufrichtig aus unserem Zentrum heraus zu sprechen.

Nutze diesen Segens-Vollmond im Juli, um dich mit dir selbst, deinem Zentrum und deinem Spirit tief zu verbinden.

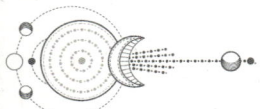

- Gehe gern mit deiner Kornähre in die freie Natur (oder nutze den Boden deines Zimmers als Verbindung zum Erdboden und webe dich gedanklich darüber in die tieferen Schichten der Erde ein).

- Kreiere auf deine Weise einen heiligen Raum, in dem du ungestört ausreichend Zeit für deine Zeremonie hast.

- Wenn es für dich stimmig ist, dann mach dir gern eine Musik an, die dich dabei unterstützt, nun aufzustehen und alles in dir zu versammeln, was du bist und schon immer warst – wild und frei und wunderbar.

- Halte in einer Hand deine Kornähre und lege deine andere Hand auf die Erde. Spüre eine Weile dem Herzschlag der Erdmutter nach. Spüre, wie dieser Herzschlag und dein eigener sich verbinden. Sie schlagen gemeinsam und doch jeder für sich. Spüre, wie die Kornähre dir Halt und Aufrichtigkeit schenkt.

- Setze nun deine Intention: „Ich bin ganz ich, ganz in meiner Mitte." (Du kannst dies auch sehr gern in deinen eigenen Worten formulieren.) Visualisiere, wie du zwischen Himmel und Erde gehalten bist, und stelle dich aufrecht hin.

- Beginne nun langsam einen Kreis für dich abzuschreiten bzw. abzutanzen. Lass deine Füße die Erde küssen und auf ihr den Großen Kreis „malen", in dem du gehalten bist.
Mach dann einen bewussten Schritt in die Mitte deines Kreises.
Beginne dich dort zu drehen. Drehe dich immer mehr, immer freier, immer wilder, schneller, inniger, wie ein tanzender Derwisch. Erlaube dir Hingabe, das Loslassen aller Kontrolle und auch Schwindel.[55] Erlaube dir, vom Kreis und von der Göttin selbst erfasst und bewegt zu werden. Gib dich den Bewegungen hin.

- Drehe dich so lange, bis du sanft zur Erde gleitest.
Berühre mit deiner Stirn die Erde. Spüre die Kraft und Weisheit der Erde durch deine Stirn in dich hineinfließen und dich ganz und gar erfüllen. Spüre, wie sehr du als Erdenkind gehalten, getragen und versorgt bist.

- Richte dich dann langsam und bewusst auf.
Stehe in deiner vollen Größe.
Halte deine Ähre hoch und bitte in deinen eigenen Worten darum, dass all deine Kraft ganz bei dir ist. Spüre, wie sich alles in dir bündelt.

---

[55] *Bitte achte hier selbstverständlich auf dich und deine Gesundheit, sollten bei dir irgendwelche Einschränkungen oder Kontraindikationen vorliegen. Schreite – statt des Drehens – in diesem Falle zumindest drei Mal, gern auch neun Mal, deinen Kreis ab und tritt dann bewusst in die Mitte. Starte hier mit deiner Ähre.*

Richte dich bewusst aus und auf. Stehe aufrecht und klar.

Wenn du so weit bist, sprich aus deiner Mitte heraus: „In der Familie aller Dinge stehe ich. Mein Spirit steht für ... Dafür stehe ich ein und dafür werde ich gehen (aufstehen)."

Spüre dich und spüre die Ähre in deiner Hand. Wiederhole gern deine Sätze und die Botschaft, wofür du stehst und bereit bist zu gehen, zu handeln, und puste all das von ganzem Herzen dreimal in deine Ähre hinein. Mache sie so zum Kraftgegenstand deiner Mitte und deines Spirits.

Wenn du spürst, dass alles getan ist und alle Energie in dir gebündelt zur Ruhe kommt, dann verweile gern noch eine Weile verbunden mit Himmel und Erde und mit deiner Kornähre.

Bedanke dich zum Abschluss deiner heiligen Zeremonie der Mitte bei dem Ort und den hilfreichen Spirits, bei Himmel und Erde und auch bei dir selbst. Schließe auf deine Weise den heiligen Raum.

Natürlich kannst du gern auch wieder eine kleine (biologisch abbaubare) Gabe von dir zum Dank in der Natur zurücklassen.

Nimm deine Kornähre mit nach Hause und lege sie auf deinen Altar oder hänge sie über deine Türschwelle.

Möge die Kornähre dich immer an die Kraft deiner Mitte erinnern und an deinen Platz in der Familie von allem, was ist.

Mögest du aufrecht für dich einstehen und für alles, was dir lieb und wertvoll ist, wann immer dies nottut.

Mögest du in voller Größe leuchtend sichtbar sein, und mögen deine Gaben die Welt beschenken und zugleich für dich Früchte tragen.

August

Neumondritual   S. 172

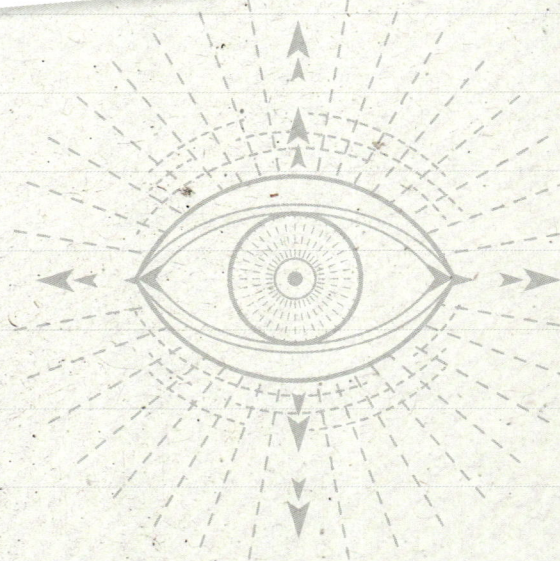

*A*us den noch unreifen grünen Kornfeldern, die im Frühlingswind an Meereswellen erinnern, sind nun golden wogende Kornfelder geworden. Die alten Namen des Augusts, „Ernting", teils auch „Erntemond" (ebenso wie der September, hier bezogen auf die Kornernte), „Kornmond" oder „Reifemond", nehmen dieses wunderbare Naturbild in sich auf. Und auch die Bezeichnung „Brombeermond" erinnert uns an die süßen Geschenke der Natur, die nun überall wild wachsen und für die wir nichts tun mussten.

Auch die Früchte der harten Arbeit werden nun sichtbar. Die Samen des Frühjahrs sind aufgegangen und herangereift, und so liegen die Qualitäten von Fülle, Reife und Vollendung in der Luft. Zugleich zeigt sich, welche Saat nicht aufgegangen ist, und wir können daher zu diesem „Sternschnuppen-Mond" noch einmal ganz gezielt Wünsche aussenden, die sich bisher nicht erfüllt haben.

Ein weiterer überlieferter Name ist „Weodmanod"[56] (im Englischen *weed-month*) und somit der Monat des „Unkrauts", was ich energetisch in das Neumond-Ritual mit eingewoben habe. Es ist nun sowohl das Ernten als auch das Jäten bzw. „Aussortieren" wichtig, und beides kann wunderbar zu Neumond bedacht werden. Zu dieser Zeit im Jahr, inmitten aller Fülle, sind uns die wirklichen Wünsche oft deutlicher und klarer, und wir können auch all unsere Projekte und Pläne nun auf ihren Reifegrad prüfen. Vielleicht stellen wir fest, dass sie gar nicht (mehr) zu uns passen, und können die Kraft des Sichelmonds und der „Schnitterin" einladen, uns beim Verändern und Anpassen unseres eingeschlagenen Weges zu helfen.

Im August wird noch ein weiteres heiliges Mondfest, das keltische Lughnasadh, gefeiert, und so kannst du letztlich wählen, ob du den Neumond für das Ritual nutzen magst oder ob du es lieber in der Nacht zum 1. August – zu Lughnasadh – zelebrierst. Aufgrund der Vielfalt an Themen, die alle hier zueinanderfinden, habe ich dir in diesem Monat eine Fülle von Inspirationen zum genannten Jahreskreisfest, Wissenswertes zur „Schnitterin", zum Lichtgott Lugh (der diesem Fest seinen Namen gegeben hat), zur Korngöttin (stellvertre-

---

[56] *Überliefert von Einhard und Beda Venerabils, vgl. „Der gebundene Mondkalender der Germanen" von Andreas E. Zautner, S. 49.*

tend für die sogenannten Kornmütter generell) und zu den damit verbundenen Brot-Zeremonien zusammengetragen.

Im Juli 2019 habe ich (zur Freude der Nachbarn) mit einer Korngöttin gemeinsam im Kornfeld getanzt und um ein Ritual gebeten. Damals fiel der Neumond exakt auf das solare Jahreskreisfest Lughnasadh (auch „Lammas" genannt), welches den Beginn der Erntezeit markiert. Aus meiner Sicht haben sich damit unterschiedliche Traditionen kraftvoll an diesem Tag gebündelt, und aus dieser Vereinigung wurden viele Möglichkeiten offenbar. Diese können wir nun Jahr um Jahr nutzen, wenn es uns zum Neumond oder zum Jahreskreisfest ruft.

Hintergrundwissen über Gottheiten und Brote

Der Lichtgott Lugh vereinigt sich mit der Erdgöttin (in der irischen Mythologie ist er mit Danu verbandelt),[57] und an Lughnasadh feiert man somit die heilige Hochzeit von Licht und Erde. Für uns bedeutet das energetisch: Es ist die Zeit, um unser Licht voll auf die Erde zu bringen! Unsere wildesten Träume, großen Visionen, drängenden Sehnsüchte können wir jetzt rituell manifestieren. Auch der Name „Lammas" (auch „Hlafmass" oder „Loafmass") für das gleiche Fest bedeutet Ähnliches – dieser Begriff kann mit „Zeremonie des Brotes" übersetzt werden. Es wird dem leuchtend goldenen Korn gedankt, das in früheren Zeiten für „unser tägliches Brot" stand und somit die wichtigste Zutat für das Überleben war, vor allem in den harten Wintermonaten, in denen es keine anderweitige Ernte gab. Es wird an diesem Tag ebenfalls der Göttin des Korns (u. a. in Gestalt der goldenen Kornmutter Sif, der goldenen Göttin der Fülle Caiva, der altgriechischen Demeter sowie Ker, Letzterer in ihrem todbringenden Aspekt einer Schnitterin) für die Fülle gedankt. Man stimmt mit Opfergaben die Korngeister friedlich, um wirklich alles gut zu ernten, das ausgesät

---

[57] *Sehr bekannt ist auch die Sage um seine geliebte Amme Tailtiu, die an diesem Tag starb und für die Lugh einen Grabhügel errichtete. Jahr für Jahr soll er ein 28 Tage währendes Fest (14 Tage vor Lughnasadh und 14 Tage danach) dort veranstaltet haben, wo sie in die Erde einging. Auch hier zeigt sich das Bild des mit der Erde verbundenen Lichtgottes. In diesem Mythos liegt das Gewicht dann mehr auf dem Sterben/beginnenden Herbst.*

wurde, und so ohne Sorgen durch den rauen Winter zu kommen. Denn nun beginnt, wie gesagt, die Ernte erst, und man startet mit den Kornfeldern. Andere Feldfrüchte und auch viele Obstsorten benötigen noch ein wenig Zeit und daher auch weiterhin gutes Wetter. Der alte Name „Donnermond" lässt erahnen, dass man sich vor den Sommergewittern fürchtete, die die Macht hatten, die Feldfrüchte und damit die Ernte zu vernichten.

☾ ALLTAGSZAUBER-TIPP ☽

Als kleines Ritual und um für deine persönliche „Ernte" weiterhin gutes Wachstum zu erbitten, könntest du ein paar Gaben (z. B. Nüsse, Samen, ein paar Blüten) auf ein nahe gelegenes abgemähtes Feld bringen und dich achtsam für all die Nahrung, das Wachstum und die Fülle der Natur bedanken.

Früher war dies eine wertschätzende Geste für das Stück Land, von dem man reiche Ernte empfangen hatte, und ein Dank an die Fülle spendende Kornmutter. Heute sieht man dies leider im Grunde gar nicht mehr. Die Felder werden stattdessen viel zu oft Stoffen wie Glyphosat zur Unkrautbekämpfung ausgesetzt. Und in direkter Entsprechung dazu setzen wir unsere eigenen seelischen Felder den „Giften" der inneren Antreiber (z. B. der Perfektionistin, der immer Starken, der stets Fleißigen) aus und auch jenen im Außen, die z. B. im Internet und auf Social-Media-Kanälen ihre Hatespeech- und Mobbing-Gifte sprühen. Symbolisch kannst du mit einer solchen Gabe auf dem Feld im Kleinen sowohl innen wie außen einen Wandel anstoßen und dich selbst liebevoll daran erinnern, die Bereiche, die dir Leben schenken, zu respektieren und zu achten.

Das Einholen der Heuernte (meist im Juli) und der Kornernte jetzt im August setzen die ersten Schnitte in der Natur. Daher wird diese Zeit auch die Zeit der Schnitterin genannt, die nun mit ihrer Sichel über die Felder zieht. Eben jene kann man ganz wunderbar um die Kraft der klaren Entscheidung und Handlung im rechten Augenblick bitten und sich mit dieser Energie verbinden. Mit ihr verbunden zog man früher auch über das Land und erntete die Heilkräuter. Denn man ging davon aus, dass zu dieser Zeit im Jahreskreis alle Wesen ihre dreifache Kraft haben – die Kräuter also dreifach heilkräftig sind. (Wie bereits im Kapitel für den Juni ab Seite 154 beschrieben, eignet sich diese Zeit auch zum Binden der 3x3-Kräuterbuschen und für die Rituale rund um die Heilkräuter.) Und auch *du* bist gerade als Teil der Natur ebenso in deiner dreifachen Kraft!

Die Schnitterin wird mit einer Sichel in der Hand dargestellt und erinnert nicht zufällig ein wenig an die weibliche Version eines Gevatter Tod mit der Sense. Sie ist zuständig für den klaren Schnitt und entscheidet so über das Bleiben (und noch ein wenig Nachreifen) oder Gehen (was im besten Falle die Ernte meint, aber auch heißen kann, etwas abzuschneiden, loszulassen oder dass etwas stirbt – und manchmal wird uns auch erst ein wenig später unsere innere Wahrheit dazu bewusst).

Die folgenden Impulsfragen können hier sehr hilfreich für deinen eigenen Prozess sein:
–   Was in dir ist voll herangereift?
–   Was möchtest du in deinem Leben ernten?
–   Was reift gerade heran und benötigt noch ein wenig Zeit, Fürsorge, Wachstum?
–   Welche Saat soll gar nicht erst zu reifen Früchten werden?
–   Welche Früchte sind leider völlig wurmstichig?

Der richtige Zeitpunkt ist nicht nur für die Ernte auf den Feldern wichtig, sondern auch für die deines Selbst, deiner inneren Entwicklung und daraus resultierenden Projekte. Du kennst das sicher: Reife Bananen sind etwas Feines –

werden sie dann braun, weich und mega-süß, mag sie irgendwann keiner mehr, denn sie lagen zu lange herum und wurden überreif. Das darf dich daran erinnern, genau hinzuschauen:

- Welche Saat ging auf wie gewünscht (oder gar noch besser)?
- Wo ist es Zeit zu ernten, was du verdient hast?
- Was ist leider nicht aufgegangen (oder wie die erwähnte Banane überreif geworden) und muss dringend ausgemistet werden?

Und hier kommen Korngöttin und Schnitterin zusammen, denn es ist an der Zeit, die Spreu vom Weizen zu trennen und ganz bewusst nur das zu ernten, was zur vollen Reife gelangt ist.

NEUMOND
Trenne die Spreu vom Weizen

Nutze diesen Neumond oder dieses Jahreskreisfest im Einklang mit der derzeitigen wilden, feurigen Sonnenenergie genau dafür: mit einem Ritual spielerisch zu schauen, was dir noch dienlich ist und was hingegen einfach nicht (mehr) nährt.

Vorbereitung und Materialien
Stimme dich ganz entspannt ein, widme dich in aller Ruhe deiner Innenschau und Klarheit (gern mit den oben genannten Impulsfragen und evt. auch weiteren, die dir in den Sinn kommen), denn ein Ritual gibt dir immer das zurück, was du bereit bist hineinzugeben.

Wenn du magst, nutze das Journaling, um deine Erkenntnisse zu den Impulsfragen festzuhalten und auch hinterher dein Erleben im Ritual selbst. Ich kann es dir von Herzen empfehlen. Manches wird einem erst nach einiger Zeit klar und kann so besser nachvollzogen werden.

Du benötigst für dein Ritual zwei Schalen und eine Handvoll Kornähren oder alternativ einige Samen (Sonnenblumenkerne eignen sich z. B. sehr gut) und Haferflocken. Die Menge bemisst sich intuitiv und verbunden mit den Themen, die die Impulsfragen in dir zutage bringen und die du dir in all ihren Facetten anschauen magst.

DEIN RITUAL

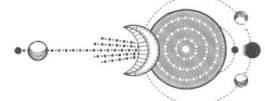

- Jetzt braucht es deine Achtsamkeit und meditative Hingabe. Nimm dir ungestörte Zeit nur für dich und für einen rituellen Tanz mit deiner Seele, den du mit deinen Händen und deinem Herzen ausführen wirst.
Rufe wie immer gern hilfreiche Kräfte an deine Seite und erschaffe auf deine Weise einen heiligen Raum.

- Versinnbildliche mit Gaben der Natur deine Klarheit der Innenschau nun rituell: Solltest du Kornähren haben, so empfiehlt sich das wahrhafte Spreu-vom-Weizen-Trennen, ansonsten nimm gern z. B. Samen und Haferflocken dafür. Sei kreativ. Du benötigst dazu außerdem deine beiden Schalen (oder du nutzt den Tisch und trennst in zwei Häufchen).

- Beginne mit deinen eigenen Händen die Spreu vom Weizen zu trennen, denn du bist die Schöpferin deines Lebens!
Nutze die folgenden Fragen und spüre während des meditativen Tuns nach:
Welche Körner lösen sich leicht heraus und was flüstern sie dir zu?
Welche Körner stehen für die Samen, die auf die ganz große Bühne des Lebens und ihren fruchtbaren Boden fallen dürfen? Sprich: Welche Beziehungen, Projekte, persönlichen Eigenschaften magst du ehren oder vermehren? (Du kannst auch das ganze Ritual gern ausschließlich einem einzigen Thema widmen, z. B. deinem Herzens-Business und darin den Kooperationen, Projekten, Verträgen, Visionen, Angeboten, und damit voll und ganz die Antworten zu deinem Herzensweg und Selbstausdruck in den Vordergrund treten lassen – auf dass du nur noch der Stimme deines Herzens folgst und deine ganz großen Visionen auf die Bühne des Lebens kommen.)
Und während du jedes einzelne Korn herausschälst – welche Spreu klebt vielleicht daran?

Was magst du lösen, weil es dich einengt, begrenzt oder festhält?
Was musst du loslassen, weil es deine Augen eben nicht leuchten lässt?
Wo verliert dein goldenes Korn an Licht?
Was ist einfach nicht nährend, nicht fruchtbar?

- Nach und nach kannst du so deine
zwei Schalen anfüllen und mit deinem Handeln rituell jeder winzigen
Spreuspelze und jedem Korn bewusst eine Bedeutung geben.

- Übergib dann deine Schale mit der Spreu – sofern es dir möglich ist, ein
Lagerfeuer zu entzünden oder du vielleicht einen Kamin besitzt – dankbar für alles Gelernte und Erkannte dem Feuer, auf dass es sich in etwas
ganz Neues verwandeln darf. Lass es in den Flammen los. Wenn du diese
Möglichkeit nicht hast, so kannst du die Spreu rituell beerdigen. Grabe
ein kleines Loch, gern unter einem Holunder oder Haselbusch, und vertraue all das Abgestorbene/Aussortierte Mutter Erde an.

- Mit deinen Körnern aber gehe hinaus in die Natur. Wirf sie frei und beschwingt auf ein Feld, wenn du deine Fülle verschenken, in die Welt aussenden und unbeschwert die Flügel ausbreiten magst! Oder lege sie an einem Ort, der die gefällt, bewusst auf die Erde nieder und danke ihr noch einmal dafür, dass sie so vieles so wundervoll unterstützt hat, damit es ins Leben kommen konnte.

  In beiden Fällen lässt du also los bzw. gibst weiter, weil deine wahre Fülle und Schönheit so übersprudelt – wie eine Quelle, die niemals versiegt. Diese Fülle musst du nicht zurückhalten, sie ist dein Geschenk an die Welt. Deine Herzlichkeit und Großzügigkeit werden immer für mehr Wärme und Licht in der Welt sorgen.

  Du erlaubst dir in diesem Ritual gleichsam, in deiner eigenen Größe zu strahlen und stehst zu deiner Einzigartigkeit.

- Aus all den Erkenntnissen während des rituellen Tuns kannst du deine Körner auch gemeinsam mit Neumond-Wünschen auswerfen. Wie du weißt, eignet sich die Neumondphase ganz besonders dazu Intentionen zu setzen und Wünsche klar zu formulieren, die dann aus deinem Herzen in den Kosmos fliegen dürfen. Du verbindest dich hier auf besondere Weise mit deiner kreativen Schöpferkraft und einem Weg hin zu Selbstverantwortung und Selbstbestimmung, Lebensfreude und Erfüllung.

- Widme dich thematisch bei diesem Ritual dem, was dich am meisten angesprochen und persönlich berührt hat und überlasse deiner Intuition die Führung. Lass dein Herz überfließen, feiere dein Sein, tanze ausgelassen um das nächstbeste Kornfeld herum und feiere die Ernte deines Selbst.

Mögest du deine Fülle voll und ganz annehmen und genießen können,
und möge sie als Segen für alle Wesen von ganzem Herzen
in die Welt überfließen.
Mögest du deine Einzigartigkeit feiern und lieben.

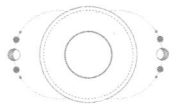

VOLLMOND
Zeremonie für die Göttin des Korns

Da das Korn im Verständnis unserer Vorfahren in der Zeit goldener Fülle sein Leben gab, um durch sein Opfer die Menschen zu nähren, wurde es häufig zum Dank mit Opfergaben bedacht. Für unsere Ahnen, denen das Getreide in vielfältiger Form über sehr lange Zeit Hauptnahrungsmittel war, spiegelte sich hierin der heilige Kreislauf von Werden, Wachsen/Reifen und Vergehen deutlich wider – und dies in der besonders hellen Füllezeit (im Herbst/Winter ist Vergehen ja überall viel deutlicher sichtbar). Somit war ein Brot stets mehr als nur ein Nahrungsmittel; diese „Opferbereitschaft" des Korns wurde einer gütigen Kornmutter gleichgesetzt, die alles für ihre Kinder tun (und sogar ihr Leben geben) würde. Der Akt des Brotbackens allein war schon eine heilige Handlung, ein liebevoll zelebriertes Ritual. Und selbst wenn du noch niemals ein Brot gebacken hast – dieser Monat wäre ein wundervoller Zeitpunkt, um es der Kornmutter zuliebe zu versuchen.

Kannst du dich an Märchen und Legenden aus deiner Kindheit erinnern, in denen Brot durch besondere Handlungen zauberkräftig wurde und heilende Wirkungen hatte? Dazu finden sich in den mythischen Überlieferungen Rituale, in denen das Brot u. a. ganz besonders geflochten oder eingekerbt, mit Muttermilch oder Asche bestrichen wurde oder als besondere Zutat frisch geschöpftes Wasser einer heilsamen Quelle enthielt. Vielleicht magst du auch einfach eine mythologisch als zauberkräftig bekannte Haselnuss einbacken, die das ganze Brot mit Glück, Fülle und Segen versieht?

So vieles ist möglich. Brot-Rezepte gibt es sehr viele und natürlich auch zu jeglichen Unverträglichkeiten. Ein rituelles Brot zu backen kann immer auch als Gabe für die Gottheiten oder als Geschenk an andere verstanden werden; es müsste also nicht einmal von dir selbst verzehrt werden.

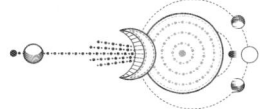

DIE GÖTTINNEN–
ZEREMONIE

Dieses Ritual kann dir zum einen helfen, dich wieder im Großen Ganzen zu verorten, Nahrung und Fülle wertschätzend zu begegnen und diese mit Freude weiterzuschenken, zum anderen drückt es deine Dankbarkeit aus gegenüber Mutter Erde, Wind und Wetter und auch all den Ahnen, die sich mit Korn nährten und letztlich das Leben bis zu dir weiterreichten. Es verbindet so mit altem lebenserhaltenden Wissen. Du kannst es ganz allein für dich zelebrieren oder deine Kinder miteinbeziehen – und alle Varianten dazwischen. Bitte spüre für dich, was dich hierbei am meisten nährt und sich stimmig anfühlt. Es kann und darf jedes Jahr variieren.

- Erschaffe einen heiligen Raum für dich in deiner Küche – und sei es nur durch das Entzünden einer Kerze, die dich während des Backprozesses leitet. (Natürlich kannst du dies so gestalten, wie es für dich am stimmigsten ist, oder du kannst auch die Hinweise ab Seite 63 ff. dafür nutzen.) Mache dir vor dem Beginn klar, welche Intention du hast und wie du nun der Korngöttin danken möchtest.

- Falls du die Zutaten rituell mit einem Holzlöffel von Hand vermengen magst, kannst du diesen zuvor segnen, indem du z. B. etwas einbrennst (ein Herz, um deine Liebe und Dankbarkeit „einzurühren", einen kurzen Segensspruch o. Ä.). Durch das kräftige Vermengen von Hand verbindest du dich sehr viel ursprünglicher mit dem Ahnenwissen, doch selbstverständlich ist dies kein Muss, sondern einfach eine Inspiration.

Das Rezept

Zutaten[58]

250 g Dinkelmehl

350 g Weizenmehl

2 TL Salz

20 g Hefe

2 EL Essig

370 ml lauwarmes Wasser *(bei Vollkornmehl oder anderem Verhältnis von Dinkel zu Weizen entsprechend etwas mehr)*

etwas Mehl zur Teigverarbeitung

Zubereitung

Alle Zutaten kräftig mischen, bis der Teig Blasen wirft und alles sich gut miteinander vermengt hat. Die Schüssel mit einem Geschirrhandtuch abdecken und an einem warmen Ort ca. 45 Minuten gehen lassen.

Den Teig aus der Schüssel auf eine bemehlte Arbeitsplatte geben und ordentlich durchkneten.

Forme dann aus dem Teig symbolisch einen Göttinnenlaib. Dieser kann rudimentäre weibliche Formen haben, inspiriert von den Venus-Figuren, und auch opulent mit eingekerbten Kornähren und Blumen verziert oder mit Ährenkranz gekrönt werden. Deiner Kreativität und dem Ausdruck deiner Wertschätzung sind keine Grenzen gesetzt.[59]

---

[58] Du findest auch jede Menge Rezepte, Videos und Geling-Tipps im Internet, dabei auch einige Gebildbrote mit aufwendigen bedeutsamen Symbolen und Mustern, wenn dir danach ist. Ein einfaches Hefezopf-Grundrezept, wie du es z. B. im Kapitel zum Monat November auf Seite 240 findest, statt dem hier genannten, wäre ebenfalls völlig ausreichend; da geht es dann mehr um die Süße des Lebens.

[59] Einen Blick „hinter die Kulissen" eines unserer Göttinnenrituale findest du bei Interesse in diesem Bericht auf meinem Blog: www.jennie-appel.de/2019/08/02/empfange-und-erschaffe-deine-vision/ (zuletzt abgerufen am 6. 12. 2021). Lass dich gern davon inspirieren.

Früher wurde zu dieser Zeit rituell Brot aus der neuen Kornernte gebacken und dabei auch je nach Kultur Asche, Muttermilch/Milch verwendet. Das Brot wurde in Form einer Göttin gebacken, um u. a. für die nährende Milch zu danken. Derzeitige unfassbare Skandale in der Milchwirtschaft zeigen deutlich, wie sehr die Wertschätzung für die Kühe, für Mütter, für Nahrung an sich und der Dank für all das, was uns da geschenkt ist, gebraucht wird, und ich freue mich über all jene, die die alten Riten wieder ganz zeitgemäß begehen! Sofern du nicht laktoseintolerant bist, kannst du nun ein wenig Milch auf dem Brotlaib verteilen und Worte der Dankbarkeit an die Kühe, die Große Göttin, alle Mütter etc. aussprechen und diese Milch oder später ein wenig Mehl in Form eines Herzens auftragen, um deine Liebe zu signalisieren.

Bette nun deine Korngöttin auf ein mit Backpapier belegtes Blech und backe sie im auf 220 Grad Ober- und Unterhitze (Umluft 200 Grad) vorgeheizten Backofen ca. 15 bis 20 Minuten. Schalte danach auf 200 Grad (Umluft 180 Grad) zurück und backe die Göttin für weitere ca. 30 Minuten knusprig braun durch. Du erkennst das fertig gebackene Brot daran, dass es hohl klingt, wenn du auf seinen Boden klopfst. (Dazu bitte die Backhandschuhe anlassen.)

Tipp: Wenn du beim Vorheizen eine kleine ofenfeste Schale mit Wasser auf den Rost im Backofen stellst, wird das Brot während des Backens innen schön fluffig und hat eine leckere Konsistenz.

Vielleicht magst du die leckere Göttin auf Rosen oder anderen Blumen gebettet servieren und sie gemeinsam mit deinen Lieben während eines kleinen Sommerfestes verzehren. Lass sie dir gut schmecken und genieße den Sommer!

Korngöttin

Möge dein Licht mit der Sommersonne und der goldenen
Fülegöttin gemeinsam strahlen!
Mögest du die dreifaltige Göttin auch in dir erkennen und ehren können.

EIN ZUSATZ-RITUAL FÜR JENE,

DIE UNGERN BACKEN

Die Zeit, in der wir uns nun im Jahreslauf befinden, ist der Beginn der Erntezeit. In früheren Zeiten war also noch nicht alles sicher in den Speichern eingelagert. Den Korngeistern und Naturkräften wurden deshalb Opfergaben gebracht, um ihre Launen zu besänftigen, sie zu würdigen und sich gewogen zu stimmen, damit die komplette Ernte eingefahren werden konnte. Es ist eine Zeit, in der man neben der Reife des Korns auch seine ganz persönliche Reife ehrt und das, was derzeit im eigenen Inneren heranreift.

All das gilt im rituellen Rahmen letztlich sinnbildlich für jeglichen Lebensbereich, in dem bei dir gerade etwas reift oder dein Wunsch besteht, dass es in Fülle reifen möge. Launische Korngeister und Naturkräfte stehen dabei sinnbildlich für die Stürme in unserem Alltag, die die Situation auf unserem Lebensfeld bzw. die Ernte erschweren.

Für diese gab es das schöne Ritual der Kornpuppen, die nicht gebacken, sondern aus Kornähren gebunden wurden.

Man ging davon aus, dass die Korngeister keinen Zufluchtsort mehr hatten, wenn alles abgeerntet war, und so sorgte man liebevoll für sie und bot ihnen eine kleine Alternative an – als sinnbildlichen Zufluchtsort, an dem sie willkommen geheißen wurden, sodass sie im kommenden Jahr den Menschen wieder gewogen waren und bereit, das Kornfeld zu umsorgen und zu hüten.

Dazu kannst du am Feldrand eines Kornfeldes spazieren gehen und schauen, ob es bereits vom Wind umgeknickte, am Boden liegende Pflanzen gibt, und darum bitten, dass du diese verwenden darfst. Diese nimm dankbar an dich. Binde oder flechte daraus die Gestalt eines sogenannten Kornweibchens.[60]

---

[60] Aufwendige „Corn Dollies" und passende Bastelanleitungen für die Kornpuppen findest du in großer Fülle im Internet.

Wie du hier siehst, haben wir auch einmal ein Korn-Paar gebastelt und sogar bekleidet. Der Fantasie und deinem Selbstausdruck sind also keine Grenzen gesetzt. Gestalte für dich ganz frei, was es in diesem Jahr braucht. Schenke die Kornpuppe dann zum Vollmond als Gabe einem abgeernteten Kornfeld zum Dank für all die Nahrung, die dir stets zur Verfügung steht.

Mögest du Zeit und Muße haben, um dich und das Leben in seiner Fülle zu feiern und bewusst Spreu vom Weizen zu trennen bei all dem, was sich auf deinem Feld entwickelt hat.
Möge deine Ernte dich nähren und dein Feld immer weiter zum Wohle aller gedeihen.

Kornpuppen

September

Vollmondritual   S. 210

Neumondritual   S. 204

*D*er Erntemond bringt uns, wie dieser alte Name des Septembers verheißen lässt, Ernte, Reife und Fülle. Wie wir im vorigen Kapitel gesehen haben, wird auch der August schon zum Teil so bezeichnet, denn das Ernten ist in beiden Monaten ein wichtiges Thema. Die Bezeichnungen „Weinmond" und „Früchtemond" erinnern uns daran, dass auch wir nun auf die Früchte unserer Arbeit aus dem bisherigen Jahrschauen und diese im besten Falle entspannt bei einem Glas Wein mit lieben Menschen feiern können. Ganz sanft schleicht sich nun auch schon der Herbst in diesen oft noch sonnigen, lauen Tagen an und gibt sich zunächst über Feuchtigkeit und würziges Pilzaroma in der Luft zu erkennen, wenn wir im Wald tief durchatmen. Entsprechend trägt der September auch die mittelhochdeutschen Namen „Herbstmond" und „Herbsting".

Als Monat mit der zweiten Tagundnachtgleiche beschenkt uns der „singende Mond" mit dem hellsten (und scheinbar vollsten) Vollmond des Jahres, da er genau dann aufgeht, wenn die Sonne untergeht. Dieses Licht wurde früher dankbar für die Feldarbeit in den Abendstunden genutzt, und uns erhellt es heute in diesem Monat das Dankbarkeitsfest. Zeiten rund um die beiden Tagundnachtgleichen im Jahreskreis bringen immer auch Themen um inneres Gleichgewicht und Balance in allen Lebensfeldern mit sich und laden uns generell dazu ein, die Verteilung unserer Energien bewusst anzuschauen. Zur Zeit der Herbsttagundnachtgleiche können wir uns also fragen: Sind in unserem Leben Geben und Nehmen, Aktivität und Mußezeit, neue Anschaffungen und Loslassen im Gleichgewicht? Wo besteht ein inniger Wunsch nach mehr Ausgewogenheit?

Die energetischen Themen dieser Zeit sind Ausgleich und Dankbarkeit. Inmitten von Werden (die Fülle der Ernte) und Vergehen (das Umherwehen des Herbstlaubs), von Geben und Nehmen, steht die Balance der Energien – eine sanfte Ausgeglichenheit und Ruhe. Es ist der Zustand von Harmonie, den wir nun dankbar mit in unser gemütliches Zuhause nehmen können, in dem wir uns langsam wieder länger und öfter aufhalten werden. Da die Natur, und damit auch wir, in ständiger Bewegung und Veränderung sind, stagnieren wir glücklicherweise nicht (oder nur selten), sondern surfen mal mehr und mal weniger dynamisch auf den Wellen des Lebens. Ungleichgewichte in unserem

Alltagsleben, in Beziehungen, in unserem Befinden dürfen immer wieder sanft nachjustiert werden – und dafür ist gerade der September eine gute Zeit.

Um den 21. September herum wird Mabon gefeiert, das Fest zur Herbst-Tag-undnachtgleiche. Der altdeutsche Name für den September war „Scheiding" – es war damit für unsere Vorfahren der Monat, der den Sommer beendet und den Herbst einleitet. Wir sehen die ersten Vögel, die sich sammeln und sich darauf vorbereiten, in den Süden zu fliegen, während Mutter Natur ein letztes Mal ihr reichhaltiges Füllhorn ausschüttet. Und diese Fülle erfreut besonders die Tiere des Waldes und die Kleinsäuger wie Mäuse, Eichhörnchen usw., die sich nun so richtig satt essen und Vorräte sammeln können, bevor die Tage immer dunkler werden und der Winter Einzug hält. Der Überfluss an Nüssen, Samen und Früchten zeigt uns nun noch einmal ganz deutlich, wie aus einem in fruchtbare Erde gelegten Samenkorn Fülle gedeihen kann.

Da neben Kartoffeln, Karotten, Zuckerrüben, Zwiebeln und verschiedenen Kohlarten auch die Äpfel zu dieser Erntezeit eine große Rolle spielen, widmen wir uns zum Neumond diesem mythologischen Symbol von Unsterblichkeit, Weiblichkeit, Liebe und Heilung, das zugleich eine magische Frucht der Hexen und Zaunreiterinnen ist.[61] Auch die Phase des „Altweibersommers", u. a. mit den Spinnfäden der jungen Wolfsspinnen[62], die sich damit durch die Luft tragen lassen, erinnert uns an Seelenflüge, Wolfsfrauen und spinnende alte Weiber.

---

[61] *Schneidet man den Apfel horizontal mittig durch, wird in dem Kerngehäuse ein fünfstrahliges Pentagramm erkennbar. Die Fünfstrahligkeit (die auch in anderen heiligen Symbolen aufgegriffen wurde) nimmt sehr wahrscheinlich auch Bezug darauf, dass der Mensch mit Kopf, beiden Armen und beiden Beinen eben jene aufweist. So ist es ein Symbol des kraftvollen Wirkens in alle Richtungen aus der eigenen Mitte heraus.*

[62] *Zu dieser Jahreszeit bringen verschiedene junge Kleinspinnen an exponierter Stelle einen Faden aus, der mit dem Wind und mit ihnen selbst fortgetragen wird, da sie sich so neue Lebensräume erobern. Teilweise fliegen sie damit Hunderte von Kilometern.*

NEUMOND
Wünsche mit den magischen Symbolen weiblicher Urkraft

Vorbereitung und Materialien

Für dieses Ritual empfehle ich dir wie immer einen passenden Ort in der Natur, der dich mit allen Zeichen unterstützt, die dort von dir empfangen werden können. Alternativ kannst du auch zu Hause einen liebevoll ausgewählten Ort (Altarplatz/Erntemond-Tisch) gestalten und dazu nutzen.

Du benötigst einen Apfel, ein Messer zum Aufschneiden, fünf kleine Zweige – und gern auch wie immer Gaben wie Nüsse, Samen, Blüten etc. nach Wunsch. Gerne kannst du dich hier auch noch tiefer verbinden, indem du dein Mondblut als Gabe mit der Erde teilst (sei es in diesem Neumond-Ritual; oder bringe es einfach zu deinem Ritualort, wann immer du später in deiner Mondzeit bist). Seit Urzeiten haben die Frauen in die Erde geblutet, sie damit in ihrem tiefen Verständnis genährt und fruchtbar gemacht, oder sie haben ihr Mondblut in kleinen Gefäßen „aufgefangen", um es rituell zu verwenden.[63]

„Wenn wir in der Lage sind, die religiösen, mythologischen und moralischen Werte zu entschlüsseln, die in gewöhnlichen Objekten oder alltäglichen Ereignissen verborgen sind, wird das Leben unendlich reicher und leidenschaftlicher. Es verdient dann wirklich, gelebt zu werden, weil die unbekannte Welt, die sich öffnet, voller Botschaften und Hoffnung ist. Diese Welt ist uns dann sehr nahe und nicht mehr undurchsichtig."

MIRCEA ELIADE[64]

---

[63] *Selbstverständlich ist dies zu alten Mondritualen in diesem Buch möglich bzw. zu jeder deiner Mondzeiten, wenn dies für dich stimmig ist.*
[64] *Zitat aus dem Dokumentarfilm „Mircea Eliade et la Redécouverte du Sacré" („Mircea Eliade and the Rediscovery of the Sacred") von Paul Barbă Neagră.*

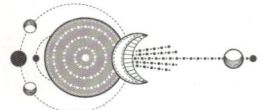

- Widme diesen Apfel in all seiner Symbolik, mit all seiner Verbundenheit zum alten Hexenwissen und der Kraft der Fünfstrahligkeit nun der Großen Göttin, Mutter Natur.

· Öffne dazu zunächst wie immer auf deine Weise einen heiligen Raum.

· Schneide dann den Apfel mittig quer auf.
  Lege die eine Hälfte deines Apfels auf den Erdboden als Gabe an die Große Mutter und alle ihre Wesen. Sprich gern ein paar widmende Worte dazu aus.
  Vielleicht magst du dieses Mal all den mutigen Hexen und Hebammen danken, die zu ihren Gaben gestanden und Kräuterwissen, Frauenheilkunde und Magie wahrhaft gelebt und geteilt haben; all den Völvas, Alrunas, Seidkonas, Stabträgerinnen[65] und Zaunreiterinnen, die ver-

suchten, die Zugänge zu den anderen Welten, die Rituale und Zeremonien zu bewahren; all den Medizinfrauen, Heilerinnen, Schamaninnen aus allen Himmelsrichtungen, all den wilden Wolfsfrauen, die uns vorangegangen sind und derer Weisheit noch immer aus dem Erdboden und von den Wipfeln der Bäume zu uns flüstert.

- Verspeise nun rituell, mit Blick auf das Pentagramm im Apfel vor dir auf der Erde, die andere Hälfte deines Apfels, um dich mit seiner symbolischen und nährenden Kraft zu versorgen.
  Während du ihn langsam und achtsam isst, spüre und stelle dir die folgenden Fragen:
  Welche Qualitäten wünschst du dir, um noch mehr zu dir und deiner ureigenen „Medizin" zu stehen?
  Welche Form der Unterstützung (in dir selbst und von anderen) wünschst du dir?
  Was ist dein Wunsch an die Spirits/die Große Göttin?
  Was wünschst du dir für die Erde und zum Wohle aller Wesen?
  (Formuliere hier vier Wünsche für dich und einen für alles, was lebt.)

- Nimm nun die zurechtgelegten Zweige, je einen für einen deiner Wünsche. Puste nacheinander den Wunsch aus vollem Herzen dreimal in den Zweig und lege deine Zweige – einen nach dem anderen – wie eine Verlängerung der fünf Strahlen des Pentagramms (im Apfelgehäuse) um die Apfelhälfte herum.
  Weite damit die Kraft des Pentagramms (und des Apfels) aus und verbinde sie zugleich mit den fünf kleinen Zweigen, die du rundherum ablegst.
  Verbinde so deine Wünsche mit dem uralten Symbol weiblich-magischer Kraft. (Gib nun gern auch dein Mondblut rituell hinzu.)

---

[65] All dies sind Namen für die weisen Seherinnen, Zauberfrauen, Seidr-Wirkenden im Kontext der mittel-/nordeuropäischen Kultur.

- Spüre diesem Naturbild eine Weile nach. Was immer nun in dir aufsteigt und du aussprechen magst, sprich es aus. Wenn du noch mehr Gaben auslegen magst, erweitere dein Naturbild ganz frei um alle Farben, Formen und Geschenke, die du hinzugeben möchtest.

- Wann immer du das Gefühl hast, dass alles getan ist, bedanke dich bei allen Kräften, die dich unterstützt haben, und schließe auf deine Weise den heiligen Raum wieder.

- Halte gern deine Wünsche, dein Empfinden und auch die Erlebnisse und (tierischen) Begegnungen während des Rituals in deinem Tagebuch fest.

Mögen die magischen, wilden, heilkräftigen Frauen aller Zeiten
mit ihrer Weisheit spürbar hinter dir stehen.
Möge ihre Kraft sich mit der deinen verbinden und du diese
zum Wohle aller Wesen einsetzen können.
Mögen die Türen in all die verborgenen Welten sich dir öffnen,
und mögest du freudvoll hindurchschreiten, wann immer es dich ruft.

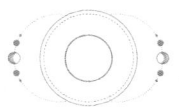

VOLLMOND
Nähre deine Urkraft

Es ist eine Zeit, in der wir Dankbarkeit in unseren Herzen spüren können für die Fülle, die uns das Leben schenkt. Vielleicht verbindest du genau wie ich mit Erntedankfesten früher auf dem Dorf einige fröhliche Kindheitserinnerungen ... leuchtende Farben, reich gedeckte Tische, bunte Gaben und wundervolle herbstliche Bastelideen. Während eines Erntemonds darf ein Dankbarkeitsritual für die ganze Familie (bzw. den ganzen „Stamm"; also durchaus auch mit Freund*innen schön zu feiern) nicht fehlen, wenngleich du es durchaus auch nur für dich allein zelebrieren kannst. Mir ist jedoch wichtig zu betonen, dass es gemeinsam für Jung und Alt und alles dazwischen durchführbar ist. Im Jahreskreis gilt die Herbst-Tagundnachtgleiche als eine Zeit der Balance und eignet sich hervorragend für die Innenschau und Bestandsaufnahme:

- Was ist gerade zu viel?
- Was sollte ich aufhören zu „horten"?
- Wo kann ich loslassen, wie die Bäume ihre Blätter?
- Wovon wünsche ich mir dahingegen mehr?
- Habe ich alles gut in meine Speicher und Vorratskammern eingeholt?
- Was ist noch zu tun, bevor ich zur Gemütlichkeit des Herbstes und dem Rückzug des Winters übergehe?

Für diese Bestandaufnahme eignet sich der September-Vollmond ganz wunderbar, da er selbst gerade in seiner Fülle erstrahlt und dadurch dazu einlädt, etwas abzurunden bzw. zu vollenden und dabei zugleich all deine Fülle im Leben deutlich zu sehen. Du kannst dich mit diesen Fragen gern aber auch über den gesamten Monat hinweg beschäftigen.

Dieses neue Ritual ist an die alten Traditionen angelehnt und findet seinen Weg ganz natürlich ins heutige moderne Leben. Hintergrundwissen zu der

Bräuchen des Septembers und auch ein reinigender Ritual-Tipp für dich allein zum Jahreskreisfest vervollständigen die Inspirationen zu diesem „heiligen Monat", um auf den Spuren der weisen Seherinnen unserer Kultur zu wandeln.

Hintergrundwissen zu Erntedanktraditionen

Sicher kennst du noch die Erntedankfeste und den Brauch eines reich gedeckten Tisches voller Früchte, Gemüse, Kornähren und Broten – und sei es nur von Fotos. Sich inmitten der Fülle des Herbstes bewusst zu machen, dass für die Nahrung, von der wir leben, ein anderes Wesen etwas für uns geopfert hat – sei es sein Fleisch, seinen Fruchtkörper, sein Korn, seine Wurzel, seine Milch/ seinen Saft etc., führt ganz natürlich zu Dankbarkeit. Ohne die Nahrung aus der Natur könnten wir nicht leben. Ohne Berührung, Austausch, Freundschaft könnten wir als „Herdentiere" ebenfalls nicht gut überleben. Es ist also nun eine wunderbare Gelegenheit, Dankbarkeit für all das auszudrücken, damit einen bewussten Ausgleich zu schaffen und auch anzuerkennen, was uns sowohl körperlich als auch seelisch genährt hat. Ein von Herzen kommendes „Danke" ist eine Gegengabe, eine wertschätzende und verbindende Geste für all die erhaltenen Geschenke – sei dies für reiche Ernte oder nährende Freundschaft.

Diese Geste der Dankbarkeit können wir wie einst direkt vor Ort ausführen, also z. B. am Feldrand, am Apfelbaum, im Stall … oder direkt bei all jenen, die uns freundlich zur Seite stehen. Doch da wir alle miteinander verbunden sind, müsste sie nicht einmal zwingend dort erfolgen, wo die Lebensmittel herkommen, sondern auch an ganz anderer Stelle – in deinem eigenen Zuhause, an deinem Lieblingsplatz in der Natur etc. Ob wir allein, in Partnerschaft oder einer Familie leben – wir tun auch heute noch gut daran, für Harmonie in uns und untereinander zu sorgen, bevor wir in der kalten Jahreszeit wieder mehr Zeit drinnen verbringen. Um die beiden großen Kräfte zu ehren, ist es besonders schön, wenn das Ritual sowohl im Haus als auch in der Natur stattfindet. So können wir auch den Ausgleich zwischen Innangard und Utangard schaffen – d. h. zwischen der Einfriedung (unserem Zuhause) und dem Wilden, dem Chaos, der Unordnung (jenseits unseres Zauns bzw. heute vielmehr jenseits der „eigenen vier Wände"), all dem, was wir bisher nicht gezähmt haben.

Hintergrundwissen zum heiligen Monat und dem großen Thing

Unter anderem bei den Angeln und Sachsen war der September als „Haleg-monat", der heilige Monat, bekannt, in welchem ein großes Opferfest gefeiert wurde. Und bei den germanischen Stämmen insgesamt fand zu jener Zeit „das große Thing" statt (vermutlich ebenfalls in Verbindung mit Opferungen), jene Versammlung, bei der die Oberhäupter der Sippen zusammenkamen, um Konflikte zu lösen, Recht zu sprechen. Fragen zu klären, für Ausgleich untereinander zu sorgen und letztlich durch ein Opfer die Balance zwischen unserer Welt und der Welt der Götter herzustellen.

So wurden einst die Verbindungen unter den Menschen wie auch jene zur anderen Welt in ein harmonisches Gleichgewicht gebracht. Für unsere Vorfahren war dies absolut grundlegend, denn sie gingen davon aus, dass nur ein Mensch, eine Familie, eine Sippe im Gleichgewicht Wachstum und Gedeihen für alle ermöglichen können. Dies schloss alle Wesen mit ein: Erde/Erdboden, Pflanzen, Tiere, Menschen, Götter. Wurde gegen die Natur oder ein Mitglied der Gemeinschaft gehandelt und somit gegen diese Grundregel verstoßen, so zog dies für alle Beteiligten Un-Heil nach sich, da sie nun aus dem Netz des Lebens herausfielen und sich vom Zustand des Heils entfernten. Auf der großen Thing-Versammlung wurden dann Maßnahmen beschlossen, mit denen der Verursacher des Unheils das Gleichgewicht wiederherstellen und somit das Heil zurückbringen sollte. In Anlehnung an all das lade ich dich in diesem Monat dazu ein, ein Erntedank- und Ausgleichsritual, gern gemeinsam mit den Kindern und/oder Freund*innen, zu zelebrieren. Ergänze deine Freund*innen gern im Folgenden, wo sie nicht genannt sind, und bitte sie vorab im Zuge deiner Einladung, die unten genannten Dinge einfach mitzubringen.

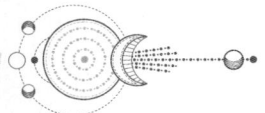

DEIN RITUAL
ZU ERNTEDANK

- Wo immer euer Ritualfest stattfindet, schmückt zuerst einen bunten Herbst-Altar, euren Jahreszeitentisch oder die Mitte eures Esstisches, um die Fülle sichtbar zu machen. Dafür eignen sich bunte Blätter, Nüsse, Samen, Kürbisse, Äpfel, Beeren und andere (Feld-)Früchte. Nutze kleine Schälchen für jedes der Elemente, die am Wachstum vom Samen zur vollen Frucht beteiligt waren und uns damit nähren.

- Bitte jedes Familienmitglied (bzw. eingeladene Freund*innen) darum, sowohl (wenigstens) ein Fundstück aus der Natur mit auf den Gabentisch zu legen, als auch einen Gegenstand aus dem eigenen Zimmer zu holen (mitzubringen), der symbolisch für etwas steht, wofür er oder sie in diesem Jahr ganz besonders dankbar ist (lass dich überraschen, was die anderen jeweils einbringen werden).

- Nachdem der Tisch/Altar mit all den Gaben der Natur und den Fundstücken geschmückt wurde, setzt ihr euch im Kreis zusammen. Nun ist die Zeit des Austauschs, des Anerkennens, Teilens und Annehmens gekommen, euer persönliches „Familien-Thing". Jedes Familienmitglied wird nun nacheinander seinen Gegenstand zeigen und mit den anderen teilen, warum es genau diesen ausgewählt hat, um Teil des Gabentisches zu werden, und wofür es dankbar ist. Nachdem dies mitgeteilt wurde, wird der Gegenstand in den reich gedeckten Gabentisch eingefügt und darf dort bleiben, bis der Tisch irgendwann aufgelöst wird.

- Dann nehmt jeder einige Gaben von diesem reichen Tisch (sehr gern Nüsse und Samen oder Äpfel, die ihr aufschneiden könnt), um einen Ausgleich zu schaffen und der Natur zu danken, und geht gemeinsam in den Wald.

Sucht einen Platz, der euch gut gefällt, und bildet auch hier einen Kreis. Bildet in eurer Mitte gemeinsam mit all euren Gaben ein Erntedank-Mandala für die Tiere des Waldes, die euch Geborgenheit, Staunen und ein Lächeln schenken, wenn ihr diese scheuen Bewohner treffen dürft, und dankt ihnen dafür, dass sie euch umgeben.

Dankt den Bäumen für den Sauerstoff, den sie uns spenden, ihr wertvolles Holz, den Schatten oder den Schutz vor Regen – was immer euch so in den Sinn kommt. Dankt der Erde dafür, dass sie uns alle trägt und wir alle auf ihr Platz finden dürfen. Wenn es euren inneren Überzeugungen entspricht, dankt auch Gott/den Göttern/guten Geistern/Spirits und gern auch euch untereinander – was immer ganz von selbst fließen mag.

Kehrt dann nach Hause zurück und genießt zusammen ein wärmendes Mahl: Bratäpfel aus dem Ofen, eine Kürbissuppe, ... was immer euer Herz und Bauch begehren. Genießt die Fülle, die Nahrung und das herzenswarme Nährende untereinander, wenn Harmonie das Zuhause erfüllen darf.

Einige Tiere des Waldes finden nicht mehr die Fülle von einst in den Wäldern und Feldern vor oder es mangelt ihnen an Wasser. Indem ihr als Familie von eurer Fülle den Familien mit Fell oder Federn gebt, stellt ihr einen Ausgleich zwischen den Arten, den Geschöpfen untereinander und auch zwischen eurer Einfriedung, dem Innangard, und der Wildnis um euch herum, dem Utangard, her.

Möge euch all das dreifach vergolten werden und die Herzen in allen Welten offenhalten für Verbindung und Miteinander. Möge eure Herbst- und Winterzeit warm sein, nach Leckereien riechen und Gemütlichkeit euch umgeben. Möget ihr ausgeglichen und zufrieden sein.

MABON-RITUAL

Dies ist ein kleiner ritueller Impuls für alle Frauen und insbesondere für (werdende) Mütter zur Reinigung deines Körpers und für Dankbarkeit.

In alten Zeiten hieß es, dass ein Bad vor Sonnenaufgang an der Herbst-Tagundnachtgleiche vor Krankheiten schützen solle – und vielleicht magst du diesen alten überlieferten Glauben für dich nutzen, um dich bewusst und innig von der aktiven sonnigen Jahreszeit zu verabschieden, deinem Körper zu danken und ihn mit Mußezeit und Pflege zu verwöhnen. Dies ist eine schöne Gelegenheit, um damit die gemütliche Zeit des Rückzugs und der langen Abende auf deiner Couch einzuläuten.

Ein Bad, das du bewusst der inneren wie äußeren Reinigung widmest und in Dankbarkeit für deinen Körper und das Wasser genießt, lässt dich sanft in die kühlere Jahreszeit „hineinfließen". Du kannst dazu naturreine ätherische Öle nutzen, deren Duft du magst, oder aus deinen Lieblingskräutern des Sommers einen Aufguss machen, den du deinem Bad hinzufügst, um dich mit der Kraft der Natur zu versorgen und auf die kältere Jahreszeit vorzubereiten.

Wie bei jedem Ritual und jeder Zeremonie lebt dies von deiner Intention, mit der du das Bad vorbereitest und begehst. So kannst du gern zuvor singen, ein Gebet sprechen, trommeln oder das Bad mit einer stimmigen Musik einleiten, Kerzen und/oder Räucherwerk entzünden, was immer für dich stimmig ist, um eine Atmosphäre zu schaffen, die dich mit ihrer Heiligkeit dazu einlädt, ganz und gar dein Heil-Sein zu feiern oder einzuleiten.

Ich wünsche dir und deinen Lieben mit all diesen Inspirationen eine naturverbundene, tief mit dir selbst verbundene Spätsommer- und Herbstzeit! Mögest du all die Gaben, die das Leben dir schenkte, und auch all das, was du selbst erreicht hast, schätzen können. Mögest du selbst als eine solche Gabe geschätzt werden.

Oktober

Neumondritual S. 221

Vollmondritual S. 225

*J*etzt wärmen uns die letzten goldenen Sonnenstrahlen, der berühmte goldene Oktober bricht an. Meist warm und bunt, doch auch neblig und allmählich dunkler werdend, verbreitet er seine Melancholie und fühlt sich daher oft wie ein Schwellenmonat an.

Wir nehmen im Jahreskreis nun Abschied von der üppigen Fülle, die die Natur uns so reichhaltig beschert hat. Für unsere Vorfahren fand nun die letzte Jagd statt, und es ist auch die Zeit, um dem Wein und Most dieses Jahres den letzten Feinschliff zu geben.

In der Natur stirbt nun vieles ab, verkriecht sich tief in die Erde hinein (z. B. die Insekten) oder richtet anderweitig Winterquartiere ein.

In früheren Zeiten musste man lernen, zu entscheiden und vorauszusehen: Wusste man, für welches Vieh nicht genug Winterfutter vorhanden war, so wurde dieses geschlachtet und diente selbst als Winterfutter für die Menschen. Bei der kargen Winterernte waren die Menschen mangels anderer Möglichkeiten auf das Vieh angewiesen und auch auf eben jene Entscheidungsfähigkeit, wo es zu „scheiden" galt: Wovon trennte man sich (Besitztümer verkaufen, Vieh schlachten, Wohnort wechseln, d. h. mit dem Stamm weiterziehen, etc.). Daher ist es auch eine Zeit des „Grenzenziehens" sowie des „Ziehenlassens".

Aus schamanischer Sicht ist es eine wunderbare Zeit, um sich sozusagen die Augen der Spirits zu leihen und mit diesem klaren Blick auf all das zu schauen, was über den ganzen Winter Bestand haben wird, was nun weiterziehen wird wie die Zugvögel und was auf welcher Ebene auch immer „zwischen Leben und Tod hängt". Auf visionären Reisen machte man einst aus, wohin die Tierherden ziehen, um ihnen zu folgen und so Jagderfolg und Überleben für den Stamm zu sichern. Heute haben wir zwar für die Lebensmittel den Supermarkt, doch noch immer treiben uns Themen um, die uns das Leben erschweren oder erleichtern können. Die alte, bewährte Form der visionären Innenschau und des Ahnensingens kann wunderbar dafür eingesetzt werden, um sich über diese Themen klarzuwerden. Vielleicht ist heute das Überleben des Stammes (scheinbar) sicher, doch ein Leben aus vollem Herzen, wahrhaft beseelt – statt „nur" zu überleben –, ist möglicherweise „das neue Überleben"? Diese Seelenzeit ist für mich kostbare Medizin. Daher kann ich dich nur ermutigen, dir diese Zeit auch wirklich immer wieder zu nehmen, wenn es dich danach ruft.

Der Oktober und auch sein Vollmond hatten viele, teils etwas melancholisch stimmende Namen: Mond der fallenden Blätter, Gilbhart (von „vergilbtes Laub"), Blutmond oder Schlachtmond, Weinmond, Reifmond, wegen des ersten Nachtfrostes, auch Sterbemond, da bei den kälteren Temperaturen die Sterbefälle zunahmen. Es heißt auch, dass in den beiden Monaten Oktober und November die sogenannten Schleier zwischen den Welten dünn sind, und es sind auch die Wochen, in denen die vielen Totengedenktage stattfinden.

Diese Herbstschwelle bringt uns inmitten der unterschiedlichen Kräfte auch einen gerechten Ausgleich, Balance, Gleichgewicht auf allen Ebenen. Manchmal befinden wir uns zu dieser Zeit jedoch auch ein wenig „im Krieg" mit uns selbst oder auch anderen, sind wütend und enttäuscht (ebenfalls über uns selbst und andere; diese Kräfte sind meist auf allen Ebenen zu finden). Die Elemente Feuer und Luft sind sehr aktiv, und das kann sowohl ganz wunderbar feurigleidenschaftlich große Visionen und Taten befeuern als auch es gehörig explosiv knallen lassen. Wichtig ist daher, mit sich selbst und anderen in dieser emotional geladenen Zeit achtsam zu sein. Der eher aktive Sommer geht zu Ende, und der Herbst lädt dazu ein, immer mehr nach innen zu gehen, sowohl ins eigene Innere als auch ins heimelige Zuhause.

Es geht energetisch gerade um unsere Identität und Eigenständigkeit und um die Verbindung mit anderen, ganz generell um Beziehungen, um ein Wechselspiel zwischen Ich und Du, Du und Wir. Es gilt nun, sich harmonisch einzufinden in Verbundenheit, Geselligkeit und Gemeinschaft und zugleich das Sehnen nach Rückzug, nach Alleinsein zuzulassen und introvertierte Seelenzeit zu genießen. So kann es gut sein, dass es sich innerlich reibt und wie ein Kampf anfühlt zwischen dem eigenen Selbstbild, den eigenen Werten und der Sehnsucht, in einer Beziehung harmonisch vereint zu sein – mit der Tendenz dazu, die eigenen Bedürfnisse zurückzustellen. Starkes Verlangen nach Rückzug trifft also auf zeitgleiche Sehnsucht nach Verbundenheit. Daher ist dies auch eine gute Zeit, um Neues in unseren Begegnungen und Beziehungen zu initiieren. Dazu steht uns das Licht dieses Vollmondes heilsam zur Seite, wenn es so deutlich spürbar allerlei Schatten, Manipulationen, Missstände und Machtspielchen aufdeckt. Wir sind aufgerufen, sowohl hinter die eigene Fassade als auch hinter die Fassade der Gesellschaft bzw. unserer Beziehungen zu blicken.

Wir begeben uns im Kreislauf der Großen Göttin in die Zeit der alten Weisen, die Tiefe, Urkraft und unsere Ahnen im Gepäck hat, und so ist die Anwesenheit der Ahnen manchmal schon deutlich spürbar, als ginge die Erntedank-Atmosphäre nahezu nahtlos über in Samhain bzw. Ahnenfeste und die Zeit, der den Verstorbenen gedacht wird. Es lohnt sich also auch ein erweiterter Blick auf die Ahnenüberlieferungen..

Jetzt ist im Jahreskreis gerade eine sehr gute Zeit, um Masken und Lebenslügen fallen zu lassen, analog zu den Blättern an den Bäumen. Wir sind eingeladen, genau hinzuschauen, innen wie außen aufzuräumen und auch äußerst unangenehme (gern verdrängte) Themen auf den Tisch zu packen.

Dazu haben unsere Ahnen sich gern mit den eher dunkleren Göttinnen verbunden, z. B. der von Raben begleiteten Morrigan (der Todesgöttin, passend zum Sterbemond).[66] Und auch die Walküren, die von der Liebesgöttin Freyja angeführt wurden und die in den Schlachten gefallenen Helden mit sich nahmen, waren hier ganz präsent.

Wenn jemand in dieser Phase des Jahreskreises starb, galt dies als ein vollendeter Zyklus. Man sah diesen Tod also sozusagen fast als eine glückliche Fügung, die der Erfüllung gleichkam.

So gab es Gebete, Opferrituale und Gaben, um nach all der Fülle bis zum Erntedankfest nun wiederum loszulassen und etwas zu geben. Diese Opfergaben dienten als ein Türöffner zu den anderen Welten, zu den Göttern, Geistern, Spirits und Ahnen. Da, wie schon erwähnt, gerade in dieser Zeit (Oktober und November) die Schleier zwischen den Welten als sehr dünn galten, gab man von Herzen Opfer, um zu besänftigen oder zu verhandeln, um zu erbitten, dass man gut über den Winter komme, und Ähnliches.

In diesem Zusammenhang ist es sehr spannend, dass die keltischen Morrigan-Göttinnen bzw. ihre Emanationen zum einen mit Krieg, Tod, zu schlagenden

---

[66] *Macha und Badb als todbringende Göttinnen sorgten für den Ausgleich in den Zyklen (und häufig tauchten sie gemeinsam mit Morrigan in einer Triade auf und wurden dann teils „Morrigans" bzw. „Morrignae" genannt).*

Schlachten, Macht und Schicksal verwoben sind, zum anderen aber immer auch mit Magie, Hexerei, Zauber, dem „Kleinen Volk" (Zwergen, Feen, Naturgeister, Waldwesen, ...) und selbstbestimmter Souveränität. Und auch die nordische Göttin Freyja und die Walküren sind mit genau diesen Themen verwoben. Daher könnte eine jahreszeitliche Innenschau-Praxis zu den folgenden Fragen bereits intensiv und transformierend sein:

- Was muss sterben oder losgelassen werden – in dir selbst und um dich herum?
- Wo gilt es jedoch, für etwas/für dich zu kämpfen?
- Wo ist es jetzt wichtig, für eine wichtige Sache einzustehen, um gerechten Ausgleich zu erlangen und der Wahrheit zu dienen?
- Und wenn etwas stirbt, was erhältst du dann zurück?
- Was wird dir Kraft geben und diese „Lücke" wieder anfüllen?

Während dieser Schwellenzeit, in der es allmählich dunkler wird, tauchen wir tiefer in die Monate voller Magie und orakelnder Rituale ein. Die Große Göttin im schwarzen Gewand sendet eine Einladung an die archetypische Seherin in uns, an die weise, wissende, vorausschauende Zaunreiterin und Brückenbauerin, die innere Ur-Schamanin in uns. Die folgenden Rituale unterstützen dich dabei, im Einklang mit dem Jahreskreis deine intuitiven und seherischen Fähigkeiten ebenso wie deine Beziehungen zu vertiefen.

NEUMOND
Baue Brücken

Öffnen wir mit klarer Intention und geweitetem Herzen einen heiligen Raum und erlauben uns, ganz und gar in Hingabe mit dem Leben zu fließen, dann entsteht Magie, und dieser Zauber webt sich mitten in unseren Alltag hinein. Gerade auf diesen Schwellen zwischen der Alltagswelt und der Welt, die „hinter dem Schleier liegt", können wir mit erweitertem Bewusstsein kraftvoll etwas in Gang setzen, das sich direkt in unsere Welt hinein auswirkt.

Vorbereitung und Materialien
Nimm dir daher zunächst ein wenig Zeit, um dich einzustimmen und deine wichtigsten Themen zu ergründen. Nutze dazu für dein Journaling gern folgende Impulsfragen:

- Wünschst du dir eine Neuausrichtung in deiner Partnerschaft oder in einer anderen Beziehung?
- Bist du gerade in gutem Kontakt mit dir selbst oder braucht es eine Rückverbindung zu dir?
- Wie fühlt sich Selbstliebe gerade an?
- Klopfen alte Wunden an, die Geborgenheit blockieren oder Selbstzweifel nähren?
- Oder rufen in dir derzeit eher große gesellschaftliche Themen ganz laut (Gerechtigkeit, Gemeinschaft, Freiheit, Frieden etc.)?
- Fühlt es sich so an, als würde der Weltschmerz dich überfluten?
- In welchem dieser Bereiche möchtest du deine Kraft einsetzen, um Brücken zu bauen und zu harmonischer Verbundenheit beizutragen?

All deine Antworten können zu Neumond-Wünschen führen, die du auf eine für dich stimmige Art ins Universum senden kannst. Falls du darüber hinaus ein absichtsvolles Ritual durchführen magst, kannst du diese Neumond-Kraft für dich nutzen, um energetisch kraftvoll ins Handeln zu kommen und neue (Beziehungs-)Muster zu etablieren.

Du benötigst „Brückenbau-Material", z. B. kleine Stöckchen, kantige Steine, Gräser (zum Flechten einer Brücke). Dies alles findest du sicher auf deinem Medizingang (siehe dazu die Anleitung auf Seite 47 f. im Kapitel „Immerwährendes Naturritual – die Medizinwanderung"), den ich unten näher beschreibe und bei dem du auch den passenden Ort für dein Ritual finden wirst.

Gern kannst du auch ein paar Gaben wie Früchte, Nüsse oder Samen mitnehmen, die Fruchtbarkeit und Genuss symbolisieren und die diese Qualitäten in deine Beziehung (auch zu dir selbst) bringen können. Möglicherweise kannst du daraus auch gleich die Brücke bauen – so wie ich es einmal gemacht habe.

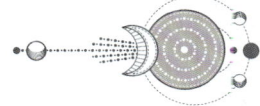

Begib dich mit deiner Intention, eine neue Brücke zu bauen (zu dir selbst, innerhalb einer Beziehung oder als einen andersweltlichen Friedensweg zwischen gesellschaftl chen Gruppen – welches Thema innerhalb der Innenschau auch immer für dich am deutlichsten war), auf einen Medizingang. Halte Herz und Augen offen und sammle unterwegs Materialien, die sich stimmig anfühlen, um die Naturbrücke als ein kraftvolles Sinnbild zu bauen. Lass dich intuitiv leiten und finde in dieser Hingabe auch den für dich passenden dazugehörigen Platz, an dem z. B. Feldrand in Wald mündet, zwei Wege sich kreuzen, ein Bächlein gluckst oder, wie bei mir, ein liegender hohler Baumstamm deine Aufmerksamkeit erregt. Es ist dabei nicht wichtig, wie groß oder winzig klein diese Brücke sein wird; vielmehr ist es deine Absicht, die das Ritual wirkungsvoll sein lässt.

- Wann immer du spürst, du bist am richtigen Ort angekommen, öffne dort auf deine Weise einen heiligen Raum (siehe ab Seite 63 ff.). Benenne nun auch dein Herzensanliegen. Halte dafür gern auch bereits die Brücken-Materialien an dein Herz, damit sie noch mehr zu einem Teil deiner Ritualenergie werden.

- Baue schließlich achtsam und liebevoll zwischen den beiden „Ufern" bzw. unterschiedlichen Seiten deine Brücke.

- Gern kannst du deine Gaben mit den dazugehörigen Neumond-Wünschen „beflüstern" und diese an beiden Enden deiner Brücke oder auf der Brücke selbst auslegen.

- Wann immer du spürst, dass du mit dem Bau der Brücke fertig bist und alles auf den Weg gebracht ist, bedanke dich bei allen hilfreichen Wesen, den Materialien, dem Ort etc. und schließe deinen heiligen Raum auf deine Weise.

- Atme abschließend tief ein und lass dann in Hingabe mit einem langen Ausatmen alles vertrauensvoll los.

Mögest du mit deinen Gedanken, Worten und Taten Brücken bauen und so zum Gemeinschaftsgefühl in der Welt beitragen.
Mögen Spaltungen in dir selbst und um dich herum sanft aufgeweicht werden und zu einer größeren Harmonie zurückfinden.
Mögest du lieben und geliebt werden.

VOLLMOND
Leihe dir die Augen der Spirits (Ahnen)

Divination, die Wahrsagekunst, ist eine uralte Praxis, die überall auf der Welt in unterschiedlichen Ausführungen bekannt ist und die man dazu nutzte, Botschaft und Bedeutung von Zeichen für sich zu erkennen. Üblicherweise ging man davon aus, dass sich aus einer Divination der Wunsch oder Auftrag der Spirits, der Götter oder des Gottes herauslesen lässt. In allen Kulturen gab und gibt es Rituale, bei denen man Steine, Stöckchen, Beeren, Körner, Knochen, Blätter o. Ä. warf, um aus dem Wurf etwas abzulesen. Darüber hinaus ist bekannt, dass man etwas als „Vehikel" nutzte, indem ein darauf gerichteter Blick in ein immer weicheres (verschwommeneres) Schauen mündete und sich daraus schließlich ein klares Wahr-Sehen ergab. Dieses „Vehikel" konnte z. B. spiegelglattes Wasser sein, ein Feuer/eine Kerzenflamme, Rauch, Wasser, in das man etwas hineinwarf, und auch die Oberfläche eines Steins oder einer heiligen Felswand (sehr viel später nutzte man die berühmte Glaskugel, um hineinzusehen). Diese uralte schamanische Praxis kannte und nutzte man (u. a. auch in der Kultur der Kelten, Römer, Germanen sowie im antiken Griechenland) als Entscheidungshilfe, für Prophezeiungen, zum Erkennen der Wahrheit in einer verworrenen Situation oder bei einer Herausforderung (z. B. wenn Kriege bzw. Schlachten bevorstanden). Laut Wikipedia definiert die Religionswissenschaft Divination als „das Vermögen, das Heilige in der Erscheinung echt zu erkennen und anzuerkennen". In diesem Sinne können wir diese wertvolle Praxis ebenso dazu nutzen, die Heiligkeit und Wahrheit unserer selbst, unseres ureigenen Seelenweges zu erkennen.

Vorbereitung und Materialien

Nimm dir bei diesem bewusstseinserweiternden Ritual zunächst ein wenig Zeit für deine Einstimmung und Innenschau. Nutze dazu gern die folgenden Impulsfragen:

– Wünschst du dir gerade eine Botschaft deiner Ahnen/Spirits/der Götter/ Gottes auf eine bestimmte Frage oder zu einem bestimmten Bereich deines Lebens?

– Wenn ja, was genau ist deine Frage?

Sollte sich hier eine klare Frage zeigen, achte bitte darauf, dass es keine reine Ja-oder-Nein-Frage bzw. Entweder-oder-Frage ist, sondern dass sie möglichst offen gestellt werden kann. Möchtest du z. B. wissen, ob dein Job der richtige für dich ist, wäre die Frage nicht: „Soll ich kündigen?", sondern eher: „Woran erkenne ich den genau zu mir passenden Job?". Und bitte in diesem Zusammenhang um Zeichen, an denen du das für dich Passende erkennen kannst. Aus diesen Zeichen lässt sich meist leicht herauslesen, ob man z. B. kündigen sollte oder nicht. Auf diese Weise gefragt kannst du die Entscheidung souverän, selbstbestimmt und in eigener Verantwortung treffen, anstatt sie an die Spirits abzugeben.

Du kannst auch die einstimmenden Fragen auf Seite 218 nutzen und dir jeweils eine Antwort zeigen lassen (oder eine der Fragen auswählen). So tauchst du gezielt tiefer in die Energie der sogenannten Dunklen Göttin und ihrer Transformationskraft ein.

Selbstverständlich kannst du auch ganz offen an das Ritual herangehen und die Bewusstseinserweiterung dieser Divination dazu nutzen, tiefere Einblicke und Erkenntnisse über dein Leben zu erlangen. Es ist gerade eine gute Zeit, dich bedingungslos für dich und deinen Seelenweg zu entscheiden, dich dem hinzugeben, was die Spirits durch dich in die Welt bringen möchten – und dich deinem eigenen Spirit hinzugeben.

Du benötigst eine (etwas größere) Schale mit Wasser und eine Pflanze/Pflanzenteile/Herbstblätter deiner Wahl, eine Kerze und Feuerzeug/Streichhölzer.

Zur Durchführung dieses Rituals eignen sich besonders die frühen Morgenstunden oder die Dunkelheit am Abend. Sorge gern für einen abgedunkelten Raum oder wähle einen Platz am Fenster und nutze da ebenfalls das Leuchten des Vollmondes.

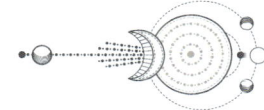

- Öffne auf deine Weise einen heiligen Raum (siehe ab Seite 63 ff.). Lade hierbei gern auch Großmutter Mond herzlich mit ein, damit sie ihr volles Licht beiträgt.

- Entzünde deine Kerze.
Halte dann die mit Wasser gefüllte Schale für einen Moment in deinen Händen und sprich deinen Wunsch an die Spirits und/oder Ahnen aus bzw. stelle deine Frage.
Stelle danach die Schale direkt vor die Kerze, sodass diese als einzige Lichtquelle (außer dem Vollmond) das Wasser erhellt.
Nun wirst du zur Seherin, getragen von der alten Weisen im Jahreskreis.

- Nimm deine Pflanze, Herbstblätter oder Pflanzenteile in die Hände und schließe deine Augen. Stelle erneut deine Frage und atme einige Male tief ein und aus. Gib gern auch deinen Atem als Träger deiner Lebenskraft

und deines Wesens mit in die Blätter hinein und nimm über deine Hände Verbindung dazu auf. Falls es sich für dich stimmig anfühlt, zerkleinere die Blätter in deinen Händen und lass die Augen weiterhin geschlossen. Oft bilden sich hierüber Formen, die bereits Teil der Botschaft sind. Wenn du spürst, dass es so weit ist, gib deine Blätter ins Wasser.

- Öffne dann deine Augen und schaue auf das, was sich im Wasser bildet. Achte auf die Formen der Blätter (wohin vielleicht die Zacken an den Blättern weisen oder wie die gesamte Form aussieht bzw. an was sie dich erinnert). Achte auch auf die Muster, die sich bilden, die Verbindungen von ggf. unterschiedlich gefärbten oder geformten Teilen untereinander und was darüber hinaus in all dem geschieht.

Lass deinen Blick immer weicher werden, deinen Geist immer offener, und erlaube dir, das gesamte Bild in allen Facetten wahrzunehmen – ohne es zu „zerdenken". Dieses Bild setzt sich aus allem zusammen, was du mit deinen Augen sehen und auch mit deinen Ohren, deinem Herzen oder deinem Bauchgefühl wahrnehmen kannst. Es kann also gut sein, dass du einen Satz in dir wahrnimmst oder Emotionen dich bewegen, während du auf das Wasser und die Pflanzenteile schaust. Hier setzt sich deine Vision aus deinen Augen, all deinen anderen Sinnen und den Augen der Spirits zusammen – auf welche Weise auch immer sie sich dir mitteilen.

- Wann immer du spürst, dass du genug gesehen hast, bedanke dich bei allen hilfreichen Wesen, dem Wasser, der Kerze, der verwendeten Pflanze und dem Vollmond und schließe deinen heiligen Raum auf deine Weise. Lass deine Schale gern über Nacht im Mondschein stehen und übergib dann alles am kommenden Tag der Natur.

Nachbereitung

Nicht immer kommt unmittelbar eine Antwort auf eine Frage oder erschließt sich die Situation sofort. Halte also gern zunächst alles, was geschieht (in dir und um dich herum), in deinem Tagebuch fest und schlafe eine Nacht darüber. Die Sprache der Spirits zu erlernen kann sich teilweise wie das Erlernen einer Fremdsprache anfühlen, und so verzage nicht, wenn du die Eindrücke für dich nicht gleich übersetzen kannst. Es ist ein Weg der Erfahrung, und durch wiederholtes Erleben wächst die Deutungsmöglichkeit und deine Sicherheit in all dem.

Mögen die weisen Seherinnen Seite an Seite mit dir durchs Leben tanzen und dich führen, wenn du es dir wünschst.
Mögest du sehen mit all deinen klaren und wachen Sinnen.
Mögest du dich selbst erkennen.

November

Neumondritual   S. 235

Vollmondritual   S. 235

*D*ie goldene und bunte Leuchtkraft des Oktobers hat sich nun in ein kahles, gedämpftes Grau gewandelt und auch die Geräusche der Welt scheinen gedämpfter zu sein. Nur noch Geheimnisse wispern durch die Luft. Der Geruch von feuchtem Laub und modrigem Holz lädt uns ein, das Schwere und Überflüssige an die Erde abzugeben, um daraus im nächsten Frühjahr Neues erwachsen zu lassen. Dieser Zyklus von Werden, Wachsen, Reifen und nun der Übergang zum Vergehen ist ganz deutlich zu spüren und ermutigt uns, uns ganz und gar in aller Ruhe dem heiligen Rhythmus der Natur hinzugeben – einem Rhythmus, der auch in uns lebendig ist.

Die Zeit von Samhain bis zur Wiedergeburt des Lichts zur Wintersonnenwende galt als ein Portal, eine Schwellenzeit. Nie sind die Schleier zwischen den Welten so dünn und die sinnbildlichen Vorhänge zwischen den Welten so geöffnet wie in dieser Zeit im Jahreskreis. Die Seherinnen nutzten diese Zeit seit jeher, um sich auf weite Seelenflüge zu begeben. Häufig fanden die dazugehörigen Rituale auf Grabhügeln statt, und mit ihren Rasseln, Glöckchen und Trommeln, klopfender Stäben und Knochen verbanden sie sich mit den klingenden Knochen der Verstorbenen, die von der anderen Seite herannahten. So erlangten sie Visionen und Prophezeiungen.

Der November ist eine Zeit der wolkenverhangenen, kühlen und feuchten Tage. Die Nebel ziehen übers Land und tauchen die Welt in eine mystische Stimmung. Man nennt es auch die „Nicht-Zeit", und dieser Mond wird im Volksmund unter anderem auch „Nebelung, Nebelmonat, dunkler Mond, Schneemond, Trauermond und Ahnenmond" genannt. Heutzutage findet man auch die Bezeichnung „Transformationsmond".

Unsere Ahnen scheinen uns nie so nah zu sein wie in dieser Zeit, und früher starben tatsächlich viele in den oft nasskalten Monaten Oktober und November, sodass die meisten (auch persönlichen) Totengedenktage hier angesiedelt sind. Wir können diese Zeit nutzen, um noch weiter in eine tiefe Verbindung zu gehen – z. B. zu allen Elementen, aus denen wir bestehen, und zu unseren Ahnen, den Wurzeln also, aus denen wir erwachsen sind – als eine neue Knospe am Lebensbaum. So lädt der November uns insgesamt zu einer Rückverbindung mit unseren Wurzeln ein, um mit offenem Herzen und Geist auf dem ureigenen Weg weiterzugehen. Auch Pflanzen haben ihre Säfte nun in sich zurückgezogen, und die meisten Tiere sind ebenfalls im Rückzug, tief in den Schichten der Erde, in Höhlen und Bauten.

Überlieferungen zufolge fand Samhain, eines der großen keltischen Mondfeste, zu Ehren der Ahnen in der Nacht des elften Neumondes nach der Wintersonnenwende statt. Diese Berechnung wurde dann in den solaren Kalender übertragen und auf die Nacht auf den 1. November festgelegt. Spüre somit gern jedes Jahr erneut, wann du selbst Samhain zelebrieren magst. Im Zeitraum von Ende Oktober bis Mitte November befinden wir uns stets unter dem Einfluss von Mystik, dem Mysterium des Lebens, Tod und Abschied, Emotionen und dem Element Wasser. Wir tun gut daran, diesen Fluten an Emotionen erdige Rituale an die Seite zu stellen, die Halt geben und uns nähren, damit wir nicht in Melancholie oder Schmerz „ertrinken". Nutze gern dazu die folgenden Inspirationen, verändere sie nach deinen jeweils vorherrschenden Bedürfnissen und setze sie gezielt in diesem Monat mehrmals ein. (Wenn dir bei der Beschäftigung mit all diesen Themen danach ist, zu räuchern und in deiner Ahnenlinie etwas zu klären, schau gern auch noch einmal nach bei der Ritualbeschreibung im Januar ab Seite 76. Das ist energetisch jetzt gerade auch sehr passend.)

---

67 *Vom 13.11.2020*

68 *Mehr zu Freyja und ihrer Göttinnenkraft findest du im Buch „Urkraft des Nordens" und in unserem Online-Kurs „Die Tiefe des Waldes" sowie den Kursen zur „Völvaschmiede" (alles auf www. sacred-web.de). Hier kannst du rund um diesen Themenkomplex einiges erleben, deinen ureigenen Völva-Weg stärken und mehr von Freyjas Qualitäten in dir erfahren.*

NEUMOND
Die Kraft der Elemente für deine Vision

Gern möchte ich hier für dieses *etwas andere Wunschritual* beispielhaft mit dir meine Geschichte[67] teilen, um dir zu zeigen, wie auch du in solchen „Nicht-Zeiten" durch das hingebungsvolle Sein im Einklang mit (deiner) Natur Rituale empfangen und erschaffen kannst.

Zur Entstehung dieses Rituals
Im Morgennebel tauchten sie auf, fünf Rehe, vier Ricken und ein Bock. Sie blieben vor den Bäumen stehen und schauten uns an. Ganz lange schauten unsere schwarze Mischlings-Hütehündin Runa und ich einfach still zurück.

Ich nahm Kontakt auf, fragte, ob es etwas gebe, was ich wissen sollte – ein Ritual, das an diesem Tag für mich wichtig sein könnte. Während wir alle uns anschauten, sah ich zugleich visionäre Bilder vor mir, worin mir die einzelnen Ritual-Zutaten und -Schritte gezeigt wurden. Dann löste sich die Rehgruppe langsam auf, sie trippelten etwas umher und verschwanden schließlich ganz. Runa und ich gingen die Morgenrunde zu Ende und ich beschloss: „Zu Hause hole ich gleich alles, was ich brauche." Die ersten Sonnenstrahlen durchdrangen mit ihrer Kraft den Nebel, die Wolken lösten sich auf, das Licht zauberte helle Flecken auf meine liebsten nahe gelegenen Ritual-Stellen. Es war ein Freitag, der 13., und damit für mich ein wunderbar weiblich-magischer Tag.

Der Name für unseren Freitag geht auf die Göttin Freyja/Frija/Freya zurück, und ihr Name bedeutet wiederum „freie Frau". Dies erinnert uns Woche für Woche an unsere Freiheit! In Verbindung mit der 13 wird es dann noch weiblicher, denn diese Zahl ist zyklisch, rhythmisch, und bringt die 13 Monde eines Jahres mit ein. Freyja ist u. a. die Göttin der Schönheit, der Liebe und der Zauberkunst und bringt auch einen kämpferischen Aspekt mit sich, der uns hilfreich ist, um für das aufzustehen und sich stark zu machen, was uns wichtig ist.[68]

Es geht für uns jetzt darum, die große Manifestationskraft zu nutzen, die gerade da ist. Dies beinhaltet: hinter sich zu lassen, was einen viel zu lange begrenzt, behindert, zurückgehalten oder kleingemacht hat (egal, ob dies Eigenschaften im Inneren/an uns selbst sind oder Dinge im Außen). Uns ganz konkret um das zu kümmern, was förmlich danach dürstet, genährt und gesehen zu werden. Dies wirklich auch ganz konkret zu nähren.

Tiefe Erkenntnisse sehnen sich nach Umsetzung, Visionen weben sich spielerisch im Geist und zaubern ein Lächeln ins Gesicht bei der Vorstellung daran, dass neue Wege beschritten werden mögen. So vieles formt sich ...

Bei uns allen ist derzeit vieles „aus der Form" geraten, gestaltet sich um und sucht noch den konkreten Neuausdruck in dieser Welt. Manchmal wissen wir auch schon, wie wir unsere Vision ausdrücken möchten, nur ist es im Außen gerade noch nicht möglich. Es ist eine Zeit, in der wir vertrauensvoll formlos fliegen oder etwas in neue Formen gießen können.

Als ich draußen auf dem Feld nach einem Ritual fragte, kam ganz direkt die Antwort: „Nutze die Kraft aller Elemente! Sie helfen, alles zu manifestieren, was nun wichtig ist." Eines der Bilder, die vor mir auftauchten, war ein Sonnenrad aus Haferflocken. Ein Viertel davon war gefüllt mit Nüssen und Samen, ein weiteres Viertel mit einer brennenden Kerze, eines mit Räucherwerk und eines mit einer mit Wasser gefüllten Nussschale.

Zu Hause suchte ich alles zusammen, was ich davon finden konnte (Alternativen gibt es immer; sei in solchen Momenten einfach kreativ!) und ging zu meiner Ritualstelle im Wald. Dort führte ich alles so aus, wie ich es vor mir gesehen hatte, und folgte dem, was aus dem Moment heraus noch entstehen wollte.

Das Ritual hat mir an jenem Morgen ganz viel Kraft für den Tag gegeben und zudem immer wieder ein Lächeln aufs Gesicht gezaubert. Das Urvertrauen „Für mich ist gesorgt" wuchs über den Tag mehr und mehr an, und die Zuversicht, dass ich meine Visionen wirklich umsetzen werde, ebenso. So teilte ich es damals online mit allen Menschen, und wundervolle Videos, Fotos und Berichte dazu erreichen mich dazu seither.

Vielleicht hast du Lust bekommen, dies auch einmal für dich auszuprobieren und so Kraft für diesen eher tristen grauen Monat zu sammeln bzw. die mystisch-magische Energie tatkräftig zu leben?

Die Details meines Rituals stelle ich dir als kurze Anleitung in Wort und Bild hier zur Verfügung, sodass du eine klare Vorstellung davon bekommst und doch genug Raum für deine kreative Umsetzung behältst.

Vorbereitung

Gerne kannst du ein Journaling zu deinen Themen machen, um damit das für dich Wichtigste thematisch einzukreisen und dann mithilfe der folgenden Fragen in Bezug zu den Elementen zu setzen. (Dies alles sind Beispiele und sie können beliebig erweitert und vertieft werden.)

Wasser

– Wo wünschst du dir mehr Klarheit?
– Was darf ins Fließen kommen?
– Sehnst du dich nach einem reinigenden Neuanfang?

Feuer

– Welche Leidenschaft darf neu entflammen?
– Wo brennst du aus?
– Gibt es ein Feuer, das du weitergeben möchtest?
– Wofür begeisterst du dich?

Erde

- Bist du in dir sicher und gefestigt?
- Fühlst du dich genährt?
- Spürst du Verwurzelung und Halt, was auch immer kommen mag?
- Was möchtest du „zur Welt bringen"?

Luft

- Welche deiner Ideen liegt schon zu lange brach?
- Fühlst du dich frei?
- Bist du inspiriert?
- Kannst du andere inspirieren?

Wenn du deinen Antworten, auf die die Elemente dich durch die Fragen bringen, nachgehst, wirst du auch Eigenschaften erkennen, die das jeweilige Element in dir stärken kann, wenn du dich damit verbindest. Und genau um diese Anbindung an eine Elementekraft, die niemals ausgelöscht werden kann, geht es im folgenden Ritual. Du verbindest dich mit etwas so Starkem, dass du deine Ideen, Pläne und Veränderungswünsche kraftvoll umsetzen kannst.

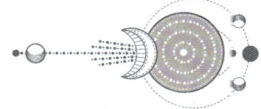

- Suche dir einen für dich stimmigen Platz in der Natur.

- Bereite dort zuerst den heiligen Raum (siehe ab Seite 63 ff.) bzw. erschaffe eine rituelle Atmosphäre durch das, was du bist und tust; sei es stille Meditation, um ganz an dem Ort anzukommen, Gesang, Gebet, Trommeln oder Rasseln, ein schützender Kreis aus Mehl um deinen ganzen Platz usw.

- Besinne dich nun auf dein Anliegen:
  Was möchtest du manifestieren?
  In welche Richtung soll es ab jetzt kraftvoll weitergehen?
  Wobei wünschst du dir einen Neubeginn, der dich lange und nachhaltig tragen wird?

- Lege einen Kreis aus Kernen, Samen, Haferflocken (also aus lauter Dingen, die natürlich, essbar oder abbaubar sind).
- Bilde in einem Kreis mit eben diesen Zutaten ein gleichschenkliges Kreuz, sodass vier gleich große Teile entstehen.
- Widme nun jedes Viertel einer Elementekraft, die du mit deinen Worten anrufst, dich zu unterstützen, z. B. so:

„Ich schenke den Mäusen und allen anderen Waldbewohnern diesen Haufen Samen, damit sie sich ganz entspannt satt essen können. Kraft der Erde, versorge du auch mich mit Nahrung in Fülle und Leichtigkeit. Ich danke dir!"

Du kannst auch darum bitten, dass deine Gaben angenommen werden, und sagen, dass du ebenfalls offen für die Gaben des Elementes bist, falls du kein konkretes Anliegen hast. Hier ein Beispiel für das Element Feuer:

„Ich entzünde diese Bienenwachskerze und danke allen Bienen für ihr eifriges Tun! Möge diese Flamme auch in mir brennen, ohne mich auszubrennen, möge ich (wieder) leidenschaftlich für meine Sache einstehen, ohne deshalb etwas niederzubrennen, möge ich achtsam mit meiner Leidenschaft umgehen und sie nie verlöschen lassen."

Oder für das Element Wasser:

„In diese Nussschale gebe ich Wasser für die Kleinsten, die Insekten, die immer weniger werden. Möge das Wasser mir helfen, alles in angenehmem Fluss zu halten, sodass ich leicht und flexibel mit allen Veränderungen umgehen kann."

Oder für die Elemente Feuer und Luft zusammen:

„Ich bitte das Feuer, sich mit der Luft zu vereinen, auf dass ich meine Leidenschaft und Inspiration frei fliegen lassen kann und diese sanft auf die Erde bringe. Dazu entzünde ich dieses Räucherwerk und lege es ab. Ich danke damit zugleich den hilfreichen Spirits in allen Welten."

Die fünf Rehe, denen ich begegnete, erinnerten mich an das so wichtige fünfte Element: Spirit, den Geist. Vielleicht möchtest du dich, genau wie ich, auch diesem Element zuwenden ...

Es reicht hier, wenn du darum weißt, dass du ebenfalls über Geist/Spirit verfügst und somit ein wchtiges Element unserer Welt bist!

Gib dich und deinen Spir t nun ebenfalls mit in den Kreis, denn dein ureigenes Wesen ist eine so wichtige „Zutat"!

Wenn du magst, dann sage gern genau wie bei den Elementen etwas zu dir und deinem Spirit, wenn du etwas ablegst. *Wer bist du?* Welche besondere Kraft gibst du selbst in den Kreis hinein? Was wünschst du dir für dich und/oder die Spirits im Allgemeinen? Wes Geistes Kind sollen deine Unternehmungen sein?

Ich nehme z. B. gern einen für mich besonderen Stein und bitte die Spirits, weiterhin vereint mit meinem Spirit zum Wohle aller zu wirken. Dann gebe ich mich und meinen Spirit mit einem kraftvollen Ausatmen in den Stein hinein und lege ihr ebenfalls in den Kreis.

· Spüre dem Kreis mit all seinen Anteilen noch eine Weile nach. Vielleicht tut sich etwas auf das dir direkt eine Botschaft sendet ...

· Wenn alles gesagt und getan ist, beende das Ritual auf eine für dich stimmige Weise. Schließe den heiligen Raum, den du geöffnet hast, bedanke und verabschiede dich.

Möge die Kraft aller Elemente dich unterstützen.
Mögest du an dich und deine Visionen, Träume und Ziele glauben,
und mögest du dich Schritt für Schritt auf ihre Erfüllung zubewegen.

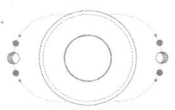

VOLLMOND
Backe ein traditionelles Ahnenbrot (Seelenbrot)

Rituelle Vorbereitung und Einstimmung

Für unsere Ahnen war der Tod genau wie für uns das Ende in dieser Welt, jedoch der Neubeginn in der Welt jenseits des Schleiers. Werden, Wachsen, Vergehen und Neu-Werden – ein ewiger Kreislauf. Sich dies am Anfang oder gegen Ende des Novembermonats in einem Heilkräuter-Kranz z. B. aus Beifuß, Immergrün und Efeu oder in einem Lebensbaum-Kranz aus immergrünen Elementen, wie z. B. Thuja, Tanne, Ilex o. Ä., zu vergegenwärtigen ist eine wundervolle Tradition und kann natürlich auch in einen Adventskranz für den Dezember münden. Beim Kränzebinden wird stets das heilige Element des Kreises (Symbol für Verbundenheit, Vollkommenheit und auch Weiblichkeit) und damit der Jahreslauf, der Kreislauf des Lebens und auch der Kreislauf der eigenen Familie im Tun spürbar und schließlich sichtbar. Wir symbolisieren damit Uraltes und zugleich Zeitloses. Je inniger wir uns hierbei mit unserer Intention verbinden, desto spürbarer wird es am Ende für die, die das Resultat sehen.

Schmücke gern mit dem Kranz deine Tür oder dein Fenster, und verbinde dies mit einer Laterne oder einer Kerze, die den Ahnen den Weg zu dir nach Hause weist und sie einlädt, dich zu besuchen und mit dir zu kommunizieren. Damit sie sich willkommen fühlten, backte man den Ahnen u. a. auch Brote, deren leckerer Duft heimelig war und daher anziehend wirken sollte.

Hintergrundwissen zur Tradition des Seelenbrotes

Die Tradition des (Aller-)Seelenbrotes zieht sich durch viele Länder und Kulturen. Ein solches Brot wurde u. a. an Samhain in Irland gebacken, um es dann an die Armen zu verschenken („Nahrung für alle armen Seelen"). Es wurde den Feen als Opfergabe dargeboten und an Menschen verteilt, die in der alten irischen Geschichtenerzähler-Tradition von Haus zu Haus gingen und Gedichte rezitierten, Lieder sangen, musizierten oder Geschichten erzählten, um die alten Sagen lebendig zu erhalten (heute nur noch in rudimentären Überbleibseln im „trick or treat" bzw. „rat oder gib" der Kinder erhalten, die verkleidet von Tür zu Tür gehen, um Süßigkeiten zu bekommen). Und oft wurde auch den Ahnen symbolisch eine Scheibe des Brotes übergeben. In den britischen Grafschaften kannte man außerdem, jeweils regional eingefärbte, Traditionen der sogenannten „Ancestor Cakes" oder „Ancestor Breads" (Ahnenkuchen oder Ahnenbrote).

Auch in Deutschland war es üblich, rituelle/gesegnete Backwaren zu Allerseelen herzustellen (z. B. die ‚schwäbische Seele", eine Art längliches Weißbrot, meist aus Dinkelmehl, innen weich und außen knusprig). Es wird vermutet, dass der Brauch in der Weise mit Allerseelen zusammenhängt, dass diejenigen, die in der Schwellenzeit vom Herbst zum Winter die „armen Seelen" verköstigten, der Sage nach im folgenden Jahr mit einer reichen Ernte belohnt werden sollten. Andere Sagen berichten davon, dass diese Opfergaben in Brotform ganze Städte oder Landstriche vor Krankheiten beschützten. Traditionelle Überlieferungen und Rezepte dazu gibt es ebenfalls aus Österreich, Italien, Polen und anderen europäischen Ländern.

Aber auch außerhalb Europas findet man ähnliche Bräuche. In Mexiko gibt es z. B. zum Fest der Toten, dem „Dia de Los Muertos" (vom 31. Oktober bis 2. November stattfindend), das ‚Pan de muerto" („Brot der Toten"). Dies ist ein sogenanntes Gebildebrot aus Hefeteig, welches mit Mustern und Formen gestaltet wird, die die Gebeine der Toten darstellen sollen, sowie mit kleinen bunten Totenköpfen aus Zucker („Calaveras de dulce") verziert.

Der November ist also reich an rituellen Backtraditionen und Opfergaben zu ganz verschiedenen Ahnengedenktagen, in die während des bodenständigen Wirkens Bedeutung, Intention und damit auch (geistig) Nährendes eingebunden wurde. Bildgebäck entstand oft in geselliger Runde, jedoch stets in innigem Rückverbinden, und die daraus geformten Symbole ließen all das Erinnerte sichtbar werden (Herzen, Spiralen, Sonnen, Kreise, Sonnenräder, Lebensbäume u. v. a. m.). Für unser Ritual nutzen wir dazu die Kunst des Flechtens und die Kraft der heiligen Drei.

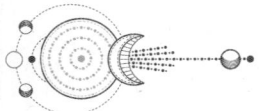

DEIN RITUAL
ZUR RÜCKVERBINDUNG

Dieses Ritual kann dir zum einen helfen, dich wieder mit dir selbst zu verbinden und geistig-seelisch ganz in deinem Körper anzukommen und zum anderen auch jene zu ehren, die vor dir kamen und dieses körperliche „Zuhause" deiner Seele mitgestaltet haben. Du kannst ganz allein für dich diese Rückverbindung in Stille spüren oder deine Kinder miteinbeziehen – und alle Varianten dazwischen. Bitte spüre nach, was dich hierbei am meisten nährt.

- Öffne einen heiligen Raum in deiner Küche – und sei es nur durch das Entzünden einer Kerze, die dich während des Backprozesses leitet (natürlich gern auch so, wie du dies am liebsten gestaltest, bzw. siehe auf den Seiten 63 ff.).

Das Rezept
Zutaten[69]
250 ml (Pflanzen-)Milch
375 g Weizenmehl (Type 405)
60 g Zucker
½ Würfel frische Hefe (ca. 21 g) oder 1 Päckchen Trockenhefe
50 g weiche (vegane) Butter (Zimmertemperatur)
1 Prise Salz
wahlweise 1 Ei (Gr. M)
etwas Mehl zur Teigverarbeitung
wahlweise etwas Milch zum Bestreichen, etwas Hagelzucker, Sesam oder anderes nach Geschmack zum Bestreuen

---

[69] *Du findest auch jede Menge Rezepte, Videos und Geling-Tipps im Internet, sogar für aufwendige Flechtmuster, wenn dir danach ist. Ein einfaches Hefezopf-Grundrezept ist jedoch völlig ausreichend.*

Zubereitung

Für den sogenannten „Vorte g" die Milch erwärmen, bis sie lauwarm ist. Das Mehl in eine Schüssel sieben. Eine Mulde darin bilden und die Hefe in die Mulde bröseln. Drei Esslöffel der lauwarmen Milch und eine Prise Zucker über die Hefe in der Mulde gießen. Mit einem Löffel die Hefe-Milch-Mischung etwas vermengen (das Mehl noch nicht komplett mit hineinmischen). Die Schüssel mit einem Geschirrhandtuch abdecken und den Teig an einem warmen Ort ca. 15 Min. gehen lassen.

Dann ein Ei, die restliche (Pflanzen-)Milch, den Zucker und eine Prise Salz in die Schüssel geben und zusammen mit der Hefemischung und dem Mehl zunächst auf niedriger Stufe, dann auf hoher Stufe mit den Knethaken des Rührgeräts verkneten. Butter in Stücke geschnitten nach und nach unterkneten. Damit der Teig später gut aufgeht, sollte er mindestens 5 Min. kräftig weitergeknetet werden (gern mit deinen Händen). Sonst kann der Teig später zusammenfallen oder klebrig sein.

Durch das Kneten des Teigs wirst du mit deinen Händen in Verbindung kommen und damit ebenso mit deiner Tatkraft und der Fähigkeit zu geben sowie mit deiner Fähigkeit zu empfangen.

Schüssel mit dem Teig erneut mit einem Geschirrhandtuch abdecken und den Teig weitere 60 Min. an einem warmen Ort gehen lassen.

Den Teig auf eine bemehlte Arbeitsfläche geben und in drei Teile teilen. Die Teile jeweils zu einem langen Teigstrang von ca. 40 cm Länge rollen. Diese gleich langen und gleich dicken Teigstränge dann zu einem Zopf flechten.

Das Flechten dieser drei Stränge hat eine symbolische Bedeutung: ein Teil für deine Mutterlinie, einer für deine Vaterlinie und einer für dich, denn in dir fließt alles zusammen (oder von dir ausgehend noch weiter). Inwieweit du dich bei jedem Teil in diese Thematik und die dazugehörigen Gefühle einstimmst und wie viel Zeit du dem geben möchtest, entscheide bitte ganz nach deinem Gespür. Du kannst jeden Teigstrang eine Weile in

Möge die Kraft all jener, die hinter dir stehen, dich stärken und nähren,
und mögest du für all jene zum Segen werden, die nach dir kommen.
Mögest du spüren: Für dich und die deinen ist gesorgt.

deiner Hand halten, nachsinnen und deine Erinnerungen hineinkneten oder auch einfach jeden Strang kurz benennen und loslegen. Es gibt da keine festen Regeln, dein Gespür darf dich leiten. Daher gebe ich dir hier auch keine Impulsfragen mit auf den Weg. Mögen die Erinnerungen und Themen dich finden, die jetzt gerade für dich wichtig sind.

Wenn du magst, kannst du dich dabei rückverbinden und bei jedem Übereinanderlegen der Teigstränge intuitiv etwas zur jeweiligen Ahnenlinie sagen – seien es persönliche Wünsche, liebevolle Worte der Dankbarkeit oder Erinnerung oder ganz generell etwas wie: „Möge dieses Brot die Lebenden nähren und zum Gedenken an die Verstorbenen sein", oder: „Möge dieses Brot mich nähren, so wie die Ahnen, die hinter mir stehen".

Dann verdrehe die Enden miteinander und lege sie unter den Zopf, damit sie einen schönen Abschluss bilden. Zuletzt bestreiche den Zopf gern mit etwas Milch und bestreue ihn mit Hagelzucker oder Sesam – für die Süße des Lebens.

Lege den Zopf auf ein mit Backpapier belegtes Blech und backe ihn im auf 200 Grad Ober- und Unterhitze (Umluft 180 Grad) vorgeheizten Backofen für ca. 15 bis 20 Minuten bzw. bis er leicht bräunlich ist.
Vor dem Verzehren am besten vollständig auskühlen lassen. Gedenke gern den Ahnen direkt vor dem Verzehr mit einer Art kurzem „Trinkspruch" bzw. Segen.

Ein Ahnenbrot oder eine Scheibe davon kannst du auch als kleine Opfergabe an deine Ahnen an deinen Ahnenplatz im Garten oder Wald bringen oder zu einem nahe gelegenen Holunder oder Haselbusch, da diese als Tore zu den Ahnen gelten. Man ging davon aus, dass die Reise aus der Anderswelt in unsere Welt hungrig und durstig macht, und daher stellte man oft auch etwas Bier, Milch oder andere regional bedeutsame Getränke dazu bzw. das Lieblingsgetränk eines speziellen Ahnen.

Dezember

Neumondritual   S. 251

*D*ie teils poetischen überlieferten Namen machen auch hier schon die Themen dieses Monats und Vollmonds sehr schön deutlich: u. a. Mond der langen Nächte, Yule-/Julmond, Frostmond, Eichenmond, Mond des Schenkens und Teilens, Wichtelmond.

In dieser dunkelsten Zeit des Jahres lädt der Dezember nun endgültig zu Innenschau, Nachdenken, Reflektieren über das Leben und den eigenen Weg und auch zu geruhsamer Besinnlichkeit und Stille ein. Andererseits ist es jedoch oftmals aufgrund der vielen Jahresabschlussfeiern, Weihnachtsmärkte und familiären Treffen ein eher unruhiger Monat.

Die folgenden Rituale helfen dir, dein Licht in dieser dunklen Zeit neu erstrahlen zu lassen, indem du zum Vollmond deine sogenannten dunklen Seiten anschaust, annimmst und dein Licht so von Schatten befreist. Zum Neumond kannst du zunächst deine beruflichen Schritte achtsam wertschätzen. So aufgeräumt und neu ausgerichtet, „rutschst" du bestimmt befreit ins neue Jahr.

NEUMOND
Süße Früchte deiner Arbeit – ein Selbstwert-Ritual für dich

Für den Dezember-Neumond teile ich gern gleich zwei Ritual-Varianten mit dir, die deinen Selbstwert steigern und dich dankbar stimmen. Du kannst damit eine innere Haltung der Fülle entwickeln, wobei die Rituale jeweils einen anderen Fokus einnehmen.

Wenn du zum Jahresabschluss Lust hast, all deine Schritte des Jahres, die Qualität deiner Arbeit oder auch deine inneren Wachstumsschritte und dein Meistern von Herausforderungen zu würdigen, und du dies kombinieren magst mit einer kleinen Medizinwanderung (siehe dazu die Anleitung auf Seite 47 f. im Kapitel „Immerwährendes Naturritual – die Medizinwanderung") und dem Ausdruck tiefer Dankbarkeit für dein Wachstum und auch für die wunderbare

Natur, die dich umgibt, dann findest du in diesem Ritual eine Fülle an Inspirationen. Du erfährst dabei auch, wie du dich ganz spielerisch selbst wertschätzt, dein magisches inneres Kind aktivierst und „quasi nebenbei" einen Beitrag für das Wohl der heimischen Tiere leistest.[70]

So wird dir all das, was dich dieses Jahr genährt hat, bewusst, und indem du deine Dankbarkeit dafür ausdrückst, nährst du wiederum andere – die Energie darf fließen, deine Fülle darf sich mehren und sich fest im Leben verankern!

Und dies wird deine Energie anheben und kann damit den Boden für alles Neue bereiten. Bringe also gern auch deine Wünsche am Ende mit ein – so wie es für den Neumond ganz typisch ist.

Viel zu oft schätzen wir unsere Schritte nicht gebührend wert, weil sie inmitten des Alltags fast „normal" wirken und oft genug auch einfach untergehen. Doch gerade in diesen schnelllebigen Zeiten, die uns sehr viel Aufmerksamkeit, Multitasking, Organisationstalent etc. abverlangen, ist es so wichtig, dem Verlust des Alltagszaubers oder einem Mangel an Selbstfürsorge entgegenzuwirken.

Du findest hier, wie gesagt, zwei Varianten; die eine bezieht sich auf deine Arbeit bzw. Berufung und auf das Kultivieren von Dankbarkeit und Fülle in diesem Bereich, und in der anderen Form handelt es sich eher um ein zauberhaftes Familienritual[71]. Selbstverständlich kannst du diese Inspirationen nach Herzenslust für ganz andere innere Themen und Bedürfnisse anpassen.

Das Schöne daran: Dieses Self-Care-Ritual macht dir deinen Selbstwert bewusst und könnte sogar auch ganz ohne Bezug auf die Arbeit deinen Alltag verzaubern. Es ist dabei nicht einmal „nur" für dich, sondern nährt und erfreut „ganz nebenbei" auch noch andere. Ein echter Gewinn also in mehrfacher Hinsicht.

---

[70] *Opferrituale wie dieses, jedoch mit völlig freiem Fokus/ganz offen gehalten, findest du in nahezu jedem unserer Kurse und Bücher, und es darf daher auch in diesem Rituale-Buch nicht fehlen. Es mag dir im ersten Moment bekannt vorkommen, doch der Schlüssel ist hier immer deine ureigene klare Intention, mit der du jeweils die Gaben niederlegst! Es kann im Handumdrehen mit etwas Kreativität zu einem Dankesritual im September (zur Erntedank-Zeit) werden oder zu einer Opferzeremonie (siehe unser Buch „Urkraft des Nordens"). Darüber hinaus sind deiner Intention keinerlei Grenzen gesetzt. Im hier beschriebenen Ritual geht es nun um eine Art Inventur zum beruflichen Jahresabschluss – oder in der Familienvariante um das Flair zu Nikolaus/Weihnachten – und genau das macht dieses Gaben-Mandala so besonders.*

Vorbereitung und Materialien

Nimm dir für die erste Ritual-Variante, in der du dich mit dem Thema Arbeit oder Berufung beschäftigst, zunächst ein wenig Zeit für deine Innenschau und ein Journaling.

Nutze dazu gern folgende Impulsfragen:
- Wann hast du zuletzt deine Meilensteine in Bezug auf dein Schaffen gefeiert?
- Welche Früchte trägt deine Arbeit?
- Nimmst du dir genug Zeit, um die Süße dieser Früchte zu schmecken und zu genießen?
- Welche davon schmecken dir besonders gut?
- Wofür bist du ganz besonders dankbar?

Gib dir selbst ausreichend Raum und Zeit, diesen Fragen nachzuspüren, ihnen nachzusinnen und von den ganz kleinen bis hin zu den mutigen großen Schritten alles festzuhalten, was dir so in den Sinn kommt. Wie nebenbei fällt dir bei diesen Fragen vermutlich auch auf, welche Kooperationen, Projekte oder vermeintlich tollen Schritte dir in der Rückschau dann doch nicht so lecker geschmeckt haben, wie es zunächst vielleicht schien. Hier kannst du erkennen, was du weiterverfolgen, ausbauen und nähren magst und was du dankbar für die Erfahrung und Erkenntnis nun wieder loslassen möchtest.

Wähle dann für dich zu deiner Innenschau passende Sinnbilder wie heimische Früchte, Nüsse, Samen, Kerne, und wenn du magst auch dekorative Elemente wie Blüten. Achte darauf, dass alles, was du verwendest, in der Natur verbleiben darf und dort in den natürlichen Kreislauf eingehen kann.

---

[71] *Da ich in den letzten Jahren immer wieder Anfragen nach „familientauglichen" Ritualen erhalten habe, möchte ich an dieser Stelle wirklich sehr ermutigen, dass letztlich alle Rituale in eine Familien-Variante umgewandelt werden können. Häufig reicht hierzu eine kindgerechte Erklärung aus, und unsere Kinder inspirieren uns meistens sehr erfrischend in ihrer Umsetzung. In diesem Sinne eignet sich das Dezember-Vollmond-Ritual (ab S. 253) ebenfalls wunderbar dafür. Auch im September-Kapitel (ab S. 210) findest du ein Familienritual. Möge es dich dazu inspirieren, es kreativ und frei familientauglich umzuwandeln.*

Vielleicht kommt dir zu deinen Meilensteinen eine bestimmte Frucht, eine wichtige Form (Kreis, Stern, Herz, Spirale o. Ä.), ein bestimmtes Bild oder sinnbildliche Zutaten direkt in den Sinn? Hier kannst du kreativ alles ausdrücken und ehren, was in deinem Inneren als Schatz schon lange da ist und nun im Außen sichtbar werden darf.

Ebenso gut wie wichtige Meilensteine lassen sich auch klare Grenzen, die du endlich ziehen konntest, ins Ritual einbauen (z. B. durch kleine Zweige). Wenn dich etwas zum Strahlen gebracht hat oder du dir selbst endlich erlaubt hast zu strahlen, so kannst du z. B. leuchtendes Orange (Mandarinen, Orangen) auf dem erdig braunen Waldboden zu einem Mandala auslegen oder auch schöne Halbedelsteine wie etwa Bergkristall oder Achate.

Wenn du Unterstützer*innen an deiner Seite hast, die du von Herzen würdigen möchtest, kannst du Nüsse und Samen stellvertretend für die Mäuse oder Eichhörnchen auslegen, die so viele Menschen zum Lächeln bringen oder einfach Brotkrumen für all die Zeichen auf dem Weg und die wunderbare Führung deiner Intuition, die du erhalten hast. Kleine Opfergaben sind so wertvoll, weil sie deiner Dankbarkeit Ausdruck verleihen und gleichzeitig wieder Sinnvolles bewirken.

DEIN MANDALA-RITUAL

- Belohne dich nun, indem du innig zusammenarbeitest mit der größten Lehrerin, die es gibt: Mutter Natur. Hier kannst du ein Waldstück wählen, deine Lieblingsstelle im Stadtpark, deinen Garten oder was immer dir als richtiger Platz draußen in der Natur passend erscheint.

- Während du zu diesem Ort gehst, erinnere dich ein wenig an all das, was dir geschenkt worden ist, wofür du dankbar bist, was du erreicht und vielleicht dazugelernt hast. Lege dabei den Fokus bewusst auf die Früchte deiner Arbeit, auf deine Erfolge.

- Wenn du an deinem Ort angelangt bist, erschaffe dir dort einen heiligen Raum (siehe auf den Seiten 63 ff.) und segne die mitgebrachten Gaben. Erinnere dich beim Schälen der Orange/Mandarine und insgesamt beim Legen des Mandalas bzw. Naturbildes an all die Samen, die du in deinem Wirken ausbringen durftest, an all die Früchte, die du ernten darfst, an alles, was Kreise ziehen darf und an die wertvollste Währung, die du erhalten hast: die leuchtenden Augen und strahlenden Gesichter von Menschen, die du berührt hast oder denen du helfen konntest.
Vermutlich werden dabei viele unterschiedliche Momente an dir vorbeiziehen – Erlebnisse, die dich herzhaft zum Lachen gebracht haben, bei denen du dich innig verbunden oder tief berührt gefühlt hast, die klärend, unterstützend waren und einiges mehr. Es ist so wichtig, sich die Zeit zu nehmen, sich an all das zu erinnern, es wertzuschätzen und dann erst weiterzuziehen. Für all diese Momente, die dir wichtig sind, kannst du bunte Blätter, Blüten, Früchte und Samen so anordnen, dass genau dein Bild daraus entsteht und es deinem Erleben entspricht – ein einzigartiges Fülle-Mandala für dein einzigartiges Sein!

- Platziere darin gern auch deine Neumond-Wünsche, wenn du magst.

- Zum Schluss tritt einen Schritt zurück und nimm das ganze Bild wahr. Spüre in dir nach, ob es etwas gibt, was du dir für deinen weiteren beruflichen Weg wünschst. Dann atme deinen Wunsch voller Kraft in deine besondere Gabe und lege diese zuletzt in dein Fülle-Mandala. In diesem wertschätzenden Feld wird dein Wunsch-Samen wunderbar genährt werden.
  Mit deinem (beruflichen) Wirken hinterlässt du Spuren in unserer Welt, und deine liebevollen Spuren in der Natur können dies kraftvoll und individuell unterstreichen.

- Wenn dir danach ist, dann gehe am nächsten Tag gern noch einmal an dieser Stelle vorbei und lass dich überraschen, ob es inzwischen jemandem so richtig lecker geschmeckt hat ...

Mögest du dich selbst und deinen Beitrag für diese Welt wertschätzen und feiern können, und möge dir auch von anderen Wertschätzung entgegengebracht werden.
Mögest du die Spuren hinterlassen, die dich selbst erfreuen.

RITUALVARIANTE
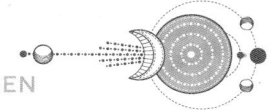
FÜR ALLTAGSZAUBER, STAUNEN
UND KINDERGLÜCK

Diese zweite Variante kannst du mit deinen Kindern bzw. der ganzen Familie durchführen. Sie ist für dieses Buch natürlich jahreszeitlich eingefärbt geschrieben, lässt sich jedoch grundsätzlich thematisch ganz leicht und spielerisch anpassen, wann immer dir und deinen Lieben danach ist. Möglicherweise gehörst du auch noch zu der Generation, bei der in der Kindheit am 5. Dezember ganz aufgeregt ein möglichst großer Schuh vor die Tür gestellt wurde und man sich gefreut hat, wenn der am nächsten Morgen mit Nüssen, Mandarinen und v elleicht auch Pfeffernüssen, Schokolade und Lebkuchen gefüllt war.

Weißt du noch, wie schön das war? Wie viel Staunen, Liebe, Vorfreude und Geheimnis darin lagen?

Deine schönen Kindheitserinnerungen können nun zu schönen (Kindheits-) Erlebnissen im Hier und Jetzt werden und damit die Freude vervielfachen.

- Nimm dir Mandarinen und Nüsse, Äpfel und Samen und was immer dir sonst gerade passend erscheint. Berichte deinen Kindern davon – insbesondere dann, wenn ihr dieses Schuhe-Ritual bei euch zu Hause zelebriert und du ihnen entsprechend nun vorschlagen kannst, selbst der Nikolaus/Weihnachtsmann/die Weihnachtselfe/der Wichtel o. Ä. für die Tiere des Waldes zu sein, die sich ebenfalls über solche Überraschungen freuen.

- Wähle auch hier gemeinsam mit deinen Lieben eine Stelle in der Natur, die euch allen gut gefällt und dafür passend erscheint. Vielleicht wollt ihr „einfach nur" die heimischen Tiere erfreuen und überraschen oder auch ein Dankesritual daraus machen, bei dem jede*r von euch etwas ins Mandala einfügt und dabei den anderen sagt, wofür er/sie dankbar ist.

Auf dem ganzen Weg zu dem von euch gewählten Platz könnt ihr euch gemeinsam vorstellen, wie schön das z. B. für eine Maus sein muss, wenn sie hinter dem Baum und dem bemoosten Stein ein riesiges Leckereien-Mandala vorfindet. Ob auch in ihren kleinen schwarzen Knopfaugen Staunen, Freude und Geheimnis liegen wird – genau wie einst bei dir als Kind oder heute bei deinen Kindern? Im Handumdrehen wirst du dich wieder ein bisschen wie damals fühlen und deine Freude kann weite Kreise in der Welt ziehen ...

Nachhaltigkeit und Mehrwert für viele Wesen

Die heimischen Vögel und auch weitere kleine Tiere des Waldes und Feldes finden kaum mehr etwas zu essen. Dieses Ritual verdeutlicht ein wenig, dass es oft auf vielen Ebenen guttut, sich Zeit für eine Innenschau zu nehmen, auf Spurensuche nach Fülle und Dankbarkeit zu gehen und dann liebevoll Gaben, die gleichsam Sinnbilder sind, zusammenzutragen und in die Natur zu bringen.

Jede abgelegte Gabe kann mit klarer Intention und von Herzen dargebracht zu einer Wertschätzung der eigenen Spuren werden und gleichzeitig schmackhafte Spuren für ein anderes Wesen hinterlassen. All das, was dich genährt hat, darf so noch einmal nachklingen und damit andere nähren.

Damit trittst du in einen Kreis der Verbundenheit ein, der dich im Alltag trägt. Du bekommst mitten im Leben und ganz bodenständig einen Geschmack vom bekannten schamanischen Weltbild, das besagt, dass alles mit allem verbunden ist. Gleichzeitig lebst du deine Fülle in Freude aus. Und bei dieser „Familienvariante" kannst du ein solch verbundenes Weltbild mit seinen Werten deinen Kindern vorleben bzw. sie ganz natürlich mit einbinden und es mit ihnen teilen.

Ich wünsche euch von Herzen ein freudvolles Familien-Erleben.
Möge eure Familie den Geist wahrer Weih-Nacht atmen, und mögen Liebe,
Gemeinschaft und Geborgenheit euch erfüllen.

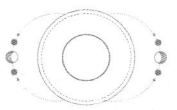

VOLLMOND
Meet your Monsters

Dies ist ein Ritual für dich und all deine kleinen Monster und inneren Dämonen. Nicht erst seit dem wundervollen Ansatz der Voice-Dialogue-Therapie von Hal und Sidra Stone kennen wir die inneren Anteile bzw. die verschiedenen Stimmen in unserem Kopf und Herzen, die manches Mal so gar nicht unterstützend für uns sind. Es ist also nicht neu, sich dieser Anteile bewusst zu werden und all das aus dem Schatten ins Bewusstsein zu holen, was da innen wie außen wirkt und das eigene Leben lenkt. Geleitet von Ernst Ferstls Gedanken „Der Mond ist uns viel näher, als wir glauben, besonders seine dunkle Seite" können wir mit dieser Nähe unsere eigene „Dunkelheit" umarmen und unsere Schattenanteile liebevoll integrieren (siehe dazu auch das Kurzritual auf S. 40 f.).

Wir leben in einer wunderbaren Zeit, in der wir uns die Kraft uralter Rituale heranholen und diese mit modernen Erkenntnissen und Methoden verbinden können. Für mich ist das, als ob ich mich mit meinen Wurzeln tief verbinden und gleichzeitig die Äste weit hinauf in den Himmel und auch in die Breite strecken kann.

Wie ein Ritual zu dieser Arbeit mit den eigenen Schattenanteilen praktisch aussehen kann, habe ich vor ein paar Jahren, kurz vor der Wintersonnenwende, in einer schamanischen Reise gezeigt bekommen. Es kann für die jetzige Zeit heilsam und klärend sein, und ich habe die einzelnen „Bausteine" für mich übersetzt und entsprechend für die heutige Zeit anwendbar gemacht und es natürlich auch direkt ausprobiert.

Mittlerweile ist dieses Ritual schon mehrfach im Jahreskreis von mir (und inzwischen auch einigen anderen Menschen, die sehr berührende Erlebnisse zurückmeldeten) erprobt worden und hat sich bewährt. So gebe ich es von Herzen gern an all jene weiter, die es für sich und ihr persönliches Wachstum nutzen möchten.

Hintergrundwissen zur „Wilden Jagd"

Spätestens im Dezember beginnt es mit den immer kälteren Stürmen, die am Haus rütteln und noch intensiver wehen als die Herbstwinde, die das Laub von den Blättern mitnehmen. Nach der Mythologie ereignete sich zu dieser Jahreszeit in Skandinavien die „Odensjakt" (Odins Jagd) oder „Fahrt nach Asgard", in unseren Landen sowie in England nannte man es „Wild Hunt" (die Wilde Jagd), die insbesondere zwischen der Wintersonnenwende, Weihnachten und dem Dreikönigstag tobt – also in der Zeit der Raunächte. Letztere wurden einst wohl ab dem 21. Dezember und seit der römischen Antike ab dem 25. Dezember begangen und erfreuen sich heutzutage wieder großer Beliebtheit. Teilweise werden den zwölf Nächten jeweils bestimmte Themen, Eigenschaften oder der Monat im kommenden Jahr zugeschrieben, und der Kreativität sind hier keine Grenzen gesetzt.

In alter Zeit war dies in unseren Breiten ganz klar die Phase des kalten Winters, alles war hoffentlich gut in den Erntespeichern verstaut und genug Feuerholz oder getrockneter Dung vorhanden. Raue Winde wechselten sich mit dichtem Nebel ab, also ein unwirtliches Wetter im Außen, weshalb man lieber drinnen blieb. Es raunte ums Haus herum, und es heißt, daher wurde auch innen geraunt – was heute mit magischem Zauber, Runen werfen und Orakeln aller Art übersetzt wird. Hier trifft das unwirtliche Äußere auf den Mythos, den unsere Ahnen uns hinterlassen haben: die Wilde Jagd. Wie der Beiname „Zug bzw. Fahrt nach Asgard[72]" zeigt, ist ein Heer aus Jägern damit gemeint, welches über die Lande in Richtung Asgard zieht. Es hat stets einen Anführer, und meistens wird hier der nordische Gott Odin genannt, in anderen Fällen ist es die Göttin Frau Holle oder sind es auch die Perchten. Die rauen Winde finden sich in der Beschreibung des Stöhnens, Rasselns, Keuchens, Heulens, Johlens und Ächzens der Wesen der Wilden Jagd wieder. Zudem werden die herumirrenden (verstorbenen) Seelen von diesem Geisterheer eingesammelt. Aus beiden Gründen blieb man lieber im Haus – man wollte weder vom eiskalten Wind erfasst werden noch riskieren, dass man vom Heer der Verstorbenen

---

[72] *Asgard ist eine der neun Welten des Weltenbaumes in der nordischen Mythologie und wird als „Wohnstätte der (Asen-)Götter" bezeichnet.*

versehentlich eingesammelt wird und mit ihnen gen Hel, also in die Unterwelt, reist. Es war also eine Zeit der häuslichen Gemütlichkeit, die Arbeit wurde niedergelegt, und man wendete sich nach innen. Dies findet sich heute noch in den vielfältigen modernen Ritualen rund um die Raunächte wieder.

In dem folgenden alltagstauglichen Ritual wagen wir uns trotz allem nach draußen und geben der Wilden Jagd wohlüberlegt all das mit, was wir „sterben lassen" bzw. transformieren möchten. Wir geben es vertrauensvoll dem Winterwind, Odin, den Göttern oder unseren Ahnen mit (was immer für dich stimmig ist). Ein bisschen so, wie tibetische Buddhist*innen ihre Gebete auf kleine Fahnen schreiben und diese dem Wind überantworten, damit er sie in die Welt trage – nur wilder. So nutzen wir das weise Geschenk, das in den Mythen unserer Vorfahren überliefert wurde, und verknüpfen es mit moderner Persönlichkeitsentwicklung, die in dieser Form auch direkt unser magisches inneres Kind anspricht und uns offen für Staunen und Wunder inmitten des Alltags sein lässt. Es gilt also, einfach mal tief durchzuatmen, auszumisten und alles loszulassen, was jetzt ohnehin nicht mehr dienlich ist – die Wilde Jagd fegt es mit hinweg.

Vorbereitung und Materialien

Nimm dir für dieses transformierende Ritual zunächst ein wenig Zeit für deine Innenschau und ein Journaling. Nutze dazu gern die folgenden Impulsfragen:

- In welchen Bereichen deines Lebens lauern Schatten, die es sich näher anzuschauen lohnt?
- Welche kleinen Monster zeigen sich in deinem Alltag?
- Zu welchen Gelegenheiten spürst du innere Dämonen, die dein Handeln, Sprechen und Sein mehr lenken, als du es möchtest?
- Welche Rollen magst du nicht mehr spielen (weil sie sich in dir verselbstständigt haben)?
- Welche Masken magst du ablegen?

- Wie würdest du sie charakterisieren? *(Beschreibe diese „fiesen Seiten" wie einzelne Persönlichkeiten, und wenn du magst, gib ihnen Namen.)*
- Wer wohnt da in dir, den du nun zum Ausziehen bewegen magst?

Gib dir selbst ausreichend Raum, diesen Fragen nachzuspüren und den Charakteren nachzusinnen, die dir während deiner Innenschau begegnen. Entscheide dann ganz bewusst, bei welchen es an der Zeit ist, dass sie gehen und du sie herzlich verabschieden kannst. Drücke ihnen gegenüber gern auch deine Dankbarkeit für die Erfahrung und Erkenntnis aus sowie für all das, wovor dich diese Dämonen und Monster bewahrt haben. Denn da ist immer auch etwas Gutes daran, etwas, das uns zur Seite stand und geholfen hat, bis wir nun einen anderen Umgang damit gefunden haben und es sich so überholt hat, dass wir es nun wieder loslassen möchten. Leben ist Entwicklung, und an irgendeinem Punkt waren dir diese Monster einmal dienlich. Wenn wir diese Schatten ins Licht des Bewusstseins holen und sogar den Punkt finden, an dem wir dankbar dafür sein können, ist es uns möglich, viel leichter loszulassen.

Male während des Rituals deine Monster am besten mit Wasserfarben auf kleine Stücke Pappkarton (ca. 10 cm x 5 cm), loche und fädele diese auf eine Schnur (Wolle oder groben Bindfaden). Natürlich kannst du auch andere Materialien verwenden (wie Stofffetzen, leere Klopapierrollen etc.) und andere Farben wählen (Filzstifte, Acrylfarben etc.), doch mit dem oben genannten Vorschlag funktioniert es meiner Erfahrung nach am leichtesten und hat im Zusammenwirken mit den Elementen den schönsten Effekt.

- Widme dich jeder einzelnen Monsterpersönlichkeit nacheinander. Beginne z. B. mit der „ungeduldigen Furie" in dir, die schneller aufbraust, als sie sollte. Wie sieht sie aus? Welche Farben assoziierst du mit ihr? Und dann nimm eines deiner Stellvertreter-Stofffetzen/Kartons und male sie darauf. Male sie mit genau dem Gesichtsausdruck oder der Fratze, die du vor deinem inneren Auge siehst, wenn du an einen Moment denkst, in dem sie in dir lebendig wird und das Ruder übernimmt. Wann immer ihre Wesenszüge sichtbare Gestalt angenommen haben, widme dich dem nächsten Monster in dir, das du verabschieden möchtest ... bis du sie alle in Form und Farbe vor dir hast. Fädele sie nach und nach auf die Schnur auf.

- Mach dann mit deiner „Monster-Gebetsfahne" einen Spaziergang zu einem Baum, der dir passend erscheint. Am besten gehst du nicht zu weit weg von deinem Haus, denn es zieht ja die Wilde Jagd übers Land. Es darf also durchaus in deinem Garten sein, wenn du das Glück hast, einen zu haben. Und falls du in der Stadt lebst, ist auch dein Balkongitter eine gute Alternative. Nimm gern ein paar Gaben wie Samen oder Nüsse mit, die du als Dank an diesem Ort in der Natur (oder auf deinem Balkon) ablegen kannst.

- Wenn du deinen passenden Baum/Ort gefunden hast, stimme dich noch einmal auf jedes einzelne Monster ein und hauche ihm deinen Atem ein, um den Stellvertreter lebendig werden zu lassen und einem nach dem anderen noch einmal ganz bewusst zu begegnen. Wende dich nun an den Baum/Ort, dem du die Monster übergeben wirst, und an die Wilde Jagd, die sie mitnehmen darf. Sprich gern ein paar Worte, drücke einen Wunsch aus, ein Gebet, einen Segen und gib schließlich deine Monster vertrauensvoll in die Äste des Baumes (oder an das Balkongitter). Knüpfe die beiden Enden nicht zu eng um den jeweiligen Ast, sodass er noch wachsen kann.

• Wenn du magst, dann besuche den Baum nach einer Weile wieder und schau nach, was geschehen ist. Nach einer Weile werden die Farben vom Regen (oder vom Schnee) ausgewaschen sein oder einfach verblassen, was auch bedeutet, dass deine Monster vom Wetter und den Elementen mitgenommen wurden. Dann kannst du deine Karton-Fahne abnehmen und in einer kleinen Zeremonie z. B. dem (Kamin-)Feuer übergeben.

Ist es nicht ein herrliches Gefühl, die magische Welt der alten Götter lebendig werden zu lassen und dennoch ganz bodenständig hier und jetzt zu leben? Gerade weil es aus unseren Traditionen so wenig schriftlich Überliefertes gibt, sind wir alle aufgerufen, unsere Traditionen neu zu kreieren und hier auch einmal mutig den Anfang des Neuen zu bilden.

Setze jetzt für einen kraftvollen Neujahrsbeginn und die Ausrichtung deiner selbst für einen ebenso kraftvollen weiteren Weg den Samen im Feld deines Lebens.

Mögest du all das im alten Jahr zurücklassen, was deinem weiteren Lebensweg nicht länger dienlich ist, und unbeschwert das neue Jahr beginnen können.
Mögest du Schöpferin deines Lebens sein und den Zauber des Neubeginns atmen, und möge dieser Zauber dich bis weit ins neue Jahr hinein heilsam begleiten.
Mögest du dabei stets den Segen des Anfängergeistes in dir tragen und die Welt immer wieder auch durch die Augen des magischen inneren Kindes erblicken.

SCHLUSSWORT

Über unzählige Generationen hinweg half der Mond mit seinen Rhythmen Frauen dabei, ganz natürlich in ihre Freiheit und Kreativität hineinzuwachsen sowie ihre eigene Wildheit als nährenden Boden und wertvolle Ausdruckskraft anzunehmen und auszuleben. Dass auch du all dies verwirklichen kannst, ist mein Wunsch für dich und dein Wachstum im inspirierenden Schein des Mondes. Ich hoffe, ich konnte dir mit diesem Buch Impulse geben, die dich ermutigen, dich auf diese große vom Mond begleitete Reise zu begeben oder diese zu vertiefen.

Es gibt viele (teils wirklich wunderbare) Mondbücher, in denen sich für alle Monde Zuordnungen zu u. a. Pflanzen, Tieren, Heilsteinen, Farben, Chakras, ätherischen Ölen und natürlich den Tierkreiszeichen finden. Doch ich wollte dir mit diesem Buch all das nicht an die Hand geben oder in den Geist „pflanzen", sondern dich ermutigen, *selbst* zu spüren und zu lauschen, ob und welches dieser Dinge sich dir zeigt. Dies soll dich darin unterstützen, den Geist von allem zu befreien, dem Inneren Raum zu geben und aus diesem tiefen Gespür, den „Antennen deiner Gebärmutter" heraus, deine eigenen Antworten zu empfangen, sie in dir zu nähren, wachsen zu lassen und zu gebären. Ich möchte aus all meinen Erfahrungen mit und meinem Wissen um diese Dinge lieber mit dir teilen, dass jeder Stein für dich der richtige sein kann, zu jedem Mond, und dass ebenso jede Göttin, jede Pflanze und jedes Tier geeignet sein können – oder nichts von alledem. Richtig ist das, was dich in genau diesem Moment stärkt und nährt. Wenn du dem vertraust, egal was andere denken oder Anleitungen dir vorgeben, und du dir erlaubst, dich von etwas leiten zu lassen, das größer ist als wir alle, dann wird Magie dich berühren und Alltagszauber dein Leben erfüllen.

Ich erlebe es als zutiefst stärkend, wenn die Stützräder im Außen wegfallen und wir freihändig radeln. Kannst du dich daran erinnern, wann du erstmals mit weit ausgestreckten Armen den Fahrtwind auf deinem Fahrrad genossen hast? Diese Freiheit für deine Gestaltung mag im ersten Moment ungewöhnlich, befremdlich oder wie auch immer wirken, sich vielleicht anfangs auch schwierig anfühlen, doch durch diesen heiligen Raum, in dem du nichts kaufen

bzw. dir nichts Spezielles anschaffen musst, sondern immer und überall ganz einfach sein und starten kannst, gebärst du deine Facette in diese Welt und erlebst du deine pure Kreativität. So übst du dich auch in Hingabe – an dich selbst, an das Leben, an den Mond, an die ausgelösten Prozesse, an die Welt und die Wesen hier auf Erden, an die ganze Natur, inklusive deiner eigenen. Du bist und bleibst darin unabhängig, denn du benötigst keine Beraterin, die dir die Energie (oder das Tierkreiszeichen) des jeweiligen Mondes beschreibt, wenn du sie selbst erspürst, siehst, Tage vorher herannahen fühlen kannst. Du benötigst „nur" die Bereitschaft, dem tiefen Schauen und Spüren genug Raum in deinem Leben zu geben.

Ich wünsche mir für dich Selbstbestimmtheit und kreative, spirituelle (generelle!) Freiheit und ein hingebungsvolles Hineinfinden in die Rituale, die dir entsprechen. Sodass du letztlich ohne jegliches Buch eines Tages, geführt von deiner Urkraft und jener des Mondes, umarmt von der Nacht und genährt von Mutter Erde, Alltagszeremonien lebst, Zyklus um Zyklus. Sie werden dich stärken und deine ureigene Energie strahlen lassen – und wer weiß, vielleicht schreibst du eines Tages deine Rituale auf oder teilst sie in heiligen Kreisen mit anderen Wesen, wenn sich dies natürlich ergibt. Als selbstbestimmte, souveräne Frau voller Klarheit und bereit zu tiefer Hingabe wirst du in deine Wildheit eintauchen, sie erspüren, ihr lauschen, sie zurückerobern und schließlich aus wilder Weisheit heraus agieren.

„Urkraft des Mondes" entfaltet sich für mich innerhalb dieser tiefen Beziehung, die wir einzugehen bereit sind, und dem damit einhergehenden Commitment (ein wunderbares englisches Wort, für das es für mich keine wahrhaft passende deutsche Übersetzung gibt).

Der Mond reflektiert in der samtenen Nacht das Licht, das Strahlen der Sonne, und es gibt so viele Mythen rund um die Liebesbeziehung der beiden, die nicht zeitgleich beisammen sein können. Was wäre, wenn du deine Liebesbeziehung mit dem Mond eingehst und er deine Strahlen reflektiert? Wenn dir dadurch dein eigenes Leuchten selbst in dunklen Zeiten immer vor Augen ist und du zugleich die „Erlaubnis" hast, wahrlich nicht immer leuchten zu müssen? Und der Mond dir ebenfalls hilft, dein Licht in eurer Verbundenheit authentisch strahlen zu lassen, es tief in dir zu erleben – und es auch zu teilen?
Lebe deine Urkraft, in Verbundenheit mit dem Mond, und werde zur Sonne deines Lebens. So wird deine ureigene Energie dich zu allen Zeiten immer wieder wärmen und der nächtliche Mond dich auch in der Dunkelheit daran erinnern. Und natürlich kann dieser große Reflektor dir stets auch helfen, dich und dein Handeln bzw. deinen Weg zu reflektieren und nötige Kurskorrekturen vorzunehmen.

Möge deine Urkraft dir immer zur Verfügung stehen, und mögest du auch in dunkelsten Zeiten die Gewissheit haben, dass sie da ist –
wenn auch nicht immer voll (und für alle) sichtbar, genau wie der Mond.

LITERATUREMPFEHLUNGEN

Jennie Appel: *Wer wachsen will, braucht starke Wurzeln – Mit der Kraft des Schamanismus sein volles Potenzial entfalten.* Gräfe & Unzer Verlag, München 2016

Jennie Appel & Dirk Grosser: *Ahnenreise – Schamanisch-meditative Wege zu unseren Wurzeln.* Arun Verlag, Uhlstädt-Kirchhasel 2012

Jennie Appel & Dirk Grosser: *Brigid – Lebe die Weisheit einer Heiligen, Göttin und Druidin.* Schirner Verlag, Darmstadt 2016

Jennie Appel & Dirk Grosser: *Kraftort Natur – Wurzeln entdecken, Ruhe finden, Wachstum erleben.* Gräfe & Unzer Verlag, München 2018

Jennie Appel & Dirk Grosser: *Öffne deinen heiligen Raum – Die Anderswelt persönlich begrüßen.* Schirner Verlag, Darmstadt 2014

Jennie Appel & Dirk Grosser: *Urkraft des Nordens – Mit Ahnenwissen, Schamanengottheiten und weisen Seherinnen zu den Wurzeln unserer Spiritualität.* Aurum Verlag, Bielefeld 2021

Bernd Brunner: *Mond und Mensch – Die Geschichte einer besonderen Beziehung.* AT Verlag, Aarau und München 2019

Joseph Campbell: *Mythologie der Urvölker.* Deutscher Taschenbuch Verlag, München 1996

Susanne Fischer-Rizzi: *Das Geheimnis deines Ortes – Anleitung zum heimisch werden.* Kosmos Verlag, Stuttgart 2020

Miranda Gray: *Roter Mond – Von der Kraft des weiblichen Zyklus.* Stadelmann Verlag, Wiggensbach 2015

Georg Hiller & Stefanie Kölbl (Hrsg.): *Welt-Kult-Ur-Sprung. World Origin of Culture.* Süddeutsche Verlagsgesellschaft im Jan Thorbecke Verlag, Ulm 2016

Antonia Langsdorf: *Lilith – Die Weisheit der ungezähmten Frau.* Scorpio Verlag, München 2020

Sabine Simeoni: *Mit der Natur verbunden – Mit wildem Handwerk zu den eigenen Wurzeln finden.* AT Verlag, Aarau 2020

Cambra Maria Skadé: *Töchter der Mondin.* Arun Verlag, Uhlstädt 2002

Andreas E. Zautner: *Der gebundene Mondkalender der Germanen – Rekonstruktion eines Lunisolarkalenders nach antiken, mittelalterlichen und frühneuzeitlichen Quellen.* Edition Roter Drache, Remda-Teichel 2017

ÜBER DIE AUTORIN

Jennie Appel liegt es am Herzen, ganz bodenständig Brücken zwischen schamanischen Traditionen und unserer modernen Zeit zu bauen. Mit ihrer umfangreichen Expertise setzt sie dabei auf die Kraft von Ritualen, die mit Leichtigkeit den Zauber in den Alltag zurückbringen, und ebenso auf die Hingabe an die Weisheit der Natur. Die Autorin von mehr als 15 Büchern zu spirituellen Themen (u. a. Spiegel-Bestseller „Urkraft des Nordens", gemeinsam mit Dirk Grosser, erschienen August 2021) begleitet als Ortskundige der Anderswelt Menschen auf deren ganz persönlichen Wegen und hilft, die dort gemachten Erfahrungen in die Alltagswelt zu übersetzen und lebbar zu machen.

Seit vielen Jahren gibt sie ihr fundiertes Wissen und ihren reichen Erfahrungsschatz aus Tausenden von Einzelbegleitungen leidenschaftlich und humorvoll in ihren Ausbildungsgruppen und Onlinekursen weiter. Sie ist Gründerin von SACRED WEB und der Völvaschmiede, leitet bereits seit 2007 Jahreskreisfeste, Frauenkreise sowie individuell gestaltete Zeremonien zu Schwellenzeiten im Leben und lässt sich in all ihrem Wirken stets von den Spirits leiten.

www.jennie-appel.de
www.sacred-web.de